高等院校学前教育专业规划教材
“十一五”浙江省重点教材建设项目

学前儿童艺术教育

Xueqian Ertong Yishu Jiaoyu

主　编　王秀萍　吕耀坚
编写者　王秀萍　吕耀坚
　　　　孙云霞　李亚娟

高等教育出版社·北京

图书在版编目（CIP）数据

学前儿童艺术教育 / 王秀萍，吕耀坚主编. -- 北京：高等教育出版社 2015.1（2019.8 重印）
ISBN 978-7-04-040095-3

Ⅰ. ①学… Ⅱ. ①王… ②吕… Ⅲ. ①学前教育 - 美术教育 - 高等学校 - 教材 Ⅳ. ①G613

中国版本图书馆CIP数据核字（2014）第136215号

内容提要

本书的学前儿童艺术教育，其实质是“指向艺术共性的学前儿童艺术教育”的简称，是一种艺术综合教育类型。本书把“指向艺术共性的学前儿童艺术教育”界定为一门基于艺术个性、指向艺术共性的，与分领域艺术教育并列的整合性的独立学科，它力求让儿童通过艺术共性的体验，发展更为广泛与深刻的艺术理解力与表现力。

本书前两章介绍了学前儿童艺术教育的理论与原理，包括学前儿童艺术教育的价值与性质，学前儿童艺术教育来自美学、艺术心理学、文化学等领域的综合原理。第三章至第八章是学前儿童艺术教育的课程设计内容，包括第三章的目标、第四章至第七章的内容组织与教学、第八章的评价。其中第四章至第七章结合案例分别介绍了学前儿童艺术教育的四种实施途径的活动设计与教学策略，这部分内容带有较强的实践操作性。

本书可作为高等师范院校学前教育专业本、专科学生教材，也可作为幼儿园教师培训教材。

策划编辑 刘晓静
责任编辑 刘晓静
封面设计 张申申
版式设计 张申申
责任校对 刘丽娴
责任印制 赵义民

■出版发行 高等教育出版社
■社址 北京市西城区德外大街4号
■邮政编码 100120
■印刷 大厂益利印刷有限公司
■开本 787mm×960mm 1/16
■印张 17
■字数 260千字
■购书热线 010—58581118
■咨询电话 400—810—0598
■网址 http://www.hep.edu.cn
http://www.hep.com.cn
■网上订购 http://www.landraco.com
http://www.landraco.com.cn
■版次 2015年1月第1版
■印次 2019年8月第2次印刷
■定价 28.00元

物料号 40095—00

序言

《幼儿园教育指导纲要（试行）》明确指出，幼儿园教育是全面的、启蒙性的教育，要根据教育目标，选择和组织对儿童最有价值又最贴近实际生活的部分构成教育内容，使儿童得到健康和谐的发展。《3—6岁儿童学习与发展指南（征求意见稿）》更是将健康、语言、社会、科学、艺术五个领域作为3—6岁儿童学习与发展最基本、最重要的内容，对各领域的学习与发展目标、教育建议提出具体要求。如何贯彻这两个文件的精神，深化五大领域课程教学改革，成为一线教师关注的热点。浙江省高等学校教育学类教学指导委员会高度重视各高校教学中的普遍问题，根据教指委对部分高校学前教育专业学生及相关教师的调查，发现学生在设计和指导学前儿童各领域教育方面，存在选题不当、目标定位和表述不准、材料准备与环境利用不能有效支持活动的开展、活动设计与指导注重知识灌输等问题。广大师生热切期盼通过五大领域课程教学改革提升学前教育专业教学水平，并以"反思性幼儿教育实践者"培养作为改革原点，反思性幼儿教育实践者培养模式强调幼儿园教师的专业成长过程是幼儿园教师自身成长的积极建构过程，强调幼儿园教师应以"行动""实践"为平台，将书本的、外显的、公共性的知识通过实践性反思转化为内在的、高度个性化的、经验化的个人知识。其理想追求就是使幼师院校学生在步入教学一线之前就获得教育实践性知识和实践智慧。五大领域课程及教材改革是落实上述培养理念的有效支撑，教指委将这一改革列入教育学类系列教材改革的重点选题，2010年获批浙江省教育厅重点建设系列教材。

学前儿童领域课程系列教材包括学前儿童健康教育、学前儿童语言教育、学前儿童社会教育、学前儿童艺术教育、学前儿童科学教育。本教材遵循《幼儿园教育指导纲要（试行）》、《3—6岁儿童学习与发展指南（征求意见稿）》的基本精神，注重教师教育研究的前沿理论对学前教育的影响，反映当下学前儿童领域教育改革与实践的新成果，本套教材在编写中力求体现以下改革意图：

在教材编写的理念方面，改变以往的学科本位、教师教本位倾向。教材力图将传统的"教本"转化为学生的"学本"。将学生在现实幼儿园实践中的教育生活作为教材编写的出发点，在教学内容中融合了大量的案例，既增强了教材的可读性，避免了从理论到理论的说教，又增加了教师素养要求以及特色活动等内容。教材编写体例试图从教学流程的视角出发，统整各领域教育的内容，力求与学生见习、实习实践教学相匹配，突出领域教材的实战性。学生在教材中可领略现实幼儿园教育的教学模式，既能帮助他们贴近实践，又能为他们的自主学习提供教学资源。

在教材内容的编排方面，以注重培养学生的教学领域知识（PCK）为中心，不仅重视学科知识和一般教学法知识的融合，更重视学前儿童学习不同领域内容的经历以及对不同领域内容的理解，突出“问题意识”，强调学生在具体的情境中思考问题并解决问题，进而建构相关的领域知识，力求促使学生向教学领域知识（PCK）生成不断前行，从而为学生成为合格教师，乃至优秀教师奠定基础。

在教材结构方面，注重弥合理论与实践的鸿沟，以学前儿童不同领域学习的教育案例分析为起点，让学生“亲历”新手和专家对教育内容的不同处理。在教材结构呈现方面，打破学科逻辑，转向实践的教育逻辑，力图不按传统的学科逻辑，从幼儿园教师的工作需要出发，将幼儿园的实际教学作为教材编写的基点，呈现相关的案例作为分析的样本，并用相应的理论进行分析，以增强学生的现场教育实践感。

在与教材相关的教学资源共享方面，本系列教材建立了以精品课程资源网为核心的立体化教材网络资源。充分利用五大领域精品课程资源网络平台，网络平台既是教学资源库，又是一个互动教学网络平台，具有解答问题，提供更深、更广的各领域知识，反映学生要求等功能，真正为学习者提供个性化的学习空间。立体化教材网络资源有利于形成一个动态的教学反馈机制，以达到建立最优的教学模式的目的，使教材功能最大化。

学前教育五大领域系列教材建设及课程改革依托浙江师范大学学前教育首批国家特色专业、浙江省本科优势专业、教育部本科综合改革专业、国家教育体制改革试点专业的支持，以及浙江省新世纪教改工程和省内其他本科院校的大力支持。教材的编写理念借鉴了“反思性幼儿教育实践者”的培养思想，国际教师教育的“第三条道路”思想和杭州幼儿师范学院的“全实践”教改思想。本系列教材的编写及相关共享课程资源库的建设主要由浙江师范大学杭州幼儿师范学院学前教育专业教师牵头；其他院校学前专业教师广泛参与，协同完成；浙江省教育学类教指委具体组织进行。感谢各方的支持配合。课程教材建设没有终点，只有不断追求、完善，才是专业工作者的基本状态，恳请读者提出批评意见，共同完善。

浙江省高等学校
教育学类教学指导委员会
2012年6月

本书书名中的“艺术”用英语表示是复数Arts，包括所有的艺术分领域。但是，本书不讨论Arts中各艺术分领域教育，而是专门探讨一种作为整合所有分领域艺术的艺术教育，即艺术综合教育。这种艺术综合教育，一方面依赖分领域艺术教育，无法离开分领域艺术教育而单独存在；另一方面它是与分领域艺术教育并列的一种艺术教育，它的课程目标与内容指向各领域艺术教育无法单独企及的艺术共性。全书分八章，内容围绕指向艺术共性的艺术综合教育的理论依据与课程四要素建构。

第一章，学前儿童艺术教育概述。本章着重探讨学前儿童艺术教育的性质与价值、学前儿童艺术教育的理论基础等问题，旨在引导学习者了解学前儿童艺术教育的性质与价值，理解这门课程的特殊性。

第二章，学前儿童艺术教育的综合原理。本章强调艺术综合是建立分艺术之间有根据联系的这一基本原则，并从美学、艺术心理学、文化等维度探讨艺术分领域之间寻找联系的种种依据，旨在引导学习者建立一种正确的艺术综合观，即一切的综合都是基于有根据的联系的观点。

第三章，学前儿童艺术教育的目标。本章以艺术心理结构理论为依据，对指向艺术共性的学前儿童艺术教育目标进行了介绍与分析，以帮助学习者了解学前儿童艺术教育的培养目标。

第四章至第七章，分别对以音乐为主的学前儿童艺术教育活动、以美术为主的学前儿童艺术教育活动、学前儿童戏剧教育活动、单元主题式学前儿童艺术教育活动这四种艺术教育途径的活动设计与教学策略结合案例进行了详细介绍与深入分析，以帮助学习者掌握开展学前儿童艺术教育的策略与具体方法。

第八章，学前儿童艺术教育的评价。本章在介绍学前儿童艺术教育评价内容与标准的基础上，介绍了在学前儿童艺术教育中运用的几种评价方法，以帮助学习者掌握学前儿童艺术教育中的评价标准与具体评价方式。

本书主要具有以下几个特色：

1. 指向艺术共性。作为一本学前儿童艺术教育领域的教材，本书不是指向艺术个性的分艺术领域教育的课程资源，而是一本指向艺术共性的艺术综合教育的课程资源。全书八章内容都围绕这一特色展开，旨在让儿童通过艺术共性的体验，发展更为广泛与深刻的艺术理解力与表现力。

2. 强调“分艺术之间建立有根据联系”这一艺术综合教育的总原则。本书第二章阐述了分艺术领域之间建立联系的各种根据，第四章至第七章则分别介绍了指向艺术共性的艺术教育的实施途径以及每种实施途径遵循这一原则的策略与方法。

3. 关注教师的实践逻辑。本书第一章为概述，第二章为指向艺术共性的艺术综合原理，这两章内容是学科基本理论与原理，是理解与掌握指向艺术共性的艺术教育的基石。第三章至第八章是艺术综合教育课程四要素的展开，包括目标、四种实施途径的内容组织与教学、评价。其中第四章至第七章的四种实施途径来自我国艺术教育的现状，内容组织与教学策略的介绍结合案例进行，能够帮助学习者将所领会的知识很快迁移到实际工作中，以克服学科知识向实践性知识转化的困难。

本书由王秀萍、吕耀坚主编；具体分工如下：第一章由李亚娟（杭州幼儿师范学院）编写，第二至四章由王秀萍（杭州幼儿师范学院）编写，第五章由吕耀坚（杭州幼儿师范学院）编写，第六至七章由孙云霞（延安大学）编写，第八章由王秀萍编写；全书由王秀萍统稿。

本书在写作、出版过程中得到了编写者所在单位以及浙江省高等学校教育学类教学指导委员会、高等教育出版社的大力支持，谨此致谢！

《学前儿童艺术教育》编写组

2014年9月

目录

第一章

学前儿童艺术教育概述

内容导航

- 学前儿童艺术教育概述
  - 学前儿童与艺术教育
    - 用艺术创造性地表达自己与周围世界的学前儿童
    - 促进学前儿童艺术及综合能力发展的艺术教育
    - 学前儿童艺术教育的性质
  - 学前儿童艺术教育的价值
    - 学前儿童的全面发展需要艺术教育
    - 艺术教育实践过程验证了其对儿童全面发展的重要价值
  - 学前儿童艺术教育的理论基础
    - 瑞吉欧教育体系
    - 杜威的儿童艺术教育理论
    - 格式塔心理学中的整体与联系学说
    - 多元智能理论
  - 学前儿童艺术教育的实践现状

学习目标

1. 理解学前儿童艺术教育的性质。
2. 理解学前儿童艺术教育的价值。
3. 掌握学前儿童艺术教育的理论基础。
4. 分析学前儿童艺术教育的实践现状。

引言

大四班正在进行美术欣赏活动。倪老师在小黑板上呈现米勒的作品《拾穗》，请幼儿观察这幅画然后表达自己的想法。下面是师幼互动的一个片断：

幼：她们过得不好，很穷吧？

师：为什么这样说？

幼 1：人家把稻子都收割完了，她们还在捡，肯定很穷。

幼 2：她们要是有好多好吃的，就不会捡稻穗了。

幼 3：她们穿的衣服不太好，不像我们的衣服这样漂亮。

幼 4：为什么不穿好衣服？因为她们没有钱。

师：你们从衣服上知道她们生活过得不好，你们还有什么感觉？

幼 1：她们感觉很累。

幼 2：手和脖子都很累。

幼 3：手靠在腰上腰很累。

幼 4：她的背很累，就像我妈妈干活累了一样。

师：为什么给你一种累的感觉？

幼：因为她们的腰是弯的。

以上是一个美术教育活动，通常也被看做是一种艺术教育活动。那么本书所指的“艺术教育”与以上的美术教育有区别吗？与其他艺术教育，如音乐教育、舞蹈教育、文学教育有区别吗？

本章主要讨论学前儿童与艺术教育，学前儿童艺术教育的性质、价值理论基础以及幼儿园艺术教育的实践现状等问题，旨在明确本书所指的“艺术教育”是怎样的一种艺术教育。

第一节　学前儿童与艺术教育

毕加索说："每一个儿童都是艺术家。"儿童自然地用艺术的方式展现一种自由、客观真实的精神世界，艺术对学前儿童来说是表达自我的一种方式，通过艺术体验，幼儿找到适合自己的方式讲述自己的故事，这就需要教育者理解儿童各自的经验，引导儿童通过多种多样的方式表达自己的体验，在接受艺术体验的同时对事物有全新的认识。

一、用艺术创造性地表达自己与周围世界的学前儿童

无论生活在哪里，学前儿童每日都在用艺术创造性地表达自己与他所生活的周围世界。即便是生活在穷乡僻壤、没有绘画工具的孩子，也会用一粒石子、一块瓦片、一段树枝，在墙壁上、在雨后的地面上、在大大的杨树叶子上，尝试着画画，画出自己心中的独白、欢乐或忧伤。孩子们通过画小动物、植物花草以及遇到的人，如实而生动地表达着他们对周围环境以及对自己的独特认识、愿望或情感。儿童按照生命的律动，让无规则的跳动成为舞蹈，让混乱的声音成为歌曲。这种自然和艺术的统一状态，是一种抒发生命的状态，在清新、流畅、活泼、真实、自由的状态中，对自己的情感、心性与精神做出生动、创造性的表达。除此之外，儿童还会用自己的方式构筑充满诗意、童话、梦想的艺术世界，即使成人看来不以为然。里德曾引述过一位艺术教师的观点，这种观点把艺术家与儿童的自然状态相类比："艺术家发现在他周围的世界中有关系、秩序、和谐——如音乐家在声音的世界中找到这些东西一样。这是无法以一颗有意识、有计划、能筹划的心来完成的。艺术不是意志的努力，而是天才的礼物——至少对儿童来说，是世界上最简单、最自然的东西，不论何时，只要人们是真诚和自由的，艺术便会萌芽。"① 如果儿童能够保持这份自然、真实与自由，那么，每一个健康的儿童都有可能成为艺术家或成为有艺术创造力的人。但是，随着年龄的增长，人们的艺术能力并不是线性地也跟着增长，反而会因为社会分工的限制和谋生的压力，一部分人不得不放弃艺术爱好，艺术天性和才能也逐渐泯灭了。后天的教育有时甚至起到扼杀艺术天性和才能

---

① 赫伯·里德．通过艺术的教育．吕廷合译．长沙：湖南美术出版社，1995.

的负面作用，尤其是那种机械刻板、千篇一律、毫无创造力的所谓教育，可以说是艺术的天敌，正如恩格斯所说的那样，非常可怕的背书制度只用半年的时间就会使一个学生变成傻瓜，当然也就足以扼杀一个儿童的艺术天性和才能了。艺术教育的意义主要不在于技巧训练，而在于以艺术为手段，使儿童的那种活泼、自由、纯真的天性得到解放和进一步发挥。为此，在儿童艺术教育的内容选择方面，我们应注意选取与儿童的生命律动合拍的对象。教师要充分认识每个儿童都是一个小小的艺术家，允许儿童自由创造，并利用儿童学习艺术的潜能优势，以启发、提示、引导、鼓励为主，建立一种轻松自由的教学氛围，充分地发挥他们的艺术潜能。

二、促进学前儿童艺术及综合能力发展的艺术教育

艺术是什么？古今中外的许多著名理论家已经做出不同的回答，如“艺术是生活”“艺术即经验”“艺术是一种传达”“艺术是有意味的形式”“艺术是人类情感概念的体现”等。在艺术教育中，艺术不再是传统艺术教育认为的是一种技艺，更不是机械综合主义者认为的是音乐、美术、戏剧、舞蹈的机械叠加。而是强调艺术是多种异质要素对话后形成的一种奇妙的生命体，与人的精神和生命的发展息息相关，或者有诸多类似。更进一步说，艺术还是激发人的智慧和灵感的源泉，它由这个社会中智慧的个人或集体创造出来，供人们自我反思，并以一种同情和共鸣的对话方式与他人交流对世界的理解和感悟。这种交流不仅能为人提供一种高级的愉悦，还能在这种愉悦的感受中，迅速实现人与人之间的相互理解和对话，产生出新的理解和感悟，使人不断走向自我的完善。另外，艺术还是文明的晴雨表和里程碑，它凝聚着不同时代的文明，记录着人类的智慧，代表着人性的深度。一部艺术史就是人类心灵的形象化历史。人需要艺术，艺术也是为了人存在着的，它以人类生活经验为源泉，以人类的情感为营养，以人类文化为生存环境。

艺术表达并描述个人或群体的经历，而每个人表达经历的方式并不相同，诗人通过写诗表达，作曲家通过作曲表达，画家通过作画表达，舞蹈家通过跳舞表达，作家通过语言文字表达，等等。艺术是捕捉人类实践经验的行为，是人们表达自我的一种方式，通过艺术体验作为主体的人可以找到自己的方式讲述自己的故事。

艺术是一种方法。艺术教育就是教师通过理解学习者各自的经验，通过一系列有计划、有目的的引导方式，让学习者可以通过多种多样的方法创造性地表达自己的体验，并在接受艺术体验的同时对事物有全新的认识，在此基础上形成自己的人生观、价值观的过程。通过艺术教育，将促进儿童艺术能力与人文素养的整体发展。

三、学前儿童艺术教育的性质

（一）一种艺术综合教育

本书的学前儿童艺术教育首先是一种艺术综合教育，它将具有内在关联（如通感、通识、价值、功能等）的各艺术门类，在同一人文主题统领下，把艺术学习内容进行统整。它打破传统艺术分科的界限，在艺术学习和艺术实践中，注重音乐、美术、戏剧、舞蹈等不同艺术门类之间的融合；强调艺术与生活、情感、文化的关联，渗透着全面、综合、创新、和谐发展的理念。儿童通过这些内容和过程，获得特定的艺术知识和技能，得到一定的艺术共性能力和对艺术共性的理解，净化心灵和情感，提高人文素养。因此，学前儿童艺术课程所涵盖的内容既有个项艺术门类及艺术共性方面的学科知识，也有儿童已有的主体经验；学前儿童艺术课程的内容组织方式是以统整或去边界的方式在同一主题下将各个项艺术内容组织在一起，各个项艺术内容组织在一起的依据是艺术内容属性和内容价值或功能的关联性；学前儿童艺术课程的价值或职能表现为消除学前儿童原有知识体系中各类知识之间的界限，提高综合艺术能力，使学前儿童形成关于艺术以及世界的整体性认识，深刻理解和灵活运用知识，提高综合解决现实问题的相关能力。

传统艺术教育客观上存在分科比较严重的现象，人们对各艺术门类的理解也比较单一，从艺术综合教育的视角重新理解各艺术门类的内涵，将有利于深入理解儿童艺术素养培养。下面以音乐、美术、视觉艺术、媒介艺术几种艺术门类为例来谈学前儿童艺术教育。

（1）音乐。音乐不仅仅是歌曲、乐曲，学前儿童可以借助各种各样的方式通过音乐对世界进行认识，利用各种各样的音乐活动提高创造力，了解与认识不同文化中的音乐，并借助音乐进行即兴的动作、打击乐、作词、作曲等。

（2）美术。对学前儿童来说，美术不仅包括绘画，还包括陶艺以及生活中各种天然材料制作等艺术活动。以澳大利亚两名幼儿用颜料在桌子上涂鸦为例，在涂鸦过程中，首先，让孩子有机会学习与人互动，女孩开始未完全参与，男孩已为她做出示范，同时教师引导他们互动；带着观察的思维方式审视，两名幼儿开始的艺术体验是不同的。其次，幼儿运用了简单的科学概念，不同的颜色混合变成新的颜色，视觉、知觉体验相结合，用手指活动锻炼小肌肉，用语言描述自己的画面，艺术体验的表达为幼儿的语言与表达能力奠定基础。另外，幼儿在其中还学习到了颜色的知识，澳大利亚国家的颜色是绿色与黄色，该活动又培养了孩子对祖国的基本认识。由此我们可以看出，教师通过美术活动，不仅仅是让孩子学会涂鸦，更重要的是通过美术活动让孩子学会沟通、交流、合作。

（3）视觉艺术。孩子对世界的理解不仅仅通过语言，同时也通过图画。教师往往鼓励幼儿通过图片进行理解与阐述，在倾听幼儿描述图片的语句时，还会向幼儿进行提问，在这个过程中幼儿会表现出自己独特的鉴赏能力，即幼儿在看图片与文字时思考图片、文字背后意义的能力，也可以认为是幼儿对视觉信息的理解能力。已有研究表明：幼儿鉴赏能力对高级思维能力发展起重要作用，鉴赏能力越强的幼儿越能在图画书阅读中理解社会不同阶层人物以及人物的呈现方式等内容。

（4）媒介艺术（信息和通信技术）。当儿童在进行艺术体验的过程中，会产生各种不同的想法，规划着自己的活动。儿童如何在行动过程中把握自己的行为？这需要借助媒介艺术。儿童通过处理不同材料即媒介来解决一个具体问题，这种处理材料的能力是以后生活能力的基础部分。例如，卡通制作就需要儿童学会处理图像以及图像之间关系，在这个过程中，儿童可以用各种各样的方式处理信息，通过视觉、音乐、肢体动作等表达自己的思想。

另外，我们不能不考虑儿童的实践经历。每个儿童的经历都不同，有的对电视、视频、电子游戏等知识比较擅长，艺术综合教育需要继续帮助儿童拓宽实践经历，譬如，要充分利用博物馆和美术馆、节日庆典、小区剧院、国家剧院、学校剧院、公园等资源。在这些场合，给儿童提供创造的时间和空间，让每个儿童用创意的方式表达自己。通过这些形式对儿童的能力提出挑战，并在儿童进行创造后应带领儿童去验证、鼓励、提出新的问题，鼓励儿童寻找解决问题的答案。

由此我们可以反过来推理，学前儿童艺术综合教育不仅仅是学前儿童自身发展的需要，而且能够持续地帮助孩子理解、运用各种艺术表达方式，并运用这些方式创造新的意义。让学前儿童通过各类艺术综合活动，发展他们的感知力与想象力，还可以通过学前儿童的感官创造理解各种表达方式，并通过艺术体验学习来表达信息，理解自己及其所处的周围世界。

（二）一种指向艺术共性的艺术教育

在世界范围内，关于艺术教育的性质存有两种观点。第一种观点认为艺术教育是一种指向艺术共性，与分领域艺术并列的整合性独立学科的教育；第二种观点认为艺术教育是涵盖指向艺术个性的所有分领域艺术学科与指向艺术共性的分领域整合艺术学科的一种教育。本书采用第一种观点，认为艺术教育是一门基于艺术个性、指向艺术共性的，与分领域艺术教育并列的整合性的独立学科，它通过艺术共性的体验，发展儿童更为广泛与深刻的艺术理解力与表现力。为了区分包括分领域艺术教育在内的艺术教育，本书所指的艺术教育为指向艺术共性的艺术教育。这种艺术教育，一方面依赖分领域艺术教育，无法离开分领域艺术教育而单独存在；另一方面它是与分领域艺术教育并列的一种艺术教育，它的课程目标与内容指向各领域艺术教育无法单独企及的艺术共性。

第二节　学前儿童艺术教育的价值

儿童是天生的艺术家。对学前儿童进行艺术教育，有助于促进学前儿童的“手、脑、心”并用，使他们获得全面发展。下面立足“儿童全面发展”这一本质从理论与实践两个方面概括学前儿童艺术教育的价值。

一、学前儿童的全面发展需要艺术教育

艺术是人类感受美、表现美和创造美的重要形式，也是表达人类对周围世界的认识和情绪态度的特有方式。每个儿童的心里都有一颗美的种子，这颗美的种子需要儿童通

过艺术学习在生命里发芽、开花、结果。成人（教师与家长）需要为儿童的艺术学习创造条件和机会，引导儿童去感受和发现美，用自己的方式去表现和创造美。研究发现，艺术教育在促进学前儿童全面发展方面具有重要的价值，可以促进儿童身体、心理（听觉、记忆、情感与个性等）、语言、智力等方面的发展。

下面着重介绍艺术教育对儿童全面发展以下三个方面的独特价值。

（一）学前儿童艺术教育为儿童完满型人格的塑造打下基础

学前儿童艺术教育到底是为了什么？这里还是立足于“儿童全面发展”来讲。学前儿童艺术教育不是培养艺术家，而是为了促进儿童的发展。儿童本身是具有丰富想象力和复杂多样的情感体验世界的。那么，艺术教育当然要尊重他们自身的特点，才有可能使儿童得到全面的发展。

从艺术与情感的关系的角度看，学前儿童艺术教育为儿童完满型人格的塑造打下基础。中国的艺术以“情感本体论”为基础，“文情论”占主导地位，艺术缘于情感，艺术风格与作者情感有对应的关系。中国古典美学思想散见于文艺理论的相关论著中，对“艺术是情感的表现”这一观点是公认的。中国古典美学往往强调所有的表现形式（包括纯粹的技术）都可能达到相通的至境，探讨艺术与情感的关系的论述比比皆是，并将艺术风格与情感类型对应起来。中国传统艺术和美学建构在“情感本体论”和“情感体验论”的基础上形成了“重情轻理”的基本特征。综观古今并且结合现代社会文化来看，从关注人的情感的角度来谈艺术的发展、进而谈人的发展是十分必要的。中国的艺术以探求和表现主观世界的真实——真诚为首要的目标特质。李贽的“童心说”为情感之本真状态做了本体论意义上的论证：“夫童心者，绝假纯真，最初一念之本心也。若失却童心，便失却真心；失却真心，便失却真人。人而非真，全不复有初矣。”① 这个真人真心的状态是主观世界的客观性所在，是一切创造力和创新的精神源泉。从艺术与情感关系角度而言，艺术综合教育为儿童完满型人格的塑造打下基础。这是因为艺术审美连着情感，是心灵的活动，而心灵是没有时空限制的，它可以自由驰骋，可以把眼前和未来、有限和无限、理智和情感、物质和精神加以协调和沟通。审美艺术中所培养的对外

① 北京大学哲学系美学教研室编. 中国美学史资料选编. 中华书局，1981.

部世界的整体反应能力是造就完满型人格的基础。如果能在教育中坚持艺术与体、智、德教育相结合，使教育中的“社会性”、“科学性”和“审美性”相结合，使儿童的行为不但为了实用，而且可以拉开距离欣赏，使行为不但接受“善”和“真”的被动控制，而且获得“美”的自动调节，就能为完满型人格的成长打下良好的基础。同时，儿童艺术心理的发展是在不间断的教学过程中逐渐完成的，用艺术综合教育的形式，加强艺术情感教学的力度，就有可能促进审美心理结构的建构。

（二）学前儿童艺术教育可以促进儿童创造性的发展

谈论学前儿童艺术教育促进儿童创造性的发展，其实质就是立足于情感体验与儿童创造性和个性的关系角度来看艺术教育的作用。艺术创造是人类精神生产中最具有活力的部分，是人类精神世界中最能体现人的生命力、人性本质的部分。在以精神生产和传播为基础的信息文明时代，在程序化、数字化、技术理性统治的社会尤其有重要意义。成人的创造性通常依据社会标准进行评价，即对于我们的社会至少对于所在的集体是否带来有价值的新颖性，而儿童的创造性则是依据他“所产生的想法对于个人是否有新的价值”这一个人标准来衡量的。这里所谓的“新”包括了社会文化价值的某种质的变革，也包括了个人的新经验，艺术是以情感为核心的主观世界的最新的部分，情感世界最具活力和个性的部分首先是在艺术才能、人类精神的实践部分表现出来的。那么，不难看出儿童已有的创造性的发挥和创造性的进一步形成与培养，都需要以尊重儿童的情感体验作为前提。艺术综合教育倡导的理念正是高度关注儿童的情感体验与儿童的综合创造力发展，关注儿童的艺术素养和艺术能力提升。脑科学的研究发现，艺术综合教育有助于全脑功能的开发。因为，任何一种艺术活动都是大脑两半球协同作用的结果。在艺术教育中，坚持艺术形象布局的审美特征和具有细腻丰富的情感内容相结合，坚持直觉整体的信息加工和理性领悟相结合，使左右脑不同的工作方式和艺术作品中不同的结构要素相互作用，将有助于促进以右脑功能为主的全脑功能的开发。大脑的整合运用、多感官的学习自然有助于一般智慧和创造力的发展。因为，艺术活动中所发展起来的直觉能力和空间想象能力对逻辑思维起互补作用。如 2012 年北京国际艺术周中的艺术活动让孩子们接触不同艺术方式及艺术文化，让孩子们用艺术的方式表达出自己的想法。艺术家与孩子一起玩耍、画画，鼓励他们用创造性的方式表达自己，描述自己所处的生活与世界。成人运用这种方式也可以了解具有不同个性的儿童，而对于残障儿童来说也是一种治疗方式。澳大利亚布里斯班有个自闭症男孩，不会说话但是能够创作出令人惊叹的漫画作品，现在他经常去各个学校向自闭症孩子展示自己的作品。这个例子说明有些人确实可以用语言以外的艺术方式表达自己，尤其是对残障儿童。

（三）学前儿童艺术教育有助于发展儿童的艺术兴趣、艺术才能

对于儿童个体来说，是否能够通过艺术学习，进一步维持与发展其艺术兴趣与才能，取决于我们如何关注儿童的性情进行艺术教育。艺术综合教育注重把握儿童的性情与艺术才能的关系。祝允明认为艺术是情感和才华结合的产物。“身与事接而境生，境与身接而情生，情俟于才而成艺”，艺术是人类情感沟通最有效的手段，激情、个性、创新是艺术才能必不可少的要素。艺术阐释人性，导引情感。那么，艺术才能的发挥必然是和人的性情联系在一起的。这性情是指创造性性情。我们在进行艺术教育的过程中对于儿童的不同发展水平要做不同的鉴别，发现他们的不同，把发挥培养他们的艺术才能建立在他们具有的创造性性情上面，这需要一个过程，需要时刻把尊重儿童自身的创造性性情、时刻尊重他们自身情感体验的过程，这样才能够使儿童的艺术才能发挥具备一定的空间。此时开展艺术综合教育有助于发展儿童的艺术兴趣和艺术才能，有助于儿童通过各种艺术符号创造性地表现自己的精神世界，使他们的童年获得更多的欢乐。同时，儿童知觉过程的整体性、直觉性，记忆的具体形象性，情感的易感染性和弥散性等心理特点都使得他们特别喜欢综合性艺术活动。

二、艺术教育实践过程验证了其对儿童全面发展的重要价值

有关艺术教育理念与课程设计和实施的研究证明，艺术教育符合儿童身心发展的需要，能够促进儿童的全面发展。譬如，加拿大 LTTA（Learning Through The Art）项目的教学模式强调艺术不再是学习的单独科目，而是将艺术作为一种超越课程的教学方式，直接与所有课程相融合，以使学校能够有效地利用社会艺术资源。LTTA 项目旨在通过精心设置课程，把表演艺术和视觉艺术融入科学、历史、语言等学科，通过单元开展教学，以促进儿童的发展，使其获得学习上的成功；同时赋予教师多样化的教学方式，改变学校传统的教学模式。研究证明，通过艺术进行语言、数学等科目的综合教学，让

儿童参与丰富多彩的综合艺术教学，不但未使儿童的学业成绩下降，反而使儿童在某些方面，如数学的计算能力方面有所提高。这也说明，适量、有效的艺术活动在一定时期内能促进儿童的学习。更为重要的是，它给教师、儿童的生活带来了长远的、不可估量的影响。

澳大利亚的《国家艺术课程大纲》与《幼儿学习框架》更是强调学前儿童艺术教育的重要性，儿童在综合的艺术体验过程中发展读写能力、数数能力，获得简单的科学概念，还可以学习到社交技巧。艺术还对培养儿童的非语言能力非常有帮助，有特殊需求的儿童，特别喜欢沉浸在音乐、美术等艺术形式之中。艺术教育是由音乐、舞蹈、视觉艺术、媒介与戏剧艺术等艺术门类构成，为儿童提供发展综合能力的教育方式。学前儿童的综合能力与创造性的独立人格相关，而艺术教育可以完成培养创造性独立人格所要求的五个学习结果。第一，强烈的本体感。学前儿童在学习做决定、解决问题，以个人的身份体验、探索周围世界的过程中建立本体感。而本体感就是一种身份感，它往往是基于每个儿童最喜欢做的事情、最擅长的领域建立起来的。艺术教育强调让儿童在自由氛围中进行表现与创造，要求教师发现儿童在艺术体验过程中所具有的强项与弱项，并发挥儿童的强项，基于强项让儿童有更多的认识并建立本体感。第二，强烈的联系感。艺术体验让儿童自己与世界产生联系，并意识到这种联系，从而自信自己在所处的环境中起的重要作用。第三，强烈的幸福感。艺术体验让儿童的幸福感得到加强，我们的目标是让所有儿童有自信，艺术体验是达到此目标的重要途径。第四，扩大理解力。有的儿童对一些知识很难接受与理解，但通过艺术体验却可以做到这一点。我们知道，儿童的学习方法或风格是不同的，我们可以通过艺术学习途径对儿童进行了解与指导。第五，成功的交流者。儿童在艺术体验的时候可以发展语言与口头交流能力。儿童更习惯通过感官上的方式认识自己的能力，而艺术体验的方式多种多样，可以让儿童得到多种学习与体验。譬如，有的儿童行为具有挑衅性，而艺术体验可以帮助这种类型的儿童学会交流与互动，通过舞蹈释放他们的精力，通过唱歌学到社交技巧。总之，尊重儿童的创造性过程，给予儿童充分的时间，他们会学习到更多知识。给他们提供材料，帮助他们学习，焦点不在于通过艺术体验创造出什么东西，关注的是艺术体验过程中学习到了什么。

第三节　学前儿童艺术教育的理论基础

西方的传统艺术教育都是建立在西方传统认识论哲学基础上的，传统认识论哲学的主客体分离形成艺术“作品”逻辑的客体表达，“表创”分离导致了今天的“即兴表演”和“艺术的自我表达”的“萎缩与衰退”。传统认识论哲学的认知－工具性模式影响到艺术成就模式和艺术教育教学目标及评估模式。过分强调艺术理论知识的学习，而忽略艺术能力与素养的提升，是一种“艺术技术教育”。东方艺术教育传统的“道德实践”和“审美－表现性”被忽略。目前，国际上倡导的艺术综合教育，却有其自身的哲学、心理学、文化学及教育学基础。

从中国文化学的基础来讲，中国的象形文字有着丰富的隐喻，其联想完形及综合性思维构成艺术综合教育很好的母语文化基础；中国的艺术相对更注重整合，如戏曲就是唱、念、做、打、舞的综合艺术。再则中国的“琴、棋、书、画”也是一种艺术综合教育传统，这是中国独有的文化。仔细研究当今发达国家的艺术教育也可以发现，发达国家的艺术教育已经把目标主要放在文化和人的发展上。如德国的音乐教育20世纪70年代就将目标从重“艺术作品”转向重“文化中的音乐”。美国在音乐教育中所强调的六个方面，就是将音乐作为文化来定位的，这六个方面包括：学习音乐是学习人类交流的一种基本形式；学习音乐是学习世界上的各种民族；学习音乐是学会学习过程；学习音乐是学习想象力和自我表现力；学习音乐是学习的基础；学习音乐是学习艺术。就当今文化发展趋势来讲，生态文明取代工业文明，多元文化取代单极文化，东西方文化关系在新的平等基础上的对话都将影响到未来的音乐教育。艺术综合教育也将在这些文化资源的挖掘与互动上获得崭新的意义，艺术综合教育的生态意义、多元文化的全球视野及东西方文化互动互补将是新的艺术教育的文化学基础。

下面主要从学前儿童全面发展的角度介绍开展艺术教育的几种基础性理论。

一、瑞吉欧教育体系

受欧美主流的进步主义教育、皮亚杰认知建构主义和维果斯基的社会文化发展论等的影响，瑞吉欧教育体系倡导走进儿童心灵的儿童观，强调成人与儿童共建主题的项目活动。在《孩子的一百种语言》一书中，马拉古齐的一首诗《其实有一百》充分表达了这一思想。他说，“孩子，是由一百组成的，/孩子有，一百种语言，一百只手，一百个念头，一百种思考方式、游戏方式及说话方式；/还有一百种……/孩子有一百种语言（一百一百再一百），但被偷去九十九种……”在这首诗中，他视儿童为一个自己能认识、思考、发现、发明、幻想和表达世界的栩栩如生的孩子，一个在自我成长中担当主角的孩子，一个富有巨大潜能的孩子。教师把文字、动作、图像、绘画、建筑构造、雕塑、皮影戏、戏剧、音乐等都作为儿童语言，归纳为表达语言、沟通语言、符号语言（标记、文字）、认知语言、道德语言、象征语言、逻辑语言、想象语言和关系语言等；鼓励孩子通过表达性（动作、表情、语言、体态等），沟通性及认知性语言来探索环境和表达自我，认为儿童的自我表达和相互交流特别重要，是儿童探索、研究、解决问题过程中的基本活动。瑞吉欧教育经验显示：学前儿童能够广泛运用各种不同的图像和媒介来表达，以及与他人沟通彼此的认知。教师与儿童共建弹性课程与探索性教学，主题的选择主要来自儿童的真实生活经验、兴趣和问题，并在众多的问题中作出选择和判断；教师教会儿童解决真实生活中的问题，并以小组为单位共同进行较长期深入的主题探索，与儿童共同建构、共同表达、共同成长。主题探索的结果导致创造性问题的解决，儿童通过探索和发现，用“百种言语”表达其成果，创造出他们最感兴趣的艺术作品：图形、绘画、卡通、图表、泥塑、模型、生动的连环画等。最后展示作品，供其他儿童、家长和小区成人观赏。

瑞吉欧教育体系强调开放的、新形态的学习环境，为儿童的综合性学习提供帮助。开放的环境是幼儿园的第三位老师。儿童具有拥有环境的权利，教育由复杂的互动关系构成，也只有“环境”中各个因素的参与，才是许多互动关系实现的决定性关键。因此，学校的建筑结构、空间的配置，以及吸引儿童探索的物品和设备的配置，都传达着沟通的意图，激发人与人之间以及人与物之间的交流和互动。瑞吉欧的学前教育机构往往环境美丽宽敞，充满艺术气息，建筑物中心有一个广场，每个活动室的门都面向广场，以增加各班儿童间的互动机会。每间教室门口的墙上都挂着教师的照片；家长牌上对项目活动的主题进行介绍，以便家长合作参与。瑞吉欧教育还十分注意空间的安全和儿童认知、社会性发展的空间，如安装大片的镜子，供儿童认识自我，发现自我。

综上所述，瑞吉欧教育体系能够为学前儿童艺术教育提供指引性内容，特别是在幼儿园艺术课程建设方面，我们应着重思考如何使儿童成为教育活动过程中的主角；怎样选择儿童自发生成的主题并引导其进行有一定深度和广度的长期探索。在教师预设的课程中，又如何根据儿童的兴趣、需要和发展的水平，不断地调整、补充和发展原有的设想，使儿童在预设的课程中，在认知、身体、情感和社会性方面都得到良好的发展；如何把儿童生成的、教师预设的课程有机结合起来等问题。

二、杜威的儿童艺术教育理论

杜威认为儿童身上潜藏着语言和社交、制作、研究和探索以及艺术四种本能，这四种本能是内在地结合在一起的。为了让儿童的四种本能获得发展，需要艺术教育。而且，根据“教育即生活”“教育即生长”“教育即经验的改造”的教育理念，无论是正式的艺术教育还是非正式的艺术教育，实际上都在进行持续不断地审美经验的改造，而改造审美经验必须与生活紧密结合，才能促进个人成长。只有真实的生活才是儿童身心成长和审美经验改造的有效途径，就艺术教育而言，教师的职责不再是传授知识，儿童的艺术教育也不必局限于特定的艺术学科或培养优秀的艺术才能，而是引导和指导儿童参加诸如手工劳动、游戏、现场参观、戏剧表演等日常活动，让儿童在日常活动中通过观察、操作、实习和直接接触各种事实，获得有用的审美经验。当儿童在日常活动中获得美感经验后，不必局限于画或制作一个“艺术作品”，可以以多种艺术形式充分表现。因此，在美术教育中，可以从一些实际活动引导，如在游戏中，让儿童留意表现最出色的人，研究他的一举一动，并将动作画下来；也可以从装饰房屋的实际活动中引出，渴望有一座美丽的房子，房子里里外外的色彩装饰就提供了许多配制色彩的问题，让每个儿童先构思自己的方案，然后全班一起来决定选用哪一种方案，最后让他们制作墙纸等。这些日常活动都能让每一个儿童充分发挥自己的艺术潜能。音乐教育可以在各种学科的学习中引出，如数学课上可以把相加得“十”的各组数字用最简单的调子编成歌曲。表演能使抽象的问题变得更真实，因此，戏剧表演可作为任何学科教学的第一步的一种辅助工具。如儿童可以把故事课上学到的故事编成剧本，在一些活动中将故事表演出来。

总之，杜威倡导艺术教育要交融在儿童的生活中并在生活中得以表现。通过日常生活对儿童进行艺术教育，既能恢复艺术教育与日常生活的连续性，又能使儿童懂得生活中即使最简单的东西做得很美也是艺术，从而使儿童的经验得到持续不断的改造。儿童的审美经验来自于生活，而且审美经验必须是“完整”的，可以改造的。杜威提倡“完整经验”论与“体验式”儿童艺术教育，所谓“完整经验”或“一个经验”意味着一个经验必须自然地展开并有开端、中间以及顶点和终结。当经验完成了一个圆满的形态就上升到审美层面，也就是说在一次生活经历中，一个人从动荡的开端（问题情境）出发，预见出解决问题的办法，予以实际的行动，在实践过程中根据偶然情况的出现随时调整自己的行为，如果最后成功了，这个经验过程就是完整的，它也就是美的。在杜威看来，美存在于生活中（经验）中，当科学的或智力的活动、政治冒险或道德行为获得成功，获得意义与结局、部分与整体在一个有机整体中的集成时，它们就统统达到了审美层面。杜威认为，如果生活中“完整经验”被人为地割裂了，生活中的许多东西就不美了。“美在生活中呈现”的观点强调了日常生活中的审美，即儿童的生活应当是艺术教育的教科书，儿童艺术教育应组织儿童的生活并使之与生活联系起来进行，让儿童感受和体验生活的美，从而发现生活的美，并在生活中去表现和创造美。而在这种“体验式”的艺术教育当中，一定要注重儿童审美体验的“完整性”，美的体验不但不能代替，也不能“分割”。让儿童独立地参与和体验生活的全过程，无论是失败还是成功，儿童都将体验到快乐，体验到美感。

三、格式塔心理学中的整体与联系学说

格式塔心理学派对当今艺术教育产生了巨大影响，其先驱者卡夫卡在其《心智的成长》一书中以例证的方式证明，学习是一种整体行为；在学习活动中，机体总是以整体的方式进行的；整体不是部分与部分相加，而是部分与部分之间的独特关系。科勒在试验中发现，人在解决问题时经常出现“顿悟”的现象，而在这种“顿悟”中，起作用的总是整体。格式塔心理学派于是得出以下结论：学习者获得的知识不是通过一点一点地建立一种神经联系的系统，而好似对某种“关系整体”的突然知觉和洞察，或者说，学习就是通过意识到学习目标或状况的各个方面和各种性质之间的整体关系，达到一种突

然的理解。

阿恩海姆在其《艺术与视知觉》一书中为艺术教师理解“格式塔”提供了一种最具体、最系统和最清晰的解释。他指出，尽管可以对一幅画一部分一部分地分析，但要想对它做出审美的知觉，就必须看到整幅画的关系整体或全貌，因为在一幅作品中，每一个部分都影响着其他部分，如果一个部分改变了，其他部分也会随之改变，整幅作品也就改变了，因此，“整体大于部分之和”是艺术本身的原则，也是艺术学习的根本原则。

四、多元智能理论

随着当今世界对“学习者”看法的变化，科学家对大脑左右半球功能的研究也日益加强。哈佛大学“零点项目”研究中心的心理学教授霍华德·加德纳对大脑的多元功能和不同区域的特殊认识能力，进行了独到的研究，并通过大量科学观察和对人类才能的历史记录的分析，提出“多元智能理论”。1983 年出版的《智力的结构：多元智能理论》一书中，加德纳把智力定义为“在某种社会和文化环境的价值标准下，个体用以解决自己遇到的真正难题或生产及创造出某种产品所需要的能力”。他阐述了关于智能的种类及其基本性质的多元智能理论。按照这一理论，人具有各种不同的智能，最主要的是语言－言语智能、逻辑－数理智能、音乐－节奏智能、视觉－空间智能、身体－动觉智能、自知－自省智能、交往－交流智能、自然－观察者智能。每个人都同时拥有相对独立的八种智能，而这八种智能在每个人身上以不同方式、不同程度的组合使得每个人的智能各具特点，这就是智能的差异性，这种差异性是由环境和教育所造成的，尽管在各种环境和教育条件下个体身上都存在着这八种智能，但不同环境和教育条件下个体的智能发展方向和程度有着明显的差异性。加德纳还认为，因为每个人的智能都有独特的表现方式，每一种智能都有多种表现方式，所以，我们很难找到一个适用于任何人的统一的评价标准来评价一个人的聪明和成功与否。

加德纳的“多元智能理论”对传统教育产生重大冲击，既然八种智能都是重要的和有价值的，就应该通过全面而综合的教育课程得到同样的发展机会。加德纳的研究使当今教育把注意的焦点指向艺术教育，因为越来越多的人发现，在传统教育中被忽视的智能，均可以在艺术教育中得到开发和锻炼。杰出的艺术理论家艾斯纳早就指出，人类理解世界的通道绝不仅仅是科学，艺术也是一种非比寻常的通道，它可以发现我们的感性，丰富我们的知识，使我们的意识达到更高级的水平。

第四节　学前儿童艺术教育的实践现状

我国自 2001 年以来进行的基础教育课程改革中已非常重视艺术教育在各个领域的渗透，改革所推行的艺术综合教育课程也为幼儿园的艺术教育提供了理论支持和实践依据。2001 年 7 月 2 日，教育部颁发的《幼儿园教育指导纲要（试行）》中的艺术领域要求在新理念的指导下，实施新型的艺术教育。进入 2008 年，随着改革的不断深入，艺术教育课程在实施过程中遇到了一些困难和挑战。面对这些困难和挑战，教师又是如何应对的呢？经过几年的不断积累，课程实施的现状又是怎样的呢？这些问题依然是需要我们关注的。2012 年，为贯彻落实《国家中长期教育改革和发展规划纲要（2010—2020 年）》和《国务院关于当前发展学前教育的若干意见》，指导幼儿园和家庭实施科学的保育与教育，促进儿童身心全面和谐发展，教育部研究制定了《3—6 岁儿童学习与发展指南》，该指南中的内容体现出在科学地尊重儿童身心发展规律的基础上注重对儿童进行综合教育。

在学前儿童艺术教育中，我们以基础教育改革中艺术综合教育的理念为依据，在教学中将各艺术学科教育资源有机地整合起来，发展儿童的全面素质。对于幼儿园来说，通过艺术综合教育活动的实施，首先，观念与教学方式发生了巨大变化，重新审视了艺术教育中的师幼关系。从以前传统技能技巧的培养，转变为儿童创造力的培养。教师从以前传授者的角色，转变为引导者、合作者、支持者。其次，幼儿园教师整合活动设计的能力提高了，能利用多方面的资源服务于游戏与教学活动，促进儿童的全面发展。正如某幼儿园的骨干教师所说的，我们以前的教学比较重视技巧的机械训练，虽然儿童掌握的效果显著，但很急功近利。儿童并不是在一个愉悦的体验中学习的，学习是被动的。但是现在我们感觉到教育应该是“润物细无声”的，重要的不是急于让儿童掌握什么技能技巧，而是为儿童一生的发展服务。让儿童在一个愉悦的体验中学习知识，有一个良好的心态、健全的人格。儿童由体验获得的多学科的知识更多，同时这些知识又是相互联系、有机整合起来的，并不是机械地相加。教学更关注儿童的体验和感受，儿童在一种轻松愉悦的情绪体验中学习。在这一过程中，我觉得孩子们变得更乐于表达情感，主动地去掌握技能，获得知识。更重要的是在学习过程中给予了更多让孩子自主动手动脑的机会，使得孩子的想象力得到了充分发挥，创造性有了很大发展。

但是，目前由于实践者的理解与能力有限，幼儿园艺术综合教育实践中存在影响、限制艺术教育发展的各种问题。譬如艺术教育的目标取向、综合的内容、艺术教育自身的艺术性、艺术教育的样式、艺术教育中教师的角色定位等方面都需要深度思考与研究。

首先，艺术教育的目标定位。传统艺术教育机械传授和训练艺术技法，忽视艺术与人的生活、历史文化、社会环境等方面的有机联系，忽视艺术感受、创作与反思的联系，忽视各种艺术之间的沟通，忽视儿童的艺术感受和经验等，导致儿童理解、综合运用媒介方法创造艺术作品的能力不强。艺术综合教育倡导艺术教育向儿童的经验与生活回归，强调学科间的整合，强调感觉、经验的融合，追求艺术的综合化，不仅仅反映在课程组织上的变化，更重要的是教育价值观的深层变革。以儿童整体发展为中心的目标取向，促使儿童建立各种艺术感觉、经验、知识、智能相互衔接、融会贯通的生态结构，并具有积极向外探索、表现和创造艺术的能力。但是在幼儿园实践中，仍然存在对艺术综合教育根本目标不明确的现象，需要进一步结合综合教育实践进行充分的引领与指导。

其次，仍需继续明确艺术教育综合什么，为什么综合。艺术教育应实现还原艺术与世界的有机联系，促进儿童建立各种感觉以及感觉与知识、智能的整合，构建完整的艺术活动三个方面的综合。但是，从艺术课程实施过程看，针对艺术课堂教学没有真正实现艺术课程的目标和价值的问题，幼儿园教师还需要进一步提高课程整合能力，并科学和准确地把握艺术课程整合的实质。在课程实施过程中部分教师对综合的内涵并没有真正理解，认为要体现艺术课的综合性就必须把一堂课分成几部分，比如，唱十分钟歌，跳十分钟舞，再画十分钟画等。这样做反而使一堂课变得像大杂烩。而作为教师，要掌握音乐、美术、戏剧、舞蹈等多方面的知识，实在是很难做到。造成这种状况的根本原因在于教师并没有真正理解艺术综合课程的实质和内涵。幼儿园开展的大部分艺术综合教学活动并不理想。第一，为了综合而综合。认为综合仅是知识点的简单拼凑，因而将原本无法或难以综合的学科或知识点强行综合，结果教学过程完全沦为大拼盘或大杂烩。第二，丧失教学目标的综合。找到了综合的切入点，但在还不知道该如何确定教学目标时，便盲目开始综合教学，结果教师、幼儿皆不明确自己究竟要做些什么。第三，形式化和机械化的综合。在艺术综合教学中，教师不给幼儿充分的时间进行艺术的感知与体验、创作与表现、反思与评价，而是让幼儿走马观花地涉猎每个环节，导致幼儿难以获得相应的艺术能力以及人文素养。第四，“游戏化”的综合。教师过于强调教学活动的游戏性和幼儿的主体地位，在教学活动中或设置与教学主题无关的游戏，或让游戏占用过多的时间，相当一部分幼儿园教师并没有真正理解“综合”的内涵。因此，应进一步加深幼儿园教师对艺术综合的理解，充分把握教师在艺术综合教育中的角色定位。

最后，在艺术教育实践中完善艺术教育的样式。有学者提出“异质同构式”“主题探究式”“设计学习式”是艺术教育实践中几种较好的样式。但是，仍然需要在艺术教育实践中带领一线幼儿园教师共同尝试建构、探究，强调综合的同时也要关注一线教师对教育样式的适应问题。

► 小结

本章主要讨论了四个问题：

（1）学前儿童与艺术教育。

（2）学前儿童艺术教育的价值。

（3）学前儿童艺术教育的理论基础。

（4）学前儿童艺术教育的实践现状。

本书的“学前儿童艺术教育”是一种艺术综合教育、是一种指向艺术共性的艺术教育。它对学前儿童全面发展的价值，主要体现在为儿童完满型人格的塑造打下基础，促进儿童创造性的发展，有助于发展儿童的艺术兴趣、艺术才能。指向艺术共性的学前儿童艺术教育的理论基础包括瑞吉欧教育体系、杜威的儿童艺术教育理论、格式塔心理学中的整体与联系学说、多元智能理论。指向艺术共性的学前儿童艺术教育在我国幼儿园实施中存在一些问题，主要有目标定位不明确，内容综合有机性不足、拼凑现象明显，课程综合模式的适用性有待解决等。

▶ 思考与实践

1. 你如何理解“儿童天生就是艺术家”？
2. 学前儿童艺术教育与儿童全面发展之间的关系是什么？
3. 学前儿童艺术教育的理论基础是什么？
4. 你如何理解与评价当前幼儿园中的学前儿童艺术教育实践？

▶ 延伸阅读

1. 滕守尧．艺术与创生．西安：陕西师范大学出版社，2002.

该书阐明了艺术教育的生态哲学基础、生态式艺术教育理念的创新、艺术化的艺术教学、艺术化生存的艺术教育理想。生态式艺术教育学已成为一种新的价值观念、伦理观念和教育观念。艺术的创造、接受和欣赏，需要一种高级的文化素质，而获取这种素质的重要途径，就是健康的艺术教育。健康的艺术教育不单纯是一种技法的教育，而是一种更全面的文化素质的培育。艺术教育发展史表明，艺术教育逐渐发展成为一种综合式艺术教育或以多学科为基础的艺术教育。综合式艺术教育不仅使得艺术教育本身成为一种多元交叉学科，还注重艺术精神向其他学科的渗透。生态式艺术教育围绕一个人文性或知识性的主题设置单元，除了各艺术门类在同一单元主题中的相互联系、相互沟通外，艺术与历史、语文、地理、历史、数学、道德、生活等诸多方面也连接起来。欣赏与批评、课程与目标、评价与反思、评价与学生体现出生态式原则，真正形成一个生态式的艺术课堂教学。

2. 赫伯·里德．通过艺术的教育．吕廷合，译．长沙：湖南美术出版社，2002.

该书中里德关于艺术、儿童和教育的论述具有启发性和学术性。里德力图运用格式塔心理学告诉读者，只有意象和概念、感知和思维的结合才能真正发挥教育培养创造力的功能，故每一门学科都应注重艺术教育。对美术教育者来说，最具实际教育价值的是里德所提出的儿童绘画类型理论。里德从各式学校搜集几千幅儿童绘画作品，按其风格将儿童绘画分成有组织的、拟情的、节奏的模式、构造的形式、列举的、触觉的、装饰的、想象的八类。认为美术教育应立足儿童绘画类型研究基础之上。这种以儿童为本的艺术综合教育理念值得我们紧密结合艺术教育实践经验进行深入思考。

3. 甘第尼，福尔曼，爱德华兹．儿童的一百种语言．罗雅芬，等，译．南京：南京师范大学出版社，2008.

瑞吉欧·爱蜜莉亚，是意大利北部的一个小镇，因其卓越的幼儿教育熠熠生辉，成为全世界教育家的灵感来源。瑞吉欧教育体系鼓励儿童通过各种可“表达的、交流的和认知的语言”，探索周围的环境并表达自我。作为阐释该体系的经典著作，该书将带领你的眼睛越过高墙，开始一次探索儿童、发现儿童、教育儿童以及向儿童学习的奇妙之旅，特别对在艺术综合教育过程中，教师如何通过观察儿童的艺术学习过程，看待儿童的艺术作品具有非常重要的启发意义。

第二章

学前儿童艺术教育的综合原理

内容导航

- 学前儿童艺术教育的综合原理
  - 学前儿童艺术教育的美学原理
    - 基于艺术各领域共有美学原则的综合
    - 基于艺术各领域之间共享元素的综合
  - 学前儿童艺术教育的艺术心理学原理
    - 异质同构原理
    - 艺术心理过程原理
  - 学前儿童艺术教育的文化性综合
    - 旨在理解他人文化的艺术教育
    - 旨在理解文化中的人的艺术教育
  - 学前儿童艺术教育的课程综合模式
    - 主题网络式
    - 主题串联式
    - 主题散点式

▶ 学习目标

1. 了解学前儿童艺术教育是一门独立整合性课程，其要旨是建立有根据的综合。
2. 理解学前儿童艺术教育的美学、艺术心理学、文化与课程的综合原理。

▶ 引言

这是大班的一个艺术教育活动。

第一个环节：音乐活动。教师先请全班幼儿倾听乐曲《×× 波尔卡》，听完后提问“听了这首曲子后你的心情是怎样的？”幼儿踊跃发言，有的说：“听了这首曲子我心里快活极了，这首曲子很欢快。”有的说：“这首曲子听起来有点恐怖的，好像是在森林里，是在晚上的时候。”……待四五个幼儿发言后，教师总结道：“小朋友都说得很好，都把听了这首曲子后的感觉说出来了。”接着，教师请全班幼儿再一次倾听乐曲，听后提问：“听着这首曲子，你好像看见了什么？”一个幼儿说：“我看到了一只小白兔跳到了河边，看到自己在河面的倒影真美啊，它陶醉了！”教师表扬道：“说得很好，真有想象力！”教师的评价极大地激发了幼儿的表达欲望，争着发言。

第二个环节：舞蹈活动。教师对幼儿说：“刚才你们把听音乐时仿佛看到的情境都说了出来，而且都说得特别好。现在，老师请你们把刚才说的内容用舞蹈动作做出来。”教师放音乐，幼儿随着音乐用身体动作表现音乐内容。活动室内立刻乱哄哄的，男孩子干脆随着音乐围着活动室狂奔起来。

第三个环节：绘画活动。教师让已经兴奋难抑的幼儿坐到座位上，安静一会儿后说道：“刚才我们已经把这首好听的音乐用舞蹈动作做了出来，现在老师请你们用画把你们在听音乐时好像看到的东西画出来。”教师迅速发放绘画笔与纸，幼儿开始绘画。……

艺术教育面临的最大困境是教师对艺术本质仅是表面的了解，往往把各领域艺术之间的一些内容拼凑在一起，美其名曰艺术教育。这种艺术教育没有把艺术作为一门整体学科进行理解，既伤害艺术教育本身，也伤害教育实施对象——儿童。本章阐述艺术教育的美学、艺术心理学、文化性与课程依据，旨在强调所有的艺术综合都必须是有根据的综合。

第一节　学前儿童艺术教育的美学原理

在讨论艺术教育的美学原理之前，我们先介绍一下艺术分领域类别以及每一艺术领域可能涉及的更具体的类别①：

视觉艺术　视觉艺术包括绘画、雕塑、素描、纺织、雕刻、印刷、书法、珠宝、服饰、木偶、面具、陶器、装饰艺术、建筑样式、景区设计、室内设计等艺术形式。

音乐艺术　音乐艺术包括民间音乐、艺术歌曲、流行音乐、宗教音乐、器乐等艺术形式。

戏剧艺术　戏剧艺术包括话剧、歌舞剧、木偶剧、哑剧等艺术形式。

文学艺术　文学艺术包括故事、诗歌、游戏等艺术形式。

舞蹈艺术　舞蹈艺术包括民间舞蹈、仪式舞蹈、古典舞蹈等艺术形式。

这些艺术的创作过程都遵循一定的美学原则与形式元素的组织规则，对这些原则与规则的沟通性应用是综合个项艺术的美学依据。

一、基于艺术各领域共有美学原则的综合

音乐、舞蹈、视觉、文学、戏剧等艺术领域之所以都被称为艺术，是因为有其成为艺术共有的美学原则，这些美学原则是把艺术各领域综合起来的基本原理之一，也是艺术综合课程避免表面拼凑、具备艺术内核的标准之一。

以下为各领域艺术共有的一些美学原则②：紧张与放松，重复与对比，模型、动机、主题与变化，强度，平衡、对称，前景与背景。

这些共有的美学原则一般通过以下两种途径进入艺术综合课程：第一，局部结构中共有美学原则的感知、比较与表现。在音乐、美术、文学等艺术作品的局部会使用以上某种或几种美学原则，艺术综合活动的任务是引发儿童发现在不同的艺术形式中紧张与放松、重复与对比、平衡与对称等美学原则方面的共同性和互通性，并用不同的艺术形

① Patricia Shehan Campbell and Carol Scott-Kassner, *Music in Childhood*, 2006 Schirmer, Cengage Learning: 365.

② Patricia Shehan Campbell and Carol Scott-Kassner, *Music in Childhood*, 2006 Schirmer, Cengage Learning: 350.

式表现出来。第二，整体结构中共有美学原则的感知、比较与表现。重复与对比、平衡与对称、前景与背景等原则不仅应用于艺术作品的局部，而且大量应用于作品整体。像音乐作品段落的几次重复、文学作品情节的几次重复与反复出现的美术画面相对应，这就属于应用整体结构中重复原则的艺术综合活动。然而，在艺术综合活动的很多时候，局部结构与整体结构是贯通进行的。我们还是以“重复”原则为例，说明通过这个原则如何来组织艺术综合活动。首先，我们可能会组织一次观察、讨论活动。在这个活动中，呈现给儿童具有明显重复特征的一些艺术作品，包括一首歌曲或器乐曲、一张有关自然风景的照片、一首诗、一张画、一段舞蹈，引导儿童观察这些艺术作品所共有的组织手法——重复，并讨论使用了重复手法的艺术作品能带给我们的节奏感、满足感与统一感。① 在这个活动的最后，教师可以启发儿童思考：如果一个艺术作品不断重复、总是重复效果好不好？使儿童理解一个方法不能过度地使用，使用两三次就好了。其次，组织一次创作活动，可以是画画（也可以是舞蹈动作创编）。画画前要求儿童使用构图中的重复手法，先想好了再下笔。当儿童都完成创作后，教师引导儿童讨论与评价他们自己的作品，尤其讨论他们是如何使用重复手法的。最后，呈现主要运用重复手法创作的几幅作品，讨论这些作品中重复手法是如何被使用的。舞蹈动作创编则是先分析、讨论音乐中出现的重复段落与句子，然后请儿童根据音乐与音乐中的重复分组创编动作，核心要求是音乐重复时舞蹈动作也必须重复。然后，分组表演他的创编成果，并分析评价每组动作与音乐的匹配性以及是否恰当地使用了重复手法。

既然是艺术各领域的美学共通原则，所以这些原则中的每一原则都可以在艺术分领域中找到它们的作品典型。把使用同一原则的不同领域艺术作品在同一时间呈现时，那种为所有艺术所共有的一种美学原则会被极大地彰显，这样一种美的体验或艺术享受是分领域艺术课程不能给予的。

二、基于艺术各领域之间共享元素的综合

可以引导并激发幼儿体验复数艺术，从而发展他们更为广泛的艺术理解力与表现

① Patricia Shehan Campbell and Carol Scott-Kassner, *Music in Childhood*, 2006 Schirmer, Cengage Learning: 351.

力。为达成这一目标的一个艺术综合原理是挖掘个项艺术之间的共享元素，即在两个或两个以上的艺术领域之间寻找重叠元素或内容。在一种艺术领域中体验到的审美特性，在不同形式的另一种艺术领域中再次体验，这种双重体验引发迁移机制，提升艺术感受力。这些重叠元素或内容的挖掘是以教师清晰每种个项艺术所具有的形式元素为前提的。下面介绍艺术各领域的形式元素，并阐述艺术分领域之间可能发生的重叠。

（一）艺术各领域的形式元素

每种艺术领域都是用其具有的形式元素去表现人类的物质与精神世界，每门艺术的创作是对其形式元素既规范又新颖的运用，而对艺术的理解也来自对艺术形式元素的感知与反应。对各领域艺术元素表现性的个性体验主要是分领域艺术教育的任务，而对各领域艺术元素表现性重叠部分的多通道艺术体验，则既是分领域艺术教育的任务，更是艺术综合教育的任务。

以下为学前儿童艺术教育阶段可能涉及的音乐形式元素①：

1. 节奏

稳定的节拍、疏密节奏型、强拍与弱拍、休止符。

2. 旋律

音的高与低、旋律的上行与下行、旋律的级进与跳进。

3. 音色

人的音色（男女老幼、喊、说、唱、低语），打击乐器的音色，生活环境中的音色，自然界的音色，机器的音色，乐器音色（钢琴、小提琴、二胡、琵琶）。

4. 速度

快与慢、渐快与渐慢。

5. 织体

声势、舞蹈中的多层次，有伴奏与无伴奏，伴奏厚与薄。

6. 力度

轻与重、渐弱与渐强。

① 王秀萍．学前儿童经验音乐教育．合肥：安徽文艺出版社，2009：115.

7. 结构

模仿句，重复句，喊答句，主副歌，三段体、回旋体，引子。

8. 风格

进行曲、摇篮曲、舞曲。

以下为学前儿童艺术教育阶段可能涉及的舞蹈形式要素：

1. 时间

速度：快、中、慢速、静止。

时值：长、短。

拍子：偶数拍、奇数拍。

重音：强拍。

节奏：不同的类型。

2. 流动

稳定性：平稳、流动、连贯。

冲击性：动静转换、段落转换。

颤抖性：抖动、旋转。

3. 空间

（1）私人空间

规模：大、小、宽、窄。

不移动动作：伸展、摇晃、扭转、卷曲、弯腰。

私人力场：似乎有个围绕你的泡泡，你的所有动作都在泡泡范围内，不会碰到其他的人或物。

（2）公共空间

方向：上或下、前或后、右或左、斜。

移动路线：弯曲、直线、形成角度。

移动动作：走、跑、跑跳步；双脚跳、单脚跳；滑步、爬、快速跑。

4. 力量

强或弱。

5. 形状

个人：弯、直、扭、平衡、对称、不对称

小组：线形、方阵、拉手、不拉手、平衡

主题：动物、运动、情感

以下为学前儿童艺术教育阶段可能涉及的视觉艺术形式元素：

1. 形状

正方形、长方形、三角形、圆形；用线条和颜色进行创作；具有显示节奏感和设计意图的模型。

2. 颜色

红、绿、黄等；用颜色制造强度和对比；用颜色制造光亮。

3. 质料

作品具有光滑、粗糙、柔软、坚硬的触感；

通过增加层次、雕刻或编织等手法使作品具有这些触感。

4. 线条

直线、曲线、锯形线、细线、粗线、断线、连线、柔线、亮线、回音线、平行线；用线条构成模型、图案、形状和物体。

5. 空间

虚空间、实空间；通过形状设计来创设这两种空间。

以下为学前儿童艺术教育阶段可能涉及的戏剧元素：

1. 背景布置

戏剧发生的地点和气氛。

2. 角色

故事中的人物和彼此间的关系。

3. 剧情

正在发生什么，包括情节与冲突；剧情发生的原因与人物动机。

4. 主题

剧情传递的核心观点。

5. 对白

通过言语与动作表达的内容。

6. 舞台管理

需要的服装、道具、灯光、音乐、音响和舞台布景。

（二）艺术分领域之间的重叠

艺术综合教育主要关照分领域艺术之间的元素重叠部分，这些重叠部分是分领域艺术之间进行沟通的内容。

1. 音乐与舞蹈的重叠

音乐是时间艺术，而舞蹈既是时间艺术又是空间艺术，两者重叠度很好。音乐与舞蹈最大的重叠是都展示着声音，不同的是舞蹈借用身体媒介展示着声音，所以，舞蹈是离不开音乐的。从达尔克罗兹以来的音乐教育的历史告诉我们：音乐教育也是离不开舞蹈的（运动觉）。身体动作对音乐能力的发展具有不可或缺的地位，音乐学习中的每一个动作策略都能帮助儿童加深对一个音乐元素表现特性的理解，获得音乐与动作的匹配技能，① 提升音乐表现力。音乐形式元素中除音色与织体两种元素在舞蹈中较少体现外，其他元素都依赖身体动作策略来获得理解与表现。可以说，音乐与舞蹈这两种艺术的综合是天然的，想不综合都难。

2. 音乐与美术的重叠

音乐是时间艺术，美术是空间艺术，两者似乎具有天壤之别。然而，音乐与美术的基本元素之间具有极高的同质性。例如，色、线、形、风格等元素，虽然它们在音乐与美术中具有不同的意思，但由于运用了相同的术语，也就具有了极为接近的内涵。把这些元素的表现手法，在音乐与美术中交替感知与应用，不仅会极大地促进儿童对音乐与美术这两种个性艺术的感受力，更会极大地促进儿童对共性化的艺术（arts）的感受性。

3. 文学与音乐的重叠

当文学呈现为表演形态时，它与音乐比较接近，是一种时间艺术。它用着许多音乐元素的术语，如节奏、音色、音高音低等。鉴于此，在节奏、音色、音的高低等音乐元

---

① Patricia Shehan Campbell and Carol Scott-Kassner, *Music in Childhood*, 2006 Schirmer, Cengage Learning: 353.

素表现性的学习活动中，音乐是依赖儿歌、故事等文学作品的，以对文学作品中节奏、音色等元素表现性的理解与表达为基础，然后迁移到音乐表现性的理解与表达中去。另外，音乐用抽象的方式讲着“故事”，当这种“故事”被语言化后，即文学与音乐结合以后，音乐就会像磁铁一般吸引儿童。文学与舞蹈一样，具有对抽象音乐符号的具象化表现功能；同时，当以音乐为表现框架或背景时，文学与舞蹈更彰显出它们的艺术性。

4. 美术与文学的重叠

文学形象与美术形象的同质性是毋庸置疑的。连环画、绘本、动漫、动画等都是文学与美术结合的产物。艺术综合教育可以从美术走向文学，也可以从文学走向美术。当儿童用口语形式自发创作了一个角色的活动内容后，美术创作活动也就水到渠成了；当儿童创作了一幅或多幅美术作品后，美术作品的文学内容也就跃然于纸上。另外，文学形象的表演成功是依赖美工活动的，头饰、服装、道具等都是美术创作对文学形象表演的贡献。

5. 戏剧——音乐、舞蹈、美术与文学的多重重叠

在学前儿童的日常戏剧活动中，我们往往把“舞台管理”与“对白”两个元素弱化，它们是儿童戏剧舞台化表演才需要的元素。当弱化这两个元素后，我们不得不承认学前儿童的生活中充满了戏剧因子：当孩子们玩游戏时，那活龙活现的角色一出现，戏剧的意味也就展现；当孩子们唱一首故事性歌曲时，他们会情不自禁地进入动作表演，戏剧的序幕也就拉开；当孩子们创作出自己的绘画作品时，他们会绘声绘色地讲述作品中的内容，这是戏剧脚本诞生的时刻。一个游戏、一个绘本、一个故事、一首歌曲、一段舞蹈、一幅画都可能是一个戏剧的起因，孩子的艺术表现是整体而宽泛的，所以由艺术的一个小点串成艺术综合的戏剧是孩子们的最大乐趣。

最后，用图 2-1 作一个总结，说明艺术综合教育在美学原理上可能综合的内容或渠道。

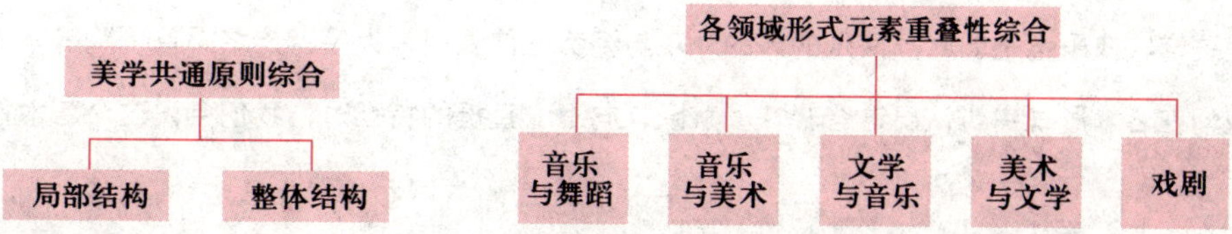

图 2-1　艺术教育基于美学原理的综合

第二节 学前儿童艺术教育的艺术心理学原理

格式塔心理学的“异质同构”理论把艺术的表现性结构与人类深层的思想情感联系了起来，建立了各门艺术之间相互协调一致的契合点，为艺术教育提供了一种策略指导，是艺术教育的心理学依据之一。

艺术心理过程有许多模型，但核心模型是由感知、反应、技能发展、评估、理解、创造这些因素构成的，应用艺术心理过程的核心模型是艺术综合在方法层面的依据。

一、异质同构原理

格式塔心理学认为，客观的物理现象与人的心理现象之间有一种“同形”关系。人对事物之所以发生特定的情感和情绪，是由于外界自然事物的物理的力和场，同人内在世界心理的力和场在形式结构上存在着“异质同构”。①

苏珊·朗格认为一切艺术都是创造出来的表现人类情感的知觉形式。虽然艺术绝对主义者反对艺术即情感的界定，但他们只是反对艺术的物理形式不具情感性，如音乐中的声音本身不具情感性，并非否认人可以从艺术形式中感受到快乐或悲伤。即使艺术界对艺术是或非情感艺术具有极大的争议，但早期儿童喜欢充满情感表现特征（内容性）的艺术作品，这是不争的事实。当我们想理解艺术形式中的情感表现时，格式塔心理学的“异质同构”原理无疑具有巨大的解释力。例如，当我们看到枝条下垂的柳树，就认为它是悲伤的表现。因为在我们文化中悲伤或不快乐的人看上去就是这样的：走路很慢，低下头肩与垂下双臂，好像负载重物一样。用“异质同构”原理解释：柳树作为客观的物理现象与我们文化中长期形成的人们对悲伤的表现形式之间形成“同形”关系。同理，在音乐中的下行、缓慢、低沉旋律，在美术中的灰暗、向下的线条等形式，在舞蹈中下垂、低缓的动作等，都会与我们文化中的悲伤情绪的表达形式形成“同构”。悲伤是这样，快乐也是如此。快乐的人的外观与姿势往往表现为大笑、走路昂首挺胸等，当我们在艺术形式中辨认出这些轻快、跳跃、向上、直挺的特征时，我们会说这个艺术作

① 楼必生，屠美如. 学前儿童综合教育研究. 北京：北京师范大学出版社，1997：115.

品表现的是快乐情绪。

在艺术教育活动中，“异质同构”原理可以在以下两个方面产生功效。① 第一，感受、表现不同艺术形式中情感象征的沟通性。如汉族文化中红色象征热闹、黑色象征忧伤等，可以与各种艺术形式中的情感表现沟通。第二，感受不同艺术中思想情感的相似性，并产生共鸣、移情和创作的冲动。如可以利用音乐、美术去渲染文学作品的氛围，加强文学作品的感染力；可以通过文学作品的欣赏，激发儿童在绘画、音乐表现活动中的情感。

二、艺术心理过程原理

无论是何种艺术，人们欣赏它们时都具有类似的心理过程，把这些心理过程的核心部分抽取出来，就形成艺术过程的关键因素②：

感知是注意与思考环节。例如，有目的地倾听音乐或诗歌，关注重复与对比的模型，在绘画中发现线条的使用方式。

反应是讨论、感受和做的环节。例如，对一个艺术作品中自己所观察到的部分进行辨认、描述和探讨，表达艺术作品是如何影响人的情绪与想法的，用作品所要求的风格表现艺术作品。

技能发展是学习操作个项艺术具体材料与过程的环节。例如，学习一首歌曲的单声部旋律歌唱，然后进入有表现力的歌唱，再进入有和声效果的歌唱；学习各种陶制技术；发展一系列创造性动作技能，包括用有力的与流动的动作在不同时间与空间条件下自如表演。

评估是评价与批判环节。儿童艺术能力的发展离不开评估，它是基于个体技能、形式感、美的状态、表现特性等水平作出的对自己与他人的作品的评价。

理解是对艺术元素、结构、历史与文化等建立概念的环节。例如，对音乐中音准、节奏、旋律、和声、音色与表现的理解；对绘画中各形式要素与表现的理解；对音乐中

① 楼必生，屠美如．学前儿童综合教育研究．北京：北京师范大学出版社，1997：124-125.

② Patricia Shehan Campbell and Carol Scott-Kassner, *Music in Childhood*, 2006 Schirmer, Cengage Learning: 363-364.

如何运用模型建构曲式的理解；对艺术作品与其被创作的时代和文化之间关系的理解。

创造是产生有创意的想法与产品的环节。例如，即兴一个八拍子的节奏型；应用三种不同类型的线条创作一幅画；用 ABA 三段曲式创作一个音乐作品；为自己喜欢的音乐作品创编舞蹈。

应该说共有的美学原则、形式元素重叠、异质同构原理等给予我们的是艺术综合内容层面的依据，而艺术心理过程原理则是给予我们艺术综合方法层面的依据。当我们用其他原理综合各领域艺术内容时，可以用艺术心理过程去检验这种综合的合理性，使艺术综合具有作为一门艺术整合学科的特质。

最后，用图 2-2 作一个总结，说明艺术综合教育在艺术心理学原理上可能采用的内容与方法依据。

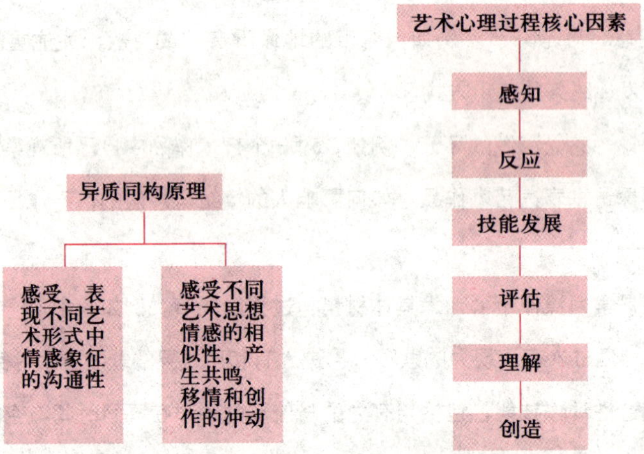

图 2-2　艺术教育基于艺术心理学原理的综合

第三节　学前儿童艺术教育的文化性综合

在这里，文化特指语言、文学、艺术及一切意识形态在内的精神产品，人们制作的各类艺术作品是这些精神产品的核心内容。我们想理解、熟悉一种文化可以通过艺术渠道来完成。通过学习一种文化中的各门艺术，我们可以获得有关这种文化的许多内容，包括：这种文化的价值是什么？促使这种文化独一无二的原因是什么？这种文化所具有的丰富资源是什么？这种文化已经产生了怎样的变化？这种文化与其他文化的相似性在哪里？代表那个时代、那种文化与那个地区的典型的表达形式与符号是什么？

以各类艺术为资源去理解一种文化或文化中的人，这种艺术综合类型我们称之为文化性综合。学前儿童艺术教育的文化性综合表现为以下两种类型：通过艺术综合去理解他人文化，通过艺术综合去理解文化中的人。

一、旨在理解他人文化的艺术教育

理解他人文化的艺术教育是指通过特定文化背景下的艺术让儿童了解这种特定文化，并运用这种特定文化独有的艺术风格与创作过程去创作艺术作品的一种艺术综合教育活动。下面我们例举一个以各类艺术为资源去理解一种文化的艺术综合方案，见表 2-1。

表 2-1 艺术综合教育单元活动——印度西北岸文化①

活动名称	活动步骤
活动一：学习印度伦米歌曲《划船歌》	1. 学习《划船歌》，以典型的伦米文化的嗓音风格歌唱。 2. 确定自己独木舟旅行的目的。 3. 在普及特海湾地图上画出你的航线。 4. 小组合作，画出伦米独木舟的形状，并确定桨的大小。 5. 假想穿越普及特海湾，边划桨边歌唱。 6. 讨论唱这首歌穿越普及特海湾时，是好天气还是暴风雨天气？你是怎么知道的？ 7. 要求划桨动作合拍，在到达终点时，通过戏剧性的动作表演表达出你的旅行目的。
活动二：学习和讨论雷尼尔山由来的民间传说	1. 讨论民间传说的功能。 2. 关于雷尼尔山由来的民间传说与科学说法有什么不同。 3. 研究雷尼尔山的名称在当地居民中的神圣意思。 4. 学习用戏剧化风格讲述这一传说，并把它所具有的神圣意思表达出来。 5. 用鼓、响铃的声音以及嗓音为这一传说的讲述伴奏。 6. 为你所在社区标志性建筑的由来“写”出你自己版本的传说。

① Patricia Shehan Campbell and Carol Scott-Kassner, *Music in Childhood*, 2006 Schirmer, Cengage Learning: 366-367.

续表

活动名称	活动步骤
活动三：为已经画好的图腾上色，并剪下上完色的图腾，把它粘贴在牛奶盒上	1. 研究各种图腾，了解每一图腾的意思。探讨每一个图腾为什么都是独一无二的。 2. 观察每一图腾的共同点：勇敢者形象、对称、线条弯曲，轮廓突出，用红、黑、白染色。 3. 为什么制作图腾的材料是杉木? 4. 选择对你家或你的学校有象征意义的图案，基于此为你家或你的学校设计一个图腾。使用传统风格的图腾设计方式。用泡沫雕刻你的图腾，完成之后涂上颜色。
活动四：学习一种萨蒙舞蹈，并用鼓等乐器为之伴奏	1. 研究萨蒙人跳的各种舞蹈以及这些舞蹈使用的场合。 2. 观看萨蒙典礼与舞蹈的录像。关注舞蹈的风格与伴奏乐器。 3. 探讨萨蒙舞蹈有别于其他舞蹈之处。自制一些乐器并装饰它们，然后为舞蹈伴奏。

二、旨在理解文化中的人的艺术教育

艺术能够帮助人们理解文化中的人。仅仅依靠他人的回忆材料去了解一个人，那是不充分的。当我们对这个人的人生故事、诗歌、日记、歌曲、表演、视觉作品或工艺作品等做一番研究时，才可能对这个人获得比较全面的了解。当艺术综合课程着重于帮助孩子收集自己与他人的故事，从而更深入地理解作为一个人的自己与他人时，所有的艺术作品就成为探索文化中的人的重要资源。

理解文化中的人的艺术教育可以分为理解自己文化中的人与理解他人文化中的人两种。理解自己文化中的人的艺术教育，其教育内容主要包括以下几个方面：尝试用音乐、美术、文学、舞蹈等艺术手法“写”日记，既表达对外部客观世界的认识也表达自己内心的感受；从各门类艺术的创作成果中认识自己，找寻自己与伙伴在表达情感时所用的艺术符号的相同、相异之处。理解他人文化中的人的艺术教育，其教育内容主要包括以下几个方面：通过音乐、美术、文学、舞蹈等艺术作品的一一对应，比较自己与别人的异与同，理解不同地方的人能创作出不同的艺术作品；完成对一种非本土文化的理解后，用语言与艺术创作方式总结这种非本土文化中的人的特征。

最后，用图 2-3 作一个总结，说明艺术综合教育可以与了解一种特别文化的学习活动结合起来，艺术形式是理解他人文化、理解文化中的人的重要资源。

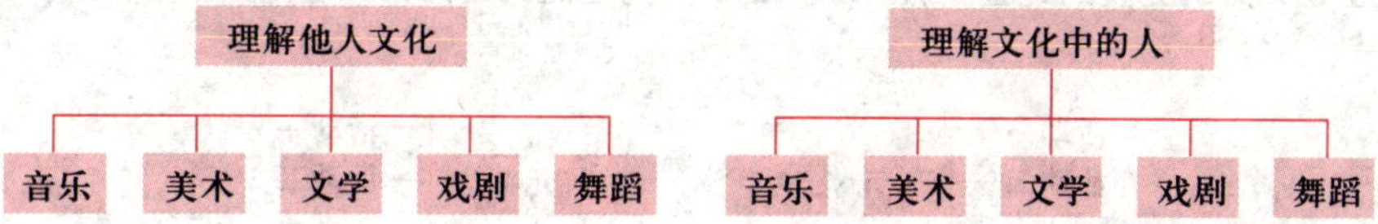

图 2-3　旨在理解他人文化、理解文化中的人的艺术教育

第四节　学前儿童艺术教育的课程综合模式

十多年前，我国学前儿童艺术教育活动比较多地采用以下综合模式：在一个教育活动中，就一个主题用音乐、美术、文学等个项艺术形式依次走一遍。历史经验告诉我们，一个教学主题用个项艺术形式分别探究需要足够的时间容量，在一个具体教育活动时间内呈现三四种艺术形式很容易造成走过场。

就学前儿童艺术教育活动的综合模式，现在较多地采取单元主题式，即用一个主题把个项艺术综合起来，同时在时间上构成一个单元（一周及以上）的容量。下面介绍的几种综合模式都是在凸显主题的同时强调时间容量的单元主题式。

一、主题网络式

主题是指课程的某一单元或某个时段所要讨论的中心话题，围绕这一中心话题所蕴含的问题、现象、事件等引导儿童进行各种探究活动，从而使儿童获得新的、整体的、联系的经验。① 主题网络对与主题有关的一系列概念或范畴进行归纳整理，并以一定的逻辑层次和“网状”形式呈现出来。以主题网络的方式整合艺术课程内容，又可分为元素式与领域式两种。

（一）主题网络元素式

主题网络元素式强调从主题出发，分析主题所包含的元素，以类属的方式层层推

① 虞永平. 论幼儿园课程中的主题. 学前教育研究，2002（6）.

进，直到具体活动层面。这种主题网络其实质是概念网络，是对一系列概念的归纳整理。这种设计思路紧扣主题，在层层挖掘主题内涵的同时保证缜密的外延，为儿童获得与该主题相关的完整的经验提供基础。图 2-4 为主题网络元素式设计的基本框架。

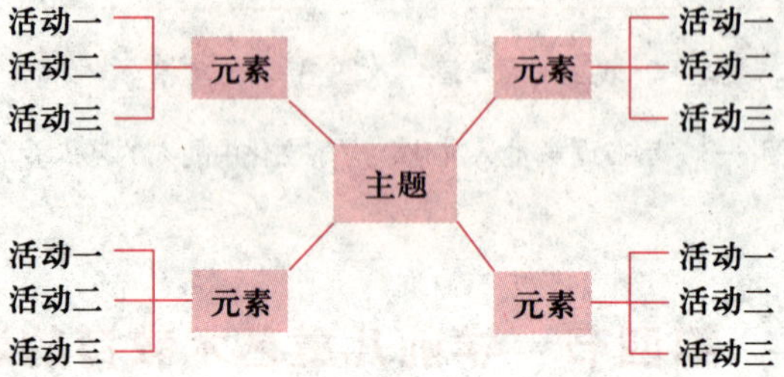

图 2-4　主题网络元素式单元主题设计

以下为艺术教育活动主题网络元素式设计的一个例子①，见图 2-5。

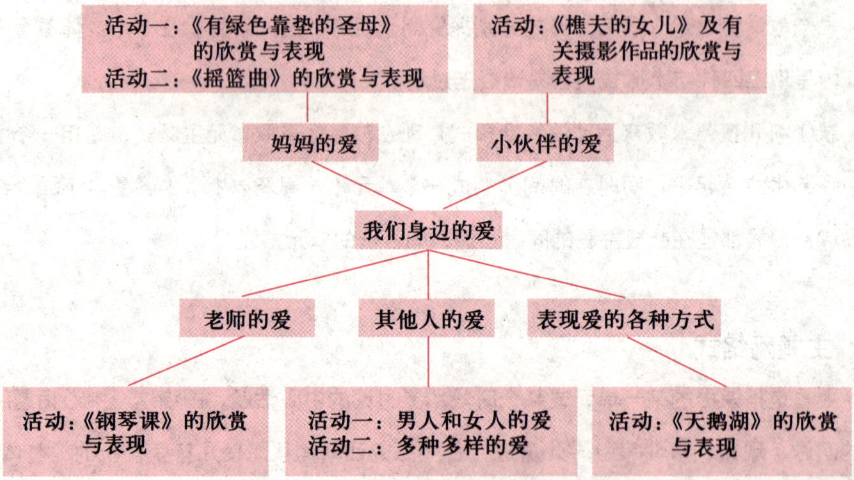

图 2-5　“我们身边的爱”单元主题设计

上面的“我们身边的爱”这个主题，先分析与主题相关的大的论题（元素）：妈妈的爱、小伙伴的爱、老师的爱、其他人的爱、表现爱的各种方式。这五个论题（元素）的确认，可以基本保证对此主题的探究是全面、完整的。然后去找每一论题下的活动，

① 边霞. 生态式艺术教育活动设计与案例精选. 长春：北方妇女儿童出版社，2004：4.

用个项艺术的独特魅力去呈现、揭示每一论题的内涵。

主题网络元素式设计的艺术综合教育活动，其主题往往不是来自艺术学科本身，而是来自人文或自然学科，对主题内涵的挖掘依赖主题本身的内在逻辑。

（二）主题网络领域式

主题网络领域式强调从主题出发，在各个分领域艺术中寻找探究此主题的相关活动，使同一主题在不同的艺术领域中被考察，从而对此主题获得一个完整、全面的经验。这种把分领域艺术通过主题的方式整合起来，再以分领域的艺术方式、艺术材料探讨同一个问题，是艺术综合比较常用的一种课程设计模式。

下面是艺术教育活动主题网络领域式设计的一个例子，见表 2-2。

表 2-2　主题网络领域式单元主题设计——雨①

音乐	视觉艺术	文学	戏剧	舞蹈
1. 用身体或乐器探究雨声，尝试着表现不同类型的雨，创编暴风雨的音效。 2. 学习几首关于雨的歌曲，讨论雨的不同特征，为歌曲加上雨声伴奏。 3. 欣赏与雨相关的作品；讨论这些作品的意象是什么，如何表现这些意象。	1. 学习包括冲洗在内的各种水彩画技术，创作一幅雨景画。 2. 讨论雨是用什么样的方式让室外其他事物的颜色看起来不清晰，使事物看起来很模糊的；尝试着把上面讨论的结果应用到作画中，再画出一幅雨景图。 3. 欣赏艺术家创作的雨景作品。	1. 阅读各种有关雨的诗歌。讨论诗歌用什么手法创造出雨的感觉；它们使用拟声词和音韵吗？ 2. 至少使用五个描写雨的词，创作一首关于雨的诗。 3. 阅读关于雨的书籍，了解雨是怎样影响人类、动物和环境的；写一个雨如何影响一个家庭的故事。	1. 设置雨为重要角色的戏剧场景。 2. 泥泞水坑中的一个小孩，在公园中遇到了瓢泼大雨中的一对夫妻，久旱后的第一场雨，一次严重的洪灾，一只淋了雨的小狗。 3. 用以上的素材创编一个关于“雨”的戏剧故事。	1. 讨论与表演。如果你是雨滴、暴风雨、闪电、排水沟中的水，你会怎样演？讨论时使用舞蹈术语。 2. 创编一个关于“雨”的舞蹈。

① Patricia Shehan Campbell and Carol Scott-Kassner, *Music in Childhood*, 2006 Schirmer, Cengage Learning: 360.

主题网络元素式与主题网络领域式的活动设计思路是不同的。主题网络元素式思路的起点是分析主题所包含的元素或类属，这时不考虑个项艺术可能具有的特性与能提供的资源，一直等到主题的元素挖掘到具体活动层面才考虑用哪种个项艺术更能表现、挖掘这一元素的内涵。而主题网络领域式思路的起点是个项艺术，无论是什么主题，先不考虑主题本身的类属，而是先把个项艺术排列好，然后再考虑各个项艺术针对这一主题能探讨一些什么问题、做一些什么活动。

这两种设计模式都有自己的优势与局限。主题网络元素式的优势是，能避免表面拼凑，但对艺术综合课程而言，可选的主题比较有限，一般集中于“爱”“情绪”、“自然美”等这些与人的情感、美感相关的一些主题。主题网络领域式的优势是可选主题比较广泛，人文、自然、科学、美学等主题都可以选，但要求教师对个项艺术与艺术综合的本质有比较深刻的了解，做到同一主题在不同的艺术形式中探讨时既能抓住个项艺术的本质又紧扣主题内涵。主题网络领域式设计要求教师对各个项艺术形式都非常熟悉，而这一条件对一个艺术教师而言要求很高。

二、主题串联式

主题串联式是主题网络元素式的一种变体。当主题网络式设计的类属逻辑不纯或很难找到时，主题网络元素式设计往往会演绎成主题串联式设计。见图 2-6。

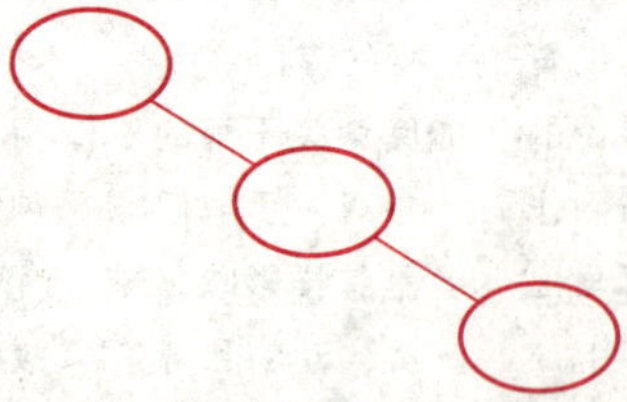

图 2-6　主题串联式单元主题设计模型

主题串联式设计中，其所有活动都是围绕主题的，活动与活动之间也是有关联的，只是这些关联的逻辑往往不是类属，相对比较松散。但是松散中又带有一定的顺序或逻辑，有的按时间顺序排列，即具有一定的时间逻辑；有的按操作顺序排列，即具有在操作上由易到难逻辑。方式不一而终。总之，主题串联式设计中的活动与活动之间往往不具类属逻辑，但前一个活动与后一个又具有某种顺序关系。下面为主题串联式设计的一个例子。

白雪公主与小矮人

活动一：故事《白雪公主与小矮人》

活动二：白雪公主的音乐与舞蹈

活动三：小矮人的音乐与舞蹈

活动四：白雪公主的服装设计

活动五：小矮人的服装设计

活动六：我想扮演成……

活动七：戏剧《白雪公主与小矮人》

以上“白雪公主与小矮人”的单元主题以儿童最后发展出白雪公主与小矮人的一个戏剧表演活动为逻辑线索，整个单元的活动安排按戏剧表演的顺序展开：由戏剧脚本到音乐舞蹈到服装道具到角色分配到最后串成一个戏剧表演。

三、主题散点式

主题散点式设计也是元素式主题网络设计的一种变体，它比主题串联式更为松散，是比较缺乏逻辑性的一种单元主题设计模式。它的最主要特征是从主题直接到活动，没有中间元素层，见图 2-7。这种设计中所有活动也是与主题相关的，但看不出主题与活动之间、活动与活动之间太多的逻辑关联。

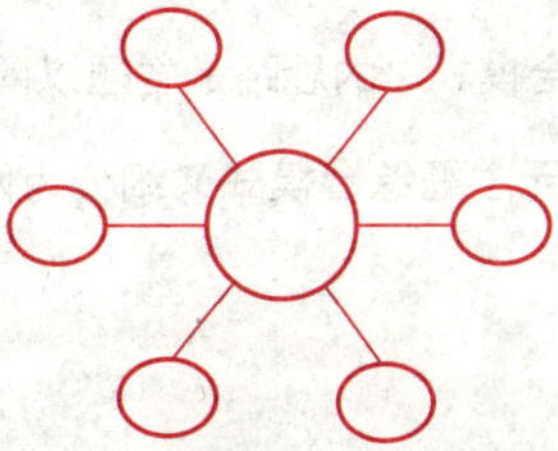

图 2-7　主题散点式单元主题设计模型

有时候主题散点式与主题串联式部分重叠，因为该主题下的某些活动似乎也有一定的时间顺序、难易顺序，但是这种顺序不能贯穿到底，有一些活动有顺序逻辑，而有一些活动没有。这种设计模式在幼儿园一线教师层面用得比较普遍，比较随意，材料容易收集，操作性也比较强，但缺乏单元主题的设计规范，很容易演变成拼凑。下面为主题散点式设计的一个例子。

春　天①

活动一：寻找春天

活动二：丛林组画欣赏

活动三：发芽

活动四：春天的花

活动五：柳树姑娘

活动六：春天的味道

活动七：谁碰响了春天的风铃

活动八：春雨

活动九：画春天

活动十：我在四月的模样

活动十一：放风筝

活动十二：假如我是……

总而言之，就学前儿童艺术教育活动的综合模式而言，我们强调单元主题式，既要让每一个个项艺术形式的呈现与展开有足够的时间容量，又要用同一主题的方式把各个项艺术统整起来。单元主题综合模式总的思路是主题以网络的形式展开，根据网络性展开的思维逻辑差异，我们把单元主题综合模式又细分为网络式、串联式、散点式三种，以图表方式呈现，见图 2-8。

① 边霞. 生态式艺术教育活动设计与案例精选. 长春：北方妇女儿童出版社，2004：243.

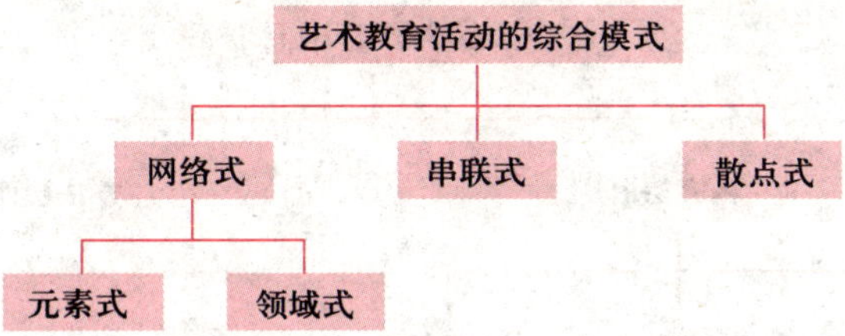

图 2-8　艺术教育活动的综合模式

需要强调的是这三种综合模式在宽泛意义上都是网络式，都是基于主题的网络化展开，但串联式更强调纵向的按顺序展开，散点式从主题直接到活动一步到位，缺失网络的层次感，鉴于此，我们把第一种既具有主题展开的逻辑又有几个层次的模式称为网络式。理想的艺术课程的整合模式是达到主题网络式规格，但这种规格确实限制了可选主题的数量。主题串联式与主题散点式极大地扩充了可选的主题，使艺术综合内容走向丰富与无限，但在使用主题串联式与主题散点式时要以主题网络式规格为标准，尽可能接近标准而非无视标准。

小结

本章主要讨论了四个问题：

（1）学前儿童艺术教育的美学原理。

（2）学前儿童艺术教育的艺术心理学原理，包括异质同构原理与艺术心理过程原理。

（3）学前儿童艺术教育的文化性综合。

（4）学前儿童艺术教育的课程综合模式。

这四个原理是学前儿童艺术教育进行综合时的依据。应用这些综合原理往往从内容与方法两个层面展开，其中美学原理、心理学原理中的异质同构原理与文化性综合属于内容层面的依据，而心理学原理中的艺术心理一般过程与课程综合模式属于方法层面的依据，具体归纳如下：

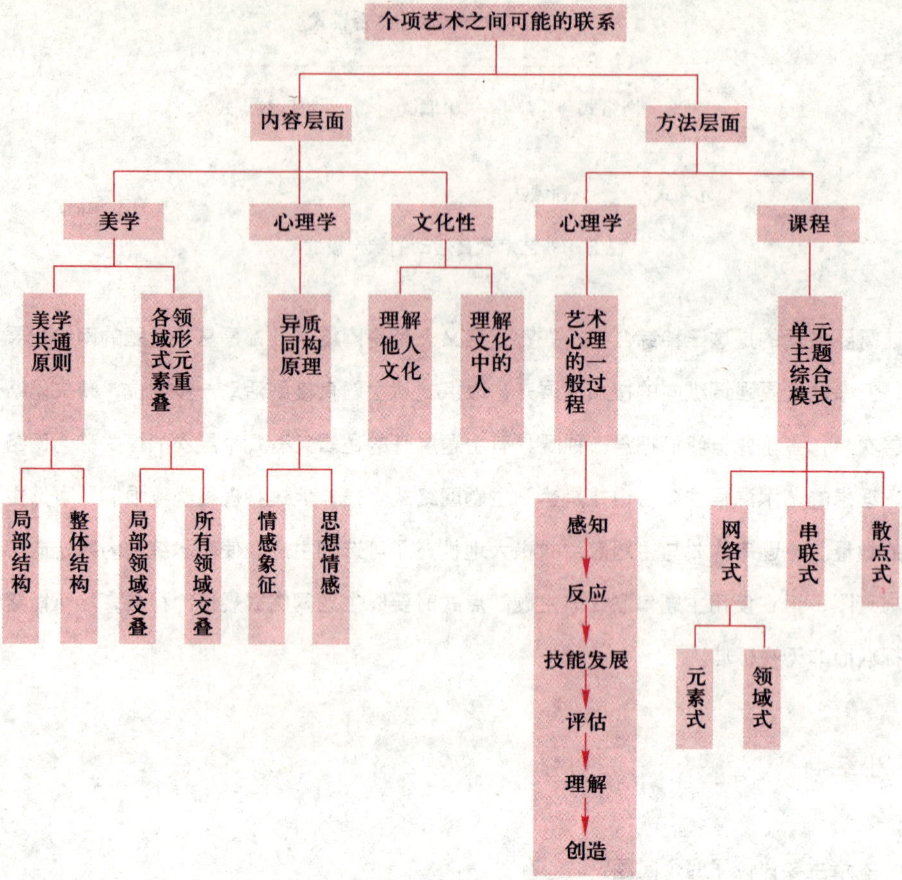

► 思考与实践

1. 分领域艺术共有的美学原则有哪些？分领域艺术之间重叠元素有哪些？
2. 格式塔心理学的“异质同构”原理是什么？艺术心理的一般过程是什么？
3. 艺术的文化功能有哪些？
4. 艺术教育活动的课程综合模式有哪几种？
5. 以“对称、平衡”这一艺术共有的美学原则为例，设计一个艺术教育活动方案。
6. 以“生活中的感觉”为主题，用主题网络元素式设计模式设计一个艺术教育活动方案。

▶ 延伸阅读

边霞．生态式艺术教育活动设计与案例精选．长春：北方妇女儿童出版社，2004．

该书是“单元式”艺术综合教育活动设计的课例集，从“艺术与生活”“艺术与情感”“艺术与文化”“艺术与科学”“生态式教育”等维度展开设计，为“单元式”艺术综合教育活动的设计提供了一种思路。

第三章

学前儿童艺术教育的目标

>> 内容导航

- 学前儿童艺术教育的目标
  - 学前儿童艺术教育目标的结构
    - 学前儿童艺术教育的总目标
    - 学前儿童艺术教育的心理目标
    - 学前儿童艺术教育的内容目标
  - 学前儿童艺术教育目标的内容
    - 学前儿童艺术教育心理目标的内容
    - 学前儿童艺术教育内容目标的内容

▶ **学习目标**

1. 理解学前儿童艺术教育的目标由总目标、心理目标与内容目标构成。
2. 掌握学前儿童艺术教育的心理目标与内容目标的具体内容。

▶ **引言**

某幼儿园在制定艺术教育的目标时，几位教师困惑了：艺术教育的目标到底是分艺术教育目标+艺术共性目标还是只是艺术共性目标？这时，王老师说"我认为两种方式都是对的，问题只是我们要什么。如果我们把艺术教育界定为包括分艺术教育的，那么目标也就包括分艺术教育目标；如果我们把艺术教育界定为只是讨论艺术共性的那部分艺术教育，那么目标仅是艺术共性目标。"大家觉得王老师说得很有道理，艺术教育目标的范围取决于"艺术教育"这一概念的范围。

本书讨论的学前儿童艺术教育是与分领域艺术教育并列的艺术综合教育，具有特殊性。其特殊性表现为：第一，它是一门整合几门或所有分领域艺术学科的综合学科；第二，它依赖分领域艺术学科，不能离开分领域艺术学科而绝对性地单独存在；第三，它的目标是独立的，专指艺术共性目标。本章主要介绍这种艺术综合教育目标的结构和内容。

第一节 学前儿童艺术教育目标的结构

学前儿童艺术教育目标的结构是指其目标层次，包括总目标、心理目标与内容目标。

一、学前儿童艺术教育的总目标

学前儿童艺术教育的总目标为“引导并激发儿童体验复数艺术，培养比仅仅接受分领域艺术教育具有更为广泛的艺术理解力与表现力的全面发展的儿童”。

艺术教育总目标是基于分领域艺术教育目标但又不包括分领域艺术教育目标的。这里的艺术教育是一门独立的整合性学科，它不属于任何一门具体的、分领域的艺术学科，但它又离不开任何一门具体的、分领域艺术学科。在教育内容选择与组织上，它与分领域艺术教育学科属于互相依存、“你中有我”“我中有你”的关系；在课程实施或教学活动展开上，它与分领域艺术教育活动往往是齐头并进、互相促进的关系。但是，就教育目标而言，分领域艺术教育侧重每门具体艺术学科的个性部分，而本书的艺术教育则侧重所有艺术学科都具备的共性部分。如果儿童不具备任何艺术个性知识，想实现理解与表现艺术共性的目标是不可能的。鉴于此，艺术教育课程的设置一定是基于艺术分领域教育课程的，反过来，通过艺术教育课程的学习，儿童不仅获得复数艺术的理解与表现力，而且对每门具体艺术的个性会有一种来自新视野的、更加深入的理解。

二、学前儿童艺术教育的心理目标

发展学前儿童艺术思维、形成艺术心理结构是学前儿童艺术教育的心理目标。艺术心理结构具体包括儿童对复数艺术共性的感知、理解、情感与创造能力。对艺术共性的感知与理解能力，包括对艺术内容中分领域艺术共有的美学原则与重叠形式元素的辨别、感受与判断。对艺术共性的情感能力，包括儿童把个体情感投入到复数艺术客体中与对复数艺术客体中的形式元素产生情感共鸣的能力。对艺术共性的创造能力，包括创造新的艺术“产品”与对意象、隐喻等艺术创作思维的应用。

三、学前儿童艺术教育的内容目标

学前儿童艺术教育的共性目标具体又可分为美学、文化两类内容目标，艺术教育的总目标正是通过美学、文化两类内容目标得以实现的。美学目标包括美学共通原则与艺术元素重叠两个维度构成的内容目标体系；文化目标包括理解他人文化与理解文化中的人两个维度构成的内容目标体系。见图 3-1。

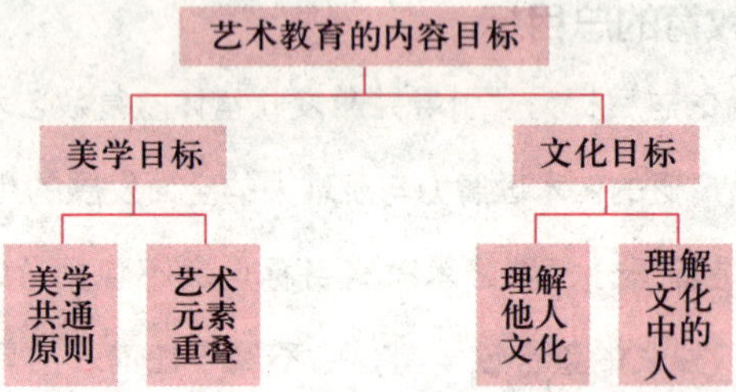

图 3-1　艺术教育的内容目标

第二节　学前儿童艺术教育目标的内容

一、学前儿童艺术教育心理目标的内容①

学前儿童艺术教育的心理目标由感知、理解、情感与创作四个过程构成，其实质强调艺术心理的发展过程是知、情、意整合、统一的过程。在撰写目标内容时要按先后次序一一呈现，在艺术教育活动的实践中它们当然也会呈现出这种次序性，但更重要的是目标的整合与统一。

（一）艺术感知能力的目标内容

1. 能分辨分领域艺术作品形式元素特征的相似性；
2. 在相关分领域艺术作品之间，能分辨艺术作品内容的一致性；
3. 在相关分领域艺术作品之间，能分辨艺术作品情感基调与人物情感的相似性；
4. 在相关分领域艺术作品之间，能分辨艺术作品的意象性表现手法的相似性。

① 楼必生，屠美如. 学前儿童艺术综合教育研究. 北京：北京师范大学出版社，1997：266-267.

（二）艺术理解能力的目标内容

1. 在相关分领域艺术作品之间，发现艺术情感表现的异与同，并能凭直觉理解某些意象；

2. 在相关分领域艺术作品之间，发现艺术作品形式元素特征的相似性，并能用语言作出力所能及的解释；

3. 能根据艺术作品的形式元素特征或情感表现特征进行简单的分类和匹配；

4. 在相关分领域艺术作品之间，发现艺术作品内容主题的异与同，并能用语言作出一定的解释与评价。

（三）艺术情感能力的目标内容

1. 对分领域艺术作品能产生参与的兴趣与持续的注意；

2. 能从复数艺术品的艺术形式感知中获得愉悦体验；

3. 能与艺术品的内容、人物情感产生某些共鸣、移情；

4. 能对艺术品中的情感类型作出识别、选择和匹配；

5. 能合理地表现自己的情绪、情感与内心感受。

（四）艺术创造能力的目标内容

1. 基于对其中一种分领域艺术作品的感知与理解，进行其他分领域艺术符号的再加工。

2. 能够为已有的艺术作品扩充新的形象；

3. 能够在兴趣与情感激励下，产生具有坚持性、专注性的艺术创作行为；

4. 能够转换和创造分领域艺术符号之间的意象内容；

5. 能互相迁移最基本的分领域艺术符号，并基于此创作新的意象。

二、学前儿童艺术教育内容目标的内容

学前儿童艺术教育的内容目标不只是指向“审美”一种功能，也有“文化”等其他功能。在这里我们在内容目标中，除了“审美”只是增加了“文化”一种功能，因为这是学前儿童艺术教育的实践能涉及的。

（一）美学目标内容

1. 艺术共通的美学原则

各领域艺术共通的美学原则中，在学前儿童艺术教育领域主要涉及对称与均衡、重复与变化、紧张与放松、整齐一律和多样统一四个原则。

（1）对称与均衡

◇ 能辨认美术作品左右或上下并列放置而形成的一种相同形状，音乐作品旋律或节奏先后出现的相同结构，文学中出现的对仗结构，并理解在不同类型艺术作品中的这些相同形状与结构，采用的都是艺术创作中的对称手法。

◇ 能理解艺术创作不能全是严格对称，均衡则是一种不严格对称。能辨认不同艺术作品对均衡创作手法的采用。

◇ 能尝试使用对称与均衡的创作手法创作艺术作品。

（2）重复与变化

◇ 能辨认美术作品中空间形状的重复与变化；能辨认音乐作品中旋律型、节奏型、旋律段落、歌词段落的重复与变化；能辨认文学作品中情节、语言的重复与变化。

◇ 能尝试使用重复与变化的创作手法创作艺术作品。

（3）紧张与放松

◇ 能辨认各领域艺术作品所表现的紧张与放松，并能用合理的语言解释造成艺术作品紧张与放松感的原因。

◇ 尝试用色彩与线条创作具有紧张与放松感的作品；尝试用身体动作表现音乐中的紧张与放松感；尝试用语言与身体动作表现文学作品中的紧张与放松感。

（4）整齐一律与多样统一

◇ 在理解形象单一的美术作品、单段体音乐作品、无冲突文学作品的基础上，能辨认美术作品中主体与背景间的主衬关系，音乐作品中的变奏曲、回旋曲、三段曲式等，文学作品中的起承转合等。

◇ 尝试采用多样统一的创作手法创作艺术作品。

2. 艺术各领域元素重叠①

每门分艺术都有自己特有的形式元素，这些形式元素作为物理性符号是每门分艺术特有的，是艺术个性。但是，这些形式元素对人类情感的表现性是共通的。艺术综合教育在艺术各领域元素重叠这部分内容目标上，主要是指各艺术领域中形式元素之间共通的情感表现性。

（1）色彩

◇ 能把视觉色彩迁移为听觉色彩。

◇ 能合理使用色彩的温觉效应：引起凉、冷感觉的冷色调与引起热、暖感觉的暖色调。

◇ 能合理使用色彩的触觉效应：引起轻、薄感觉的鲜明色与引起重、实感觉的混浊色。

◇ 能理解色彩的情感象征特征：绿色象征和平，象征大自然的勃勃生机，给人安全、温馨、宁静、纯真的感受；黑色象征死亡、危险，使人产生恐惧、压抑的感受。

（2）线和形

◇ 能把视觉的线和形迁移为听觉的线和形。

◇ 能理解一些线条的情感表现特征：

竖直线——挺拔、坚毅、呆板、凝固；

水平线——平静、沉稳；

粗直线——沉重、有力；

细直线——轻快、灵活；

曲线——柔和、流动、委婉、轻盈、优雅；

放射线——开朗、伸展、高兴、生长、活力。

◇ 能理解一些形状的情感表现特征：

正方形——稳定、刚直、呆板；

长方形——适当、舒服；

正三角形——稳定；

倒三角形——倾斜、危险；

---

① 楼必生，屠美如．学前儿童艺术综合教育研究．北京：北京师范大学出版社，1997：260-263.

斜三角形——运动、方向感。

（3）节奏

◇能把音乐中的节奏感迁移到其他分领域艺术中：理解颜色、形象、语言、动作等以有序的时空距离重复出现时，也叫节奏。

（4）声音

◇能把音乐中的声音表现性迁移到文学艺术中：既理解音乐中饱满、跳跃、圆滑等不同声音的处理，能表现不同的情感；又理解文学中语音抑扬顿挫表现欢快或着急、沉缓表现悲伤与低落、曲折旋转表现怀疑或诙谐等不同情感表现特征。

（5）力度

◇能把音乐中的力度表现力迁移到其他分领域艺术中：理解力度在色彩、线条、动作、节奏、语音中的表现手法与情感象征。

（二）文化目标内容

1. 理解他人文化

受学前儿童生活与艺术经验比较少这一条件限制，在分领域艺术教育中多数内容属于儿童文化与本土文化。但理解人与人之间的差异是现代人的基本素质，从某种意义上说，能理解人的差异才能更好地理解人的类同。所以，艺术综合教育中的文化目标主要指理解差异。

（1）理解几种非本土的文化

◇通过音乐、美术、文学、舞蹈等艺术作品，辨别这些艺术作品与我们文化中的作品的不同，并能用语言描述这些不同；

◇用语言概括非本土文化在每种艺术中的典型特征；

◇尝试应用非本土文化的艺术创作手法创作艺术作品。

（2）比较相同或相异的两种非本土文化

◇分别通过同门类艺术作品的一一对应，比较两种非本土文化的异同之处，并能用语言描述这些异同；

◇尝试创作非本土文化的艺术作品，并能用语言解释自己创作的艺术作品属于什么文化、为什么。

2. 理解文化中的人

（1）理解自己文化中的人

◇ 尝试用音乐、美术、文学、舞蹈等艺术手法"写"日记，既能表达对外部客观世界的认识，也能表达自己内心的感受；

◇ 从各门类艺术的创作成果中认识自己，找寻自己与同伴在表达情感时所用的艺术符号的相同之处；

◇ 从各门类艺术的创作成果中认识自己，找寻自己与同伴在表达情感时所用的艺术符号的相异之处。

（2）理解他人文化中的人

◇ 通过音乐、美术、文学、舞蹈等艺术作品的一一对应，比较自己文化中的艺术作品与他人文化中艺术作品的异与同，理解不同文化中的人创作出不同的艺术作品；

◇ 完成对一种非本土文化的理解后，用语言与艺术创作方式总结这种非本土文化的人的特征。

在 21 世纪的学科教育中，当阐述学科教育目标时，很少有学科会呈现内容目标，所有的目标都指向能力目标。但是，艺术综合教育应该除外，它是一门独立学科，是与分领域艺术并列的一门独立学科，但同时必须明确，它的独立是作为学科目标而非作为学科实践而言的。它的独立性强调的是它为揭示艺术共性而开设的，从理论视角而言，它不包括揭示艺术个性，但是艺术共性经验的获得是以艺术个性经验为前提的；就实践操作来说，个性与共性绝对分开是很难的。作为一门课程的艺术综合教育，在其实践力还相当弱的条件下，提供课程的内容目标是有必要的。

艺术综合教育是专门揭示艺术共性的一门课程，但在艺术实践活动中不一定要专门开设这门课程。开设这门课程更合适的方式可能是在艺术分领域活动中加入探究艺术共性的内容，或者加入一个艺术综合教育的单元活动，即以一种与分领域艺术教育活动"唇齿相依"的方式存在。

▶ 小结

本章主要讨论了两个问题：

（1）学前儿童艺术教育目标的结构。

（2）学前儿童艺术教育目标的内容。

学前儿童艺术教育目标的结构包括总目标、心理目标与内容目标。学前儿童艺术教育目标的内容则是对心理目标与内容目标的具体展开。

▶ 思考与实践

1. 学前儿童艺术教育的总目标是什么？
2. 学前儿童艺术教育的心理目标是什么？
3. 学前儿童艺术教育的内容目标是什么？
4. 学前儿童艺术教育心理目标的具体内容是什么？
5. 学前儿童艺术教育内容目标的具体内容是什么？

▶ 延伸阅读

1. 楼必生，屠美如．学前儿童艺术综合教育研究．北京：北京师范大学出版社，1997．（第四章）

该书把艺术综合教育界定为包括分艺术领域教育与综合各艺术领域教育的艺术教育。全书以审美心理结构理论为研究依据，建构了美术、音乐、文学以及艺术综合教育的课程目标、内容与评价。第四章探讨了艺术综合教育的审美心理依据。

2. 许卓娅．学前儿童艺术教育．上海：华东师范大学出版社，2008.

该书包括分艺术领域艺术教育与综合各艺术领域的艺术教育两部分内容，详细介绍了艺术各分领域及戏剧教育活动的设计与教学要点，为学前儿童艺术教育的实践提供思路。

第四章

以音乐为主的学前儿童艺术教育活动设计

内容导航

- 以音乐为主的学前儿童艺术教育活动设计
  - 音乐与舞蹈综合的学前儿童艺术教育活动设计
    - 集体舞教育活动的教育价值
    - 集体舞教育活动的设计要点
  - 音乐与美术综合的学前儿童艺术教育活动设计
    - 融合美术的音乐教育活动的教育价值
    - 融合美术的音乐教育活动的设计要点
  - 音乐与文学综合的学前儿童艺术教育活动设计
    - 融合文学的音乐教育活动的教育价值
    - 融合文学的音乐教育活动的设计要点

► 学习目标

1. 了解音乐与舞蹈、美术、文学综合的教育活动的教育价值。
2. 理解音乐与舞蹈、美术、文学综合的教育活动的基本类型。
3. 分析音乐与舞蹈、美术、文学综合的教育活动范例，并尝试设计这几类教育活动方案。

► 引言

在幼儿园大班的一个音乐欣赏活动中，周老师使用了视频、图谱等教具，还借助图片讲了一个故事，故事讲完后周老师还带领幼儿用身体动作把整个故事表演出来。整个音乐欣赏活动，幼儿又是听故事听音乐，又是用身体动作随乐表演故事，又是看视频、图片、图谱。在课后点评时，有一位教师提出了质疑："这是音乐欣赏活动吗？怎么会花那么长的时间讲一个故事，然后还花那么长的时间让幼儿做动作？音乐欣赏的意思就是听音乐，而不是又故事又表演的。"周老师认为："大多数音乐教育活动都是艺术综合教育活动，单纯地让幼儿坐在那儿静听音乐是超出幼儿的'最近发展区'的。"

以音乐为主的学前儿童艺术教育活动采用艺术学习中的通感原理，以运动觉、视觉、非音乐听觉等感官材料为支撑促进音乐能力的获得，其综合原理主要来自第二章阐述的各种艺术综合原理中的美学原理。"艺术各领域共有美学原则"与"艺术各领域之间具有共享元素"这两种美学综合原理在本章都会出现，不过"艺术各领域之间具有共享元素"综合原理会用得更多些。通过这些分领域艺术间的沟通内容，不仅使儿童体验到复数艺术，更能发展他们的音乐理解力与表现力。

第一节　音乐与舞蹈综合的学前儿童艺术教育活动设计

身体动作对学前儿童音乐能力的发展具有巨大的作用，每一个动作策略都能帮助儿童加深对一个音乐元素表现特性的理解，获得音乐与动作的匹配技能，提升音乐表现力。身体动作在学前儿童歌唱、欣赏、打击乐、集体舞、音乐游戏五个音乐教学内容板块上都不可或缺。身体动作可分为律动、声势、舞蹈等类型，其中舞蹈又分为自娱自乐的自娱舞蹈、适应空间变化与社会性交流的集体舞蹈、发展表现欲望与表现能力的表演舞蹈等类型。在学前儿童音乐教育领域，舞蹈教学主要指集体舞教学，音乐与舞蹈综合的教育活动主要指集体舞教育活动。下面主要介绍集体舞教育活动设计。

一、集体舞教育活动的教育价值

（一）社会性价值

集体舞是一种群体舞蹈。在欢快或悠扬的音乐声中，人们用肢体、眼神，甚至用语言进行着有张有弛的情感、信息交流，在交流过程中，人的社会性交往需求得到极大的满足。幼儿园集体舞教育活动最大的教育价值也是发展儿童的社会性交流能力并获得交流所带来的愉悦与情感满足。

（二）音乐性价值

1. 获得动作的随乐能力

在能用身体动作表达音乐的节拍、句子、段落，表达队形的变换、更替等条件下，集体舞的社会性满足才能充分实现，而社会性满足又会成为儿童学习集体舞的强大动机与兴趣所在。如果集体舞教育活动是从儿童已有的动作水平出发，遵循循序渐进、由浅入深的教学原则的话，如果集体舞教育活动能把持住社会性交流目标与音乐性目标两者之间张力的话，那么集体舞教学对儿童动作随乐能力的培养是“润物细无声”的。

2. 获得音乐中的动作即兴能力

集体舞的动作与音乐是循环往复的，具有较高的重复性，所以，队形变换与动作即兴成为集体舞追求变化与新颖的两个要素。通过队形变换获得新舞伴，带来社会性交流的新内容、新刺激；通过即兴动作表演，获得集体活动中的个体突显，主体性发挥到极致。同时，在流动的音乐中进行个体的即兴动作表演，这是对音乐能力的极大挑战。在教学策略使用恰当的前提下，通过“集体舞”这一活动形式能很好地促进儿童动作即兴能力发展。

二、集体舞教育活动的设计要点

（一）集体舞音乐选择要点

1. 音乐句段结构工整、拍点明确

音乐的句子结构工整是指一段音乐中所有的句子拍数相同，如所有句子都是一句 8 拍、一句 16 拍等。音乐的段落结构工整是指段落中的所有句子很工整，同时段落与段落之间没有过渡句、过渡段，另外段落转换很容易被辨认出。音乐的拍点明确是指音乐配器风格是给出重拍并很有规律。一般而言，集体舞的音乐要求句段结构比较工整、拍点比较明确，这是由学前儿童音乐与动作发展水平决定的。

2. 音乐的旋律清晰、形象鲜明

就旋律清晰而言，学前儿童喜欢主调音乐，所有音乐必须要有明确的主旋律能让他们哼唱。如果音乐的形象特别适合动作模仿、情节表现、情绪表达等，那么这种音乐被称为形象鲜明。音乐的形象鲜明是激发学前儿童从事音乐表现活动的重要条件。

3. 音乐的速度适宜

音乐速度是评价学前儿童音乐能力的重要指标。4 岁时儿童能主动用动作配合中速音乐，5 岁时能主动用动作配合稍快与稍慢的音乐。儿童舞蹈时对音乐速度的内在要求，需要教师有意识地关注，有时需要用一些科技手段调整音乐的速度，使之符合儿童的要求。

（二）集体舞动作设计要点

集体舞动作设计要遵循“由易至难”原则，目的是在每个教学环节出示的新动作都要达到“发展适宜”指标：一方面保证新动作在儿童动作能力范围内，另一方面保证新动作具有“新”的意义。集体舞动作由易至难的设计，一般由以下五个部分构成：

1. 确定固定模型动作

模型动作是指以一句音乐为单位，用一到两个动作构成这句音乐的动作句型，这种有句型的动作即模型动作。模型动作因其具有句子单位、合拍及拍率统一等特征而彰显结构化，很容易被识别、记忆。

确定固定模型动作，用通俗的话说，就是编排好集体舞的动作，但需要用模型动作的标准检验编排的集体舞动作是否达到结构化指标。集体舞动作最怕杂乱无序，这种杂乱无序表现为：(1) 一句音乐中动作变化繁多；(2) 动作拍率不统一，拍点想快就快、想慢就慢；(3) 句子与句子之间的动作没有逻辑性或相关性；(4) 段落与段落之间不具有逻辑性或相关性。

固定模型动作一般表现为：(1) 每段音乐有固定的几个动作，这几个动作在逻辑上具有情节、类型等相关度，很容易从一个动作推断出其他动作；(2) 动作具有重复性；(3) 段与段之间的动作形成一定的对比。

2. 确定上肢动作

集体舞教学失败的主要原因就在于当集体舞动作编排好了以后，教师不考虑动作的难易程度直接进入教学，即一开始就进入下肢动作、移动动作，结果导致课堂秩序混乱，教学无法顺畅进行。

一般而言，集体舞教学首先是把集体舞动作的下肢动作抽离，只保留上肢动作，让儿童观察模仿。由于只有上肢动作，所以这个环节可以让儿童坐在座位上完成，这种做法非常有利于集体舞教学的秩序维持。

3. 确定下肢原地动作

把上肢动作加上原地的下肢动作，就成了一套下肢原地动作。这套动作需要儿童在队形中完成，但没有空间位置的移动。由座位上的上肢动作变成队形中的原地动作，看上去增加的内容不多，但有了队形，就有了对集体舞教学的常规的考验。教师对集体舞教学中几个基本队形常规管理的娴熟程度，决定了这个环节教学的流畅程度。

4. 确定移动动作或交换舞伴动作

一般而言，集体舞教学中的移动动作与交换舞伴动作是同一的，集体舞队形中的移动就是为了交换舞伴。集体舞教学的主要价值是社会性交流，交换舞伴是实现这一价值的主要手段。可以这样说，交换舞伴是集体舞的一种标示。

5. 其中一段由固定模型动作转换成即兴动作

集体舞教学可以让儿童进行动作即兴，发挥儿童的创造激情。但是，音乐中的动作创造是受意象或想象制约的，缺少音乐与动作之间类比特性的“创造”往往是臆想，这种不具艺术思维特征的臆想不会发展儿童的想象力、创造力。一般而言，我们会把一段需要儿童即兴的动作先由教师按照音乐与动作的类比标准创编出来，让儿童学会这段动作。教师创编的这段动作，是具有结构特征的模型动作，容易使儿童模仿并理解。当儿童熟悉这段模型动作后，就可以要求儿童以教师给的模型动作为榜样，即兴创编同结构但不同样式的动作。这种情境中的动作即兴创编，儿童是启动音乐思维的，依赖想象与表演能力。

集体舞教学是离不开上面五个部分有关动作的精心预设的。这种设计是以课堂教学过程情境为支撑的，它既是集体舞的动作设计，又是集体舞教学所内含的步骤。在集体舞教学过程中，一般按照上肢动作—下肢原地动作—下肢移动动作—即兴动作的顺序实施教学。但是，并非每个教学都要按这四个步骤走。不同的集体舞音乐与动作会有不同的教学要求，不从上肢动作开始的集体舞教学也很常见，关键不在于是否按上述四个步骤走，而在于每个步骤教师是否都在课前思考过，最后教学顺序或步骤的确立是否有足够的依据。

（三）集体舞教学实施要点

1. 教师的站位与角色

（1）教师的示范站位

① 单圈集体舞：教师可以与儿童一样站在圆圈上示范，全体儿童都可以看清教师的运动方式与姿势。

② 双圈集体舞：教师一般站在内圈上示范比较合理，便于全体儿童看清。

③ 直列集体舞：教师一般独立地站在方阵之外，最常用的是站在方阵之前与儿童相向而立，做镜面示范。不过依据动作的方向要求，教师可以站在方阵的前后左右任何一个点位。

（2）教师示范站位与儿童注意力的关系

① 儿童成单圈队形，教师站在圈中：这是一种全封闭状态，儿童注意力容易集中。

② 儿童成半圆队形，教师站在队形前面：这是一种半封闭状态，儿童注意力比较容易集中。

③ 儿童成几组直列队形，又称秧田式，教师独立地站在方阵之前：这是一种半开放状态，少数儿童的注意力容易分散。

④ 儿童成自由式，教师独立站在前面：这是一种全开放状态，儿童容易兴奋，不容易保持注意力。

（3）儿童练习动作时教师的角色

① 当教师示范完毕，幼儿进入模仿性动作表演时，教师最好不要退出示范者的角色，应该与儿童一起继续做动作，充当儿童的表演榜样；如果舞伴之间有动作、方向等区别，教师要根据需要分别做两个角色，以便给两组儿童都能提供示范。

② 当教师示范完毕，儿童进入即兴动作表演时，如轮流做领头人这种方式时，教师需要退出示范者的角色，预先站在将要表演的儿童旁边进行提醒与指导。

2. 集体舞教学中的标志运用

（1）手腕花或白手套

集体舞是一种有方向性要求的舞蹈，需要全体舞者在动作与方向上配合一致才能达到反复循环、持续舞蹈的效果。而学前儿童还没有建立左右、顺时与逆时这些概念，所以要想儿童的动作在方向上保持一致，戴上区别左右方向的手腕花或白手套显得格外重要。

（2）地板贴图

集体舞多数是在规整的队形中跳舞，单圈、双圈是集体舞中最常用的队形，对小、中班儿童而言，在教师的指令下快速拉起一个单圈或双圈是比较困难的，所以，幼儿园常常采用地板贴标志的方法，即在活动室的地板上贴上彩色圆形贴纸并构成单圈与双圈形状，儿童只要找一张贴纸并在此位置站好，全班的队形就形成了。这是目前幼儿园普遍采用的集体舞标志，有利于儿童的队形站位。

地板贴标志在小、中班使用比较合适，到了大班应该停止使用。

3. 集体舞教学中的队形变换、舞伴交换与互动方式①

集体舞的关键词是“集体”与“舞”，一群人舞蹈一定会涉及队形，在队形中舞蹈，使集体舞的人际交流、动作转换、舞伴交换变得更有序。下面，我们以“乒乓舞”为例，来呈现幼儿园集体舞教学中的各种队形变换、舞伴交换与人际交流方式。

（1）范例“乒乓舞”的音乐与固定动作模型介绍

曲式结构：

（大写字母表示段落，小写字母表示句子。）

引子	A	B	C
a b c d	a b c d	a b c d	a b c d

固定动作模型设计：

A段（动作固定，移动位置段落）

a：双手握拳由上而下、由内向外交替转动；身体由站立到蹲下，再到站立。

b、c、d：同a。

B段（动作创意段落）

a：做小兔子跳的动作，共跳四次。

b：做小猫叫的动作，共做四次。

c：做小鸟飞的动作，共做四次。

d：做大象走的动作，共做四次。

C段（整理调整段）

a：做“扭　扭　拍拍　0”动作模型。

b、c：同a。

d：做“拍拍　0”动作模型二次。

（2）队形变换方式

① 队形一：散点，自由邀请舞伴

全体幼儿成散点队形。

① 这部分内容为南京师范大学附属幼儿园王玥老师的工作坊活动记录。

A 段：自由寻找自己的舞伴。

B 段：与舞伴面对面做四种小动物的模仿动作。

C 段：做基础设计动作。

音乐循环时，A 段为重新寻找舞伴的段落，B、C 段不变。

② 队形二：链形，出现领头人

全体儿童前后排队，后面儿童的双臂搭在前面儿童的肩上，队形成为弯曲的链形。队形之首第一个儿童为领头人，一遍音乐结束后，领头人跑到队形的最后，第二个儿童成为新的领头人。

A 段：全体做双手交替转动开火车的动作，领头人带领全体儿童弯曲地向前跑动。

B 段：领头人做出四个自己想出来的动作，其他儿童迅速模仿。

C 段：做基础设计动作。

音乐循环时，原领头人跑向队形最后，第二个儿童成为新的领头人，带领队伍重新开始舞蹈。

③ 队形三：单圈，甩手换舞伴

A 段：全体面朝圈上，1、2 报数。报“1”数者双手手心朝上放在肩头，报“2”者双手搭报“1”者手上。

a：前半句等待不动，后半句报“2”数者把报“1”数者甩向圈内方向，然后甩到身后。整个过程中，报“2”数者始终位置不动，报“1”数者由前位移到后位，并成为后一个舞伴的前位。

b：前半句与新舞伴重新组成手搭手的组合，后半句动作同 a。

c、d：同 b。

B 段：领头人由教师随意指定，其他形式不变

C 段：动作不变。

④ 队形四：单圈，S 形换舞伴

A 段：全体面朝圈上，1、2 报数，然后报 1、2 数者面对面。

a：前半句两个人右手握右手，后半句两个人都朝前走。

b、c、d：同 a。

B段：所有报“1”数者为领头人。

C段：动作不变。

⑤ 队形五：双圈，外圈行走换舞伴

A段：双圈队形，里外圈面对面。

a：前半句，里圈不动，外圈把右手伸向下一个舞伴；后半句，外圈走向手指的新舞伴，并与里圈的新舞伴握手。

b、c、d：同a。

B段：里圈的儿童做领头人。

C段：动作不变。

⑥ 队形六：双圈，外圈S形行走换舞伴

A段：双圈队形，里外圈面对面。

a：前半句，里圈不动，外圈走向下一个舞伴的背后；后半句，里圈不动，外圈拍拍里圈舞伴的肩。

b：前半句，里圈不动，外圈再走向下一个舞伴的前面；后半句，与现在的舞伴打招呼。

c、d：同a、b。

B、C段：不变。

⑦ 队形七：双圈，里外圈同时换舞伴

A段：双圈队形，里外圈面对面。

a：前半句，里外圈同时伸右手，向右与下一个舞伴握手；后半句，握手的里圈两个人换位置。

b、c、d：同a。

B、C段：不变。

（3）舞伴交换方式

在集体舞教学中，队形变换经常是在交换舞伴的过程中完成的，交换舞伴的过程就是一次队形的大变动。所以，交换舞伴一定会出现队形的变化。这里我们再强调一下舞伴交换的几种基本方式：单圈甩手交换、单圈S形行走交换、双圈外圈行走交换、双圈外圈 S 形交换、双圈里外圈同时 S 形交换。具体换法，在上面讲解队形变化时已经涉及，现在把其中几种再用语言口令讲解一下。

① 单圈 S 形行走交换

单圈 1、2 报数者面向圈上，然后面对面。

交换语言口令：握手、并肩、向前、背靠背。

② 双圈外圈行走交换

双圈里外圈面对面。

交换语言口令：右手指向下一个舞伴，走到下一个舞伴面前。

③ 双圈外圈 S 形交换

双圈里外圈面对面。

交换语言口令：走走、拍拍肩、走走、握握手。（走之前，右手指向下一个舞伴。）

④ 双圈里外圈同时 S 形交换

交换语言口令：（右手同时指下一个舞伴）握握手，换舞伴。

（4）与舞伴情感交流的方式

① 非接触性动作交流方式，如招手、点头、邀请礼仪动作等。

② 语言交流方式，如说“你好！”“Hello”“Hi”等。

③ 眼神交流方式，与舞伴对跳时用眼睛看着舞伴、微笑。

④ 身体接触交流方式，如与舞伴碰四肢、拥抱、捏、握手等。

（四）集体舞教学常规

集体舞教学需要建立以下儿童行为常规：

1. 几种基本队形：下位原地队形、散点队形、单圈队形。

2. 几种圈上站位：面朝圈上（一般指逆时针方向，开始需要用手腕花或白手套等手段建立常规）、面朝圆心、面朝圈外。

3. 拉圈时手臂定位：V 形手臂，指儿童在拉圈时手臂与肩形成 45°，这是最常用的拉圈手法；T 形手臂，指儿童在拉圈时手臂与肩平行。

（五）集体舞教育活动设计范例

大班集体舞《摇摆舞》的教育活动设计①

此曲原名为《田纳西摇摆》，具有浓郁的美国乡村歌曲风格。此曲句段规整，八拍一句四句一段，非常适合集体舞。为了符合集体舞不断循环的要求，《摇摆舞》的音乐在制作时把歌唱与间奏部分作了重复处理。

乐谱：

摇 摆 舞

1=F $\frac{4}{4}$

美国集体舞音乐

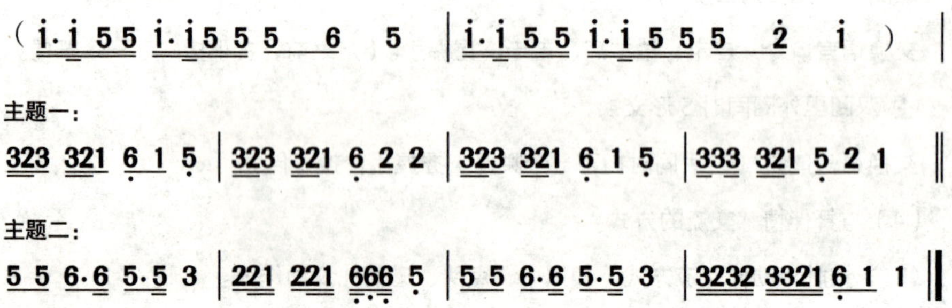

音乐结构分析：

这是一首由aaba四小段构成的歌曲，间奏使用歌曲中a段音乐材料，并作了一次变奏处理，原曲歌唱了二次。《摇摆舞》的音乐把歌唱与间奏部分重复了一次，这样歌唱就出现三次。

这首歌曲的曲式结构分析如下，其中大的结构由“歌唱”“间奏”与“歌唱”三部分组成，小写字母表示每部分的段落：

歌唱	间奏	歌唱
前奏 a a^1b a^2	a a^1	a a^1 b a^2 尾声

① 执教人：王玥，南京师范大学附属幼儿园。本范例以此观摩活动为蓝本，但有所改动。

经验准备：

游戏一：木头人

（1）“木头人”游戏玩法

玩者边拍手边说童谣“山山山、山山山，山上有个木头人，不会说话不会动，动动就是小—蜜—蜂”，说完会做一个动作不能动，谁动谁就停止游戏，坚持到最后的为胜者。

（2）“木头人”游戏在《摇摆舞》音乐中的玩法

放歌唱部分的音乐，要求每一句完成一次“木头人”玩法，即每跑两步停下来头做一个向后看的动作，但身体保持不动。音乐到第二句接着第一句的动作做下去，循环往复。

注意事项：做停止动作不再受语言规定，而是受音乐规定。

游戏二：领头人

游戏玩法：

大家围成一个圆或半圆，教师指定某儿童做怪异脸部表情或动作，其他儿童快速跟着模仿；教师不断变换领头人，领头人要迅速想出表情或动作，其他儿童的模仿也要迅速跟上。

游戏三：照镜子

游戏玩法：

儿童两两成对，面对面站立或坐着，其中一个儿童做各种表情或动作，另一位小朋友进行同方向的模仿。

动作设计：

设计一：无即兴表演的版本

歌唱部分：

a 段：

队形：全体小朋友双圈面向圈上，里圈与外圈小朋友手拉手。

第一小节：前二拍手拉手跑步共跑四步，后二拍停步并眼睛看舞伴。

第二、三、四小节：同第一小节。

a^1 段：同 a 段

b 段：

队形：同 a 段

第一小节：前二拍双手分别拍肩，一拍一次，后二拍扭动全身。

第二、三、四小节：同第一小节。

a^2 段：

第一小节：前二拍双手洗脸，一拍一次，后二拍扭动全身。

第二、三、四小节：同第一小节。

间奏部分：

a 段：换队形

第一小节：前二拍，里圈小朋友不动，外圈小朋友朝手腕花方向跑四步；后二拍外圈与里圈的新伙伴握手四次。

第二、三、四小节：同第一小节。

a^1 段：

第一至第四小节：里圈与外圈小朋友互相挠痒痒玩耍。

设计二：即兴表演的版本

与无即兴表演版本相比，有变化的地方是歌唱部分的 b 与 a^2 这两段的动作，其他与无即兴表演版本相同。这两段动作由原来的固定动作，变成领头人即兴做动作，其他儿童跟着模仿。动作的节奏型不变，为 × × 扭一 扭。b 段一个领头人，a^2 段一个领头人，每个领头人想一个动作并做四次。

注意事项：《摇摆舞》音乐共有三次歌唱，所以歌唱部分的 b 段与 a^2 段也会相应地出现三次，每次两个领头人，一次表演共要六个领头人。

活动教案：

此集体舞活动课时安排的特别说明：这是一个比较大型的集体舞，有队形变换、舞伴交换、即兴动作等集体舞所有的变化环节，所以严格意义上说需要三课时才能完成。这里使用两课时，原因在于把传统游戏的经验铺垫活动放到日常生活环节了，另外其基本舞步就是跑跳步比较简单，就大班幼儿而言，不需要专门学习。

第一课时 队形变换

一、活动目标

1. 自如表演不移动动作“× × 扭一 扭”的动作模型与两拍移动、两拍原地的动作模型。

2. 意识到在集体舞表演中需要与舞伴进行眼神、肢体的交流，并享受这种交流带来的愉悦。

3. 理解教师布置的观察任务，并带着任务意识去观察教师的示范。

二、活动准备

1. 在活动前一至二周，利用日常生活活动时间，带领幼儿玩“木头人”“领头人”“照镜子”三个生活游戏。其中“木头人”游戏转化成音乐游戏的版本，并接触《摇摆舞》的歌唱部分音乐。

2. 幼儿已经熟悉集体舞表演中单圈、双圈队形的常规。

3. 手腕花两种颜色，人手一个并配成对。

4. 活动室内的椅子排放成圆形，椅子之间有足够距离便于幼儿进出。

5.《摇摆舞》音乐的音响资料与播放设备。

三、活动过程

1. 幼儿随着《摇摆舞》歌唱部分的音乐，边玩“木头人”音乐游戏边进教室。

2. 幼儿学习不移动的“× × 扭一 扭”动作模型，并进行联想。

（1）教师落座于幼儿的圈中，成全封闭性教学站位。

（2）教师示范不移动的“拍　拍　扭一　扭”动作模型，并提出观察任务。

- 教师：现在老师要做一个动作，请小朋友看看老师做了什么动作。
- 教师示范拍手两下、一拍一下，扭动身子两拍的动作。

（拍手两下，再扭身子。）

- 教师要求幼儿回答时要有细节。如幼儿回答拍手，教师追问：老师拍了几次？幼儿回答扭，教师追问：老师怎么扭的？你能不能做一下？
- 请幼儿跟着教师做动作。

（3）进行“×　×　扭一　扭”动作模型的联想。

- 教师：老师拍的是手，你们能不能想出拍身体的其他地方的动作，但是还是要符合“拍　拍　扭一　扭”的节奏型。

（教师选择几个幼儿的动作进行全班练习。）

- 教师：好，现在我们不做拍的动作了，做洗漱的动作。老师做一个刷牙的动作，变成“刷　刷　扭一　扭”。你们还能变什么？

（教师选择几个幼儿的动作进行全班练习。）

- 教师：好，现在我们再想各种小动物的动作，看看谁能想出来。

（教师选择几个幼儿的动作进行全班练习。）

（4）确定“××　扭一　扭”动作模型的两个具体动作并合音乐学习。

- 教师：现在我们选择拍肩与洗脸两个动作，我们合着音乐做一做。
- 放音乐的歌唱部分，全体幼儿做由这两个动作组成的动作模型。

3. 学习换舞伴的“两拍跑步、两拍握手”动作模型

（1）形成双圈队形

- 教师：现在请小朋友拿起小椅子，把小椅子往后放下。
- 教师：戴黄花的小朋友围圈站好，背朝圆心。
- 教师：戴红花的小朋友找到一个朋友站到外圈，脸朝舞伴。

（2）学习换舞伴的动作

● 教师：所有小朋友用戴手腕花的手指着现在的舞伴；再顺着手腕花方向，指着下一个舞伴。动作停住，让老师检查是不是每个小朋友都指对了。好，再练习一次：指着现在的舞伴；指向下一个舞伴。

● 教师：里圈小朋友不动，外圈小朋友脸朝圈上，听老师口令跑到下一个舞伴的地方，然后与新舞伴握手。听口令“跑　跑，握握　手”。

● 教师：好，现在我们听着音乐连续地做换舞伴的动作。

（放间奏音乐。）

4. 学习“两拍跑步、两拍停步对视”动作模型

（这时幼儿的站位最好是原地坐下，如果活动室不能坐就形成半圆队形站立。）

（1）教师带一名幼儿示范

● 教师：我们已经会做“木头人”的音乐游戏，但是我们以前做的是停住向后看的“木头人”，现在我们要做看同伴眼睛的“木头人”。

● 教师选一名幼儿合上音乐示范一次。

（2）形成双圈队形

● 教师：戴黄花的小朋友围圈站好，脸朝圈上。

● 教师：戴红花的小朋友找到一个朋友站到外圈，脸朝圈上。

（3）全体幼儿合音乐表演几次

5. 学习“×　×　扭一　扭”动作模型的照镜子动作

（1）回忆“照镜子”游戏的规则

● 教师：我们已经做过“照镜子”游戏，这个游戏最重要的一点是什么？

（两个人的动作要一模一样，其实质是同方向。）

● 教师：好，现在我们要做刚才做过的拍肩与洗脸的“照镜子”游戏，注意动作要一模一样。

（2）做“照镜子”的音乐动作

● 幼儿合音乐做“照镜子”的拍肩与洗脸动作。

● 教师选择符合要求的几对幼儿单独表演，作为其他幼儿的榜样。

● 再次合音乐表演拍肩与洗脸动作。

6. 完整表演《摇摆舞》

（1）教师：我们把与舞伴对视“木头人”“照镜子”“换舞伴”三个游戏串起来就是一个集体舞。

（2）教师分段带幼儿玩集体舞

● 玩舞伴对视“木头人”游戏。

注意点：前奏时耐心等待，不要着急。

● 如果舞伴对视“木头人”游戏顺利，直接进入“照镜子”游戏；游戏不顺利，停下来解决问题。

注意点：教师的预令要准确。

● 如果“照镜子”游戏顺利，直接进入“换舞伴”游戏；游戏不顺利，停下来解决问题。

注意点：预令与“跑　跑，握握　手”的指令准确。

● 间奏部分 a^1 段音乐，请幼儿随意做拍打四肢的放松动作。

（3）放完整的音乐，幼儿完整表演

● 教师的预令与语言指令要准确到位。

● 在表演过程中随时解决问题，如换舞伴环节容易出现换错情况。

第二课时　即兴动作表演

一、活动目标

1. 能用不移动与移动和不移动结合的两组动作模型，清晰地表达音乐的句子与段落。

2. 享受集体舞中与舞伴交流带来的愉悦情绪。

3. 在流动的音乐中，做好领头人。

二、活动准备

1. 手腕花两种颜色，人手一个并配成对。

2.《摇摆舞》音乐的音响资料与播放设备。

三、活动过程

1. 全体幼儿表演无即兴版本的《摇摆舞》

（1）形成双圈面朝圈上队形

（2）集体表演一次

● 教师退出不参与。

● 前奏与段落转换，教师给出预令；动作模型教师给语言指令。

（3）解决在表演过程中出现的问题

（4）教师撤除语言指令，集体表演一次

● 前奏与段落转换，教师给出预令。

2. 学习即兴表演段落

（全体幼儿拿椅子坐成一个圈，教师的座位在圈上。）

（1）教师：我们以前已经做过“领头人”的游戏，其实这个游戏可以在我们的这个集体舞中做。

（2）练习“× × 扭一 扭”动作模型的各类动作

● 教师：我们再来做一做“拍 拍 扭一 扭”的各种关于拍的动作。

请幼儿自由做这类动作，教师挑选做得比较规范的一些动作。教师挑选时主要是避免下肢动作，如跳、踢等。

● 教师：现在来做洗漱加“扭一 扭”的动作。

请幼儿自由做这类动作，教师挑选做得比较规范的一些动作。

● 教师：做小动物的样子加“扭一 扭”的动作。

● 教师：有没有我们没有说到过的动作？

请幼儿自由做这类动作，教师挑选做得比较规范的一些动作。

（3）练习“领头人”的音乐游戏

- 教师：现在你们每一个人想好自己的一个动作，我们来做“领头人”的游戏。老师先来做领头人，那么第二个领头人是谁呢？
- 循环放《摇摆舞》歌唱部分音乐，从教师开始做领头人，四句一小段一个领头人。教师做完自己的动作后，立即到下一个领头人处去提醒指导，以便游戏流畅进行。
- 这一环节游戏比较适中的时间，是有6~8个幼儿做领头人。

（4）教师：这个“领头人”的游戏加到我们集体舞的什么地方呢？

（加到我们原来做“照镜子”游戏的地方。）

3. 全体表演即兴版本的《摇摆舞》

（1）形成双圈面朝圈上队形

- 把椅子搬到旁边
- 戴黄手腕花的幼儿入圈
- 戴红手腕花的幼儿入圈

（2）教师：有两个改动的地方，第一，知道在哪个地方做“领头人”游戏吗？（原来做“照镜子”游戏的地方。）第二，原来我们拍打手臂、腿放松的地方，现在我们做与舞伴挠痒痒的游戏。

- 教师：谁能把刚才老师讲的两个改动的地方再说一遍？
- 教师确认所有幼儿都意识到了改动的事项。

（3）全体幼儿表演即兴版本的《摇摆舞》

- 教师预令跟上。
- 做“领头人”游戏时，教师站在领头人旁边提醒与指导。
- 解决表演中的问题。
- 最后完整表演一次。

四、活动延伸

1. 在以后的音乐活动中，给幼儿提供表演的机会。

2. 在家长开放日或者幼儿园表演活动日，给幼儿提供表演的机会。

第二节　音乐与美术综合的学前儿童艺术教育活动设计

以音乐为主的音乐与美术综合教育活动，又称为融合美术的音乐教育活动。这种融合是音乐教育活动本身需要的，因为学前儿童的视觉经验远比听觉经验丰富，当学前儿童通过视觉理解了色、线、形、风格等元素内涵后，可以把这种理解迁移到对应元素的听觉体验上。

一、融合美术的音乐教育活动的教育价值

（一）促进学前儿童对音乐艺术之个性的感受力

雷默认为音乐、美术、舞蹈、戏剧、诗歌等之所以都被称为艺术，是因为它们有着共有的一种艺术思维模式，但同时，它们又彼此独立，因为每一种艺术都有着自己独特的、只有它能体现的一种分艺术思维模式。所以，雷默感叹："在一种艺术中卓有成就的人，不一定甚至通常不会在另一种艺术中表现出这种成就，原因就在于此。如果他们居然表现出这种成就，人们就认为他们了不起。"① 显然，在雷默看来，各种艺术的独特性远胜于它们的共性。

融合美术的音乐教育活动其性质是以音乐为主的教育活动，所以它赋有促进学前儿童音乐能力发展的使命。由于美术符号比音乐符号具象得多，同时学前儿童的视觉经验又大大超越听觉经验，所以从更容易让学前儿童理解的美术符号入手学习音乐，是一种非常有效的音乐教学策略。由于使用了学习心理中的迁移机制，所有由美术切入的音乐

① 贝内特·雷默．音乐教育的哲学．熊蕾译．北京：人民音乐出版社，2003：113.

学习活动比由音乐走向音乐的活动，更容易使学前儿童获得音乐经验。

（二）促进学前儿童对艺术共性的感受力

各种分领域艺术不仅具有它们各自的独特性，还具有艺术的共性。对艺术共性的理解是艺术综合教育的核心艺术目标。融合美术的音乐教育活动，主要是通过艺术共通的艺术美学原则与元素重叠，把美术与音乐沟通起来。理解沟通美术与音乐的所有艺术美学原则与重叠元素，就是对艺术共性感受力的获得。艺术共性感受力是艺术能力中不可或缺的一种能力，它主要依赖艺术综合活动来促成。

二、融合美术的音乐教育活动的设计要点

（一）由美术走向音乐的教育活动

美术与音乐的综合很容易走向表面化拼凑或为综合而综合。例如，先出示一张画，请儿童说说画中的小动物，然后唱一首歌名是画中这种小动物的歌曲。想要美术与音乐的综合达到融合程度，那么这种综合就一定是解决艺术共有问题的。这些艺术共有问题有两类，一类是个项艺术之间共享某种或某些艺术元素（包括元素重叠），另一类是艺术领域间的美学原则共通。

1. 元素共享的教育活动

从大的方面讲，音乐具有八大形式元素：节奏、旋律、音色、力度、速度、结构、织体、风格；美术具有五大形式元素：形状、颜色、质料、线条、空间。每一大元素又可分出许多小元素，这些大大小小的元素是实现美术与音乐达到融合的基础之一。

图 4-1《树》是安德列·德兰 1906 年创作的作品。在这幅画中，他主要使用了点与线的笔法，具体表现为：画布满落叶与泥土的地面以及树叶时，画家用的笔法是点；画树干、树枝、山脉时，画家用的笔法是线。用点画出来的实物与线画出来的实物特征是不一样的，对这幅画的观察与讨论，使儿童理解作画过程中点与线的不同使用方式。欣赏了这幅画的点线手法后，可以让儿童真实地用点与线的笔法画头发、脸、衣服、鞋等，在操作中进一步理解作画中的点与线笔法。音乐作品中也存在点与线的手法，像《吟游诗人》等作品都是以和弦进行为作曲特征，并通过顿音演奏手法表现这一作曲特征的；像《思乡》等大量弦乐作品则是以优美的旋律线为作曲特征的，并通过连音演奏手法来表现连贯、优

图 4-1 《树》安德列·德兰（1906）

美的风格。教师先让儿童欣赏画、操作点与线笔法，理解绘画中的点与线手法，然后让儿童把对美术中的点与线的理解迁移到音乐中来，发现并用身体动作表现音乐中的点与线。

2. 美学原则共通的教育活动

在音乐与美术的融合教育活动中，使用艺术共通的美学原则是比较常见的。

图 4-2 摄影作品（作者：Eric Chappelle）

图 4-2 是一组装饰味很浓的摄影照片，包括植物、建筑物、动物、衣物等实物。（1）是三叶草，把三叶草放在一起，形成模型的重复；（2）是民间的袜子，其图案也是一种模型的重复；（3）是孔雀尾巴；（4）是装饰珠子；（5）是房子的窗户；（6）是壁饰。

它们的共同特点是一种小的模型重复后获得一种大的艺术形式。这种可被辨认出又反复出现的模型是艺术创作的重要原则之一。视觉模型是非常直观的，通过观察可以直接描述与讨论，所以，对儿童来说就比较容易理解。把对美术中模型的理解迁移到音乐中去，这种迁移机制则是融合美术的音乐教育活动的宗旨所在。音乐中的节奏模型（节奏型）、旋律模型（旋律型），通过直接听觉的方式去辨认、去理解，对学前儿童而言是很难的。由视觉模型入手理解听觉模型，是一种不错的选择。

3. 由美术走向音乐的教育活动设计范例

音乐与美术综合活动“母与子”（大班）

美术作品准备：

图 4-3 《背着孩子的女人》
Jean Charlot（1908）

图 4-4 《花中的玛多娜》
Brenda Joysmith（1984）

音乐作品准备：

1. 选择两首摇篮曲，如汪玲作曲的摇篮曲《摇篮》，黄丽星词曲的摇篮曲《都睡着了》。

2. 选择两首舞曲，如德国民间舞曲《问候舞》，美国民间舞曲《朋友舞》。

活动教案：

一、活动目标

1. 通过观察了解画面中画家使用的圆润线条与椭圆或圆形构图特征。

2. 倾听教师播放的摇篮曲与舞曲，选择一种音乐为画面配乐。

3. 用语言表达选择摇篮曲的理由。

二、活动过程

1. 美术部分

（1）出示《背着孩子的女人》（图 4–3）这张画，请幼儿观察后用语言表达：看了这张画你的心情是怎样的？这张画讲了一件什么事？

（2）出示《花中的玛多娜》（图 4–4）这张画，请幼儿观察后回答与步骤（1）相同的两个问题。

（3）请幼儿说说这两张画有什么相同的地方，有什么不同的地方。

2. 音乐部分

（1）请幼儿倾听一首摇篮曲与一首舞曲，听后分别选择一首曲子为上面的两幅画配乐。

（2）请幼儿用语言表达选择摇篮曲的理由。

（3）再次倾听一首摇篮曲与一首舞曲，请幼儿快速选择与上面两幅画面匹配的乐曲。

3. 美术元素与音乐元素的沟通

（1）请幼儿讨论后总结：画孩子与妈妈在一起的幸福场面时，构图的形状是圆的，线条是圆的、连贯的。

（2）请幼儿讨论后总结：当妈妈陪孩子睡觉时唱的歌曲，歌曲唱起来声音是轻的，要唱得慢的，音与音之间要连着。

（3）请幼儿讨论后比较以下内容：

- 画面中的线条与音乐中的旋律线；
- 画面中的色彩与音乐中的速度、音量；
- 画面中构图形状与音乐中的情绪。

（二）由音乐走向美术的教育活动

从学前儿童艺术教育的现状来看，由音乐走向美术的教育活动主要集中在对音乐内容进行即兴作画上。

1. 由音乐走向即兴作画

就艺术符号的抽象度而言，在所有艺术分领域中音乐符号是最抽象的。理由在于艺术符号的抽象程度是由其参照特性决定的，参照性越强的艺术符号越容易被理解，而通过音响所呈现的音乐符号很难在现实世界中找到参照物。比如语言这种符号，一岁左右的孩子就能熟练地说出大量的名词，原因在于这些名词对他们来说一点也不抽象，它们都有鲜活的参照物。对孩子而言，小狗、小猫、娃娃这些语言符号不是符号，而是真实的与他们玩耍的小狗、小猫、娃娃，参照物与符号合二为一。同为绘画作品，现实主义作品最容易为人接受，而抽象画最令人难以理解，原因也在于参照性的差异。音乐符号的抽象就在于通过音响所呈现的音乐符号似乎不存在参照物。

正是音乐符号的抽象性质决定了音乐与其他分领域艺术进行综合时，由其他艺术走向音乐是比较顺畅的，符合由易到难的学习原则。因为音乐符号抽象，所以先从比较具象、参照性比较突出的艺术领域着手，这样儿童就比较容易理解和投入，然后借助迁移机制把对其他艺术领域中某种艺术知识的理解转移到音乐中去。所以，由文学、美术走向音乐的教育活动设计比较符合音乐学习心理的要求，而由音乐走向文学、美术时，则要相对谨慎，预防出现为综合而综合的生硬拼凑。

在相对谨慎的前提下，从音乐走向美术的教育活动一般是由音乐内容走向儿童的即兴画画，即由歌唱或欣赏走向即兴画画，其中由歌唱走向画画更可行些。就歌唱走向即兴画画而言，一般是对歌词内容进行视觉上的实现，通过画画方式把歌词所展现的画面真实地表达出来。这种对歌词的作画可以是歌曲的原词，也可以是儿童自己为歌曲创编的歌词。就欣赏走向即兴画画而言，一般是在音乐活动的前期，教师与儿童已经就音乐作品进行语言与动作上的“翻译”，但余音未尽，要求儿童把对音乐作品的理解再次用即兴画画的方式表达一次。

2. 由音乐走向美术的教育活动设计范例

大班歌唱《小雨点跳舞》的教育活动设计①

此曲两段歌词一问一答，第一段通过小雨点落下的象声词，为第二段的回答埋下伏笔。全曲歌词构思精巧、幼儿化，旋律优美上口，特点适合幼儿进行歌词创编。

歌谱：

小雨点跳舞

1=C 3/4

郑姗姗　词曲

① 执教人：郑姗姗，南京市游府西街幼儿园。

活动教案：

一、活动目标

1. 为歌曲正歌第二段创编歌词，并以绘画的方式表达。

2. 完整演唱歌曲，体验合唱带来的愉悦情绪。

二、活动准备

1. 四张问号图片，八张小雨点图片，两张彩虹图片。

2. 幼儿绘画用的纸与笔。

三、活动过程

1. 出示彩虹与小雨点的图片，学习副歌部分。

（1）分别出示“彩虹”“小雨点”图片，教师强调“彩虹”会唱歌，“小雨点”会跳舞。

（2）呈现“彩虹”图片，教师示范“彩虹”唱歌的声音，发“啦”的声音。

（3）呈现不同颜色的“小雨点”，示范“小雨点”跳舞时的声音，发“滴答”的声音。教师示范后，提问幼儿：“小雨点”“滴答”“滴答”跳舞的声音都是一样的吗？（不一样，有快有慢。）

（4）完整跟唱副歌部分。

2. 出示正歌部分的图片，学习歌曲的正歌第一段。

（1）请钢琴伴奏教师弹奏正歌旋律，执教教师跟随旋律出示打有问号与各种小雨点的图片。

（2）教师根据图片内容完整示范正歌部分。

（3）请幼儿学唱。

教师提问：刚才老师在唱歌时问了什么话？（小雨点在哪里跳舞？）那你们能不能问？（然后请幼儿歌唱。）

3. 请幼儿通过绘画方式创编正歌的第二段歌词并能集体完整地演唱歌曲。

（1）教师提问：那么，小雨点到底会在哪里跳舞呢？（请幼儿自由想象，大胆给出答案。）

（2）请幼儿把自己的答案画出来，绘画的要求如下：

① 在一张纸上只能画小雨点在一个地方跳舞，如果有想到小雨点在两个地方跳舞就画两张。

② 画画的时间教师把这首歌唱三遍，教师唱完后所有的人就要停笔。

③ 幼儿画画，教师唱歌三遍。

- 常规，请幼儿从椅子底下拿出笔纸，然后身子转过去趴在桌子上画。
- 幼儿作画，教师歌唱。每唱完一遍提醒儿童抓紧时间画画。

④ 把所有的图画呈现出来，请部分幼儿回答图画内容。

⑤ 教师先选择四张图画作为第二段的歌词，大家一起来唱。

- 直接根据四张图画内容，唱第二段，使幼儿理解第二段歌词的唱法。
- 教师唱问的部分，幼儿唱其余部分。

⑥ 与客人教师合作歌唱。

幼儿唱问的部分，客人教师唱图片部分。

第三节　音乐与文学综合的学前儿童艺术教育活动设计

以音乐为主的音乐与文学综合的教育活动，又称为融合文学的音乐教育活动。这种融合是音乐教育活动本身需要的，因为学前儿童在接触音乐作品之初，其音乐口味并不在音乐本身，而是音乐中可能具有的内容，更确切地说是音乐所能“讲”的故事。不能“讲”故事的音乐是不可能打动学前儿童的心的，能让学前儿童如痴如醉的音乐一定是能“讲”他们生活经验范围内的动听的故事，如动物、植物、天空、星星，生活中的人物、景物、场面等都是故事的素材。所以，几乎不存在没有文学故事铺垫的学前儿童音乐教育，音乐与文学的综合是学前儿童音乐学习的内在需要。

一、融合文学的音乐教育活动的教育价值

（一）促进学前儿童对音乐艺术之个性的感受力

融合文学的音乐教育活动其性质是以音乐为主的教育活动，所以它赋有促进学前儿童音乐能力发展的使命。由于语言符号比音乐符号具象、简单得多，同时学前儿童又已经拥有比较丰富的口头语言经验，所以从语言符号入手学习音乐，不仅仅是一种有效的音乐教学策略，更准确地说是一种音乐学习的必要条件。由于使用了学习心理中的迁移机制，所以由文学切入的音乐学习活动比由音乐走向音乐的活动，更容易使学前儿童获得音乐经验。

（二）促进学前儿童对艺术共性的感受力

对艺术共性的理解是艺术综合教育的核心艺术目标。融合文学的音乐教育活动与融合美术的音乐教育活动一样，主要是通过艺术共通的艺术美学原则与元素重叠，把文学与音乐沟通起来。理解沟通文学与音乐的所有艺术美学原则与重叠元素，就是对艺术共性感受力的获得。

二、融合文学的音乐教育活动的设计要点

就目前艺术教育的现状来看，融合文学的音乐教育活动主要有以下两类：由教师自编故事启动的音乐教育活动与由绘本、动画故事启动的音乐教育活动。下面我们分别介绍这两类教育活动的设计要点。

（一）由教师自编故事启动的音乐教育活动

应该说，以学前儿童为对象的音乐教育，如果没有故事作为一种重要的媒介，就很难吸引儿童的注意力。当然，故事是宽泛意义上的，不是角色、情节、情境、语言等构成故事的所有要素都必须具备，只要具备故事要素的其中一个或几个就可以了。在音乐教育中，儿童最感兴趣的故事要素是角色与情境，先用情境铺垫一下，然后角色出来。

为一个器乐作品编一个故事是幼儿园音乐教师必须做的事情。这种讲故事的方式看上去是音乐融合文学的一种典型的综合形式，实际上是音乐教学必须完成的行为，因为

学前儿童的音乐口味之一是故事，音乐如果不具备讲“故事”的功能，就不会令学前儿童喜欢。对以无意注意为主要学习方式的学前儿童来说，不喜欢一种事物就不可能就此事物发生学习的。所以，教学内容本身要对学前儿童具有吸引力。就学前儿童音乐教学而言，音乐作品出场伴随故事，是教学成功的基本策略。

1. 适合讲儿童故事的音乐作品的类型

（1）句式规整、童趣盎然的儿童音乐作品

这类曲子本身具有鲜明的童趣，音乐内容主题也比较容易辨认。音乐在刻画人物、动物或描述事件时，一般用三段、多段、回旋等曲式，在句式上非常强调重复、对比这些组织手法。在儿童器乐曲中这类曲子占多数，如管弦乐组曲《动物狂欢节》、钢琴套曲《图画展览会》与交响童话《彼得与狼》都属于这一类。这些经典的儿童乐曲是重要的音乐资源，每一首曲子都是值得教师去讲儿童化的故事，去深度挖掘。

（2）句式规整的成人音乐作品

这些作品原本是为成人创作的，但儿童音乐教育工作者从这些作品中挖掘出儿童趣味，从而使其成为儿童音乐作品。这类作品与第一类作品在音乐特质上是类同的，即在刻画对象时，一般用三段、多段、回旋等曲式，在句式上非常强调重复、对比这些组织手法。区别仅在于这些作品比较成人化，乍一听并不具有浓郁的儿童趣味，在音乐主题的辨认上也没有第一类作品那么明确。

2. 编故事步骤

音乐“语言”是抽象的，即便是音乐作品中最“具体”的充满说明、描述的儿童化音乐作品，其音乐内容（故事）也是需要教师多次倾听、理性分析才能捕捉到。挖掘音乐作品的内容（故事）一般可以采取以下两个步骤：第一，曲式分析，旨在捕捉内容主题；第二，动作表现，旨在诠释音乐内容。

（1）曲式分析——画出音乐作品的句段结构图，确认音乐内容主题

以《未出壳雏鸡的舞蹈》为例，其句段结构如下，其中大写字母表示段落，小写字母表示乐句：

A	B	A’
a b a’ 段尾	a a’ b c	a b a’ 尾声

倾听并分析出音乐作品的句段结构，其目的是为了确认音乐内容。由于《未出壳雏鸡的舞蹈》是一个童趣盎然、音乐形象非常鲜明的儿童化作品，所以我们在确认音乐内容时可以尊重作曲家的标题或意图，即我们对音乐内容的想象可以限制在小鸡在壳内的情境范围。

倾听与分析曲式过程就是对音乐作品音响进行内容化想象的过程。第一段 a 句的音响效果两音一组、一高一低，尖锐而突兀，有小鸡啄东西的感觉；b 句则是由低音到高音的连贯走向，有小鸡扭屁股的感觉。第二段 abc 三句在力度与紧张度上明显具有一句比一句强烈的递进感，似乎是这样一个过程：小鸡先稍慢轮流地动翅膀，然后同时动两边翅膀，最后用力并快速同时动两边翅膀。第三段是第一段的重复。当对全曲音响能做以上内容化想象以后，此曲的音乐内容也就出来了：小鸡在壳里努力想出壳，先用喙啄壳，再用屁股顶壳，然后用翅膀敲壳，再重复用喙啄壳、用屁股顶壳；最后根据尾声的音区下行特征，表明小鸡没有出壳，还要继续努力。

（2）把音乐内容用身体动作诠释出来

其实当步骤（1）音乐内容出来时，用身体动作把音乐内容表达出来已经是水到渠成的事了。此步骤要求在流动的音乐中以合拍为前提、以句子为单位，用简单的身体动作把音乐内容表演出来。由于步骤（1）属于理性分析阶段，还没有进入音乐感性，只有完成了步骤（2），才是把理性分析与感性表演结合起来。理性分析是感性表演的前提，只有音乐内容（故事）的语言表达，对作为表演艺术的音乐而言是不够的，所有的故事必须沉淀在音乐表演方式中。

以下是《未出壳雏鸡的舞蹈》的动作说明：

A 段 a 的动作：双手握拳，伸出食指放在嘴前，表示是小鸡的喙。一拍一点头做啄壳动作。

A 段 b 的动作：双手动作不变，二拍扭一次臀部，做拱壳动作。

A 段 a’的动作：与 A 段 a 的动作相同。

A 段尾声：做垂头泄气状。

B 段 a、a’的动作：轮番压左右手肘，二拍一次。

B 段 b 的动作：左右手肘同时压，二拍一次。

B段c的动作：左右手肘同时压，一拍一次。

A’段的动作：重复A段动作

3. 自编音乐故事的规限条件

给音乐作品自编形象生动的故事是幼儿园音乐教育活动的必要条件，但不是充分条件。认为只要给音乐作品“讲故事”了儿童就一定会进入音乐学习状态，是对教学过于简单化的理解。如果所编的音乐故事没有与之匹配的身体动作表演作为规限条件，那么故事只能让儿童在音乐学习中保持极短时间的兴趣，对儿童学习品质与艺术能力发展所起的作用有限。所以，儿童音乐学习中故事性与动作性两种口味，总是以组合“拳”的方式出击的，单独行动两者都很难完美地发挥作用。

综上所述，给音乐作品“讲故事”是有规限的，其规限条件是儿童能够用身体动作把故事表演出来。换言之，能够配上身体动作表演的故事才是真正的为音乐作品编的故事。

4. 教师自编故事启动的音乐教育活动设计范例

中班音乐欣赏《农夫与禾苗》教育活动设计①

此曲原名为《瑞典狂想曲》，由瑞典作曲家雨果·阿尔芬作曲，再由裴西·费斯改编而成。《农夫与禾苗》的音乐又把《瑞典狂想曲》A段到B段的过渡句剪切掉，使每一段落的句子都达到完全规整，更符合儿童的欣赏品味。

乐谱：

农夫与禾苗（改编自《瑞典狂想曲》）

1=G $\frac{2}{4}$

雨果·阿尔芬作曲

Aa段

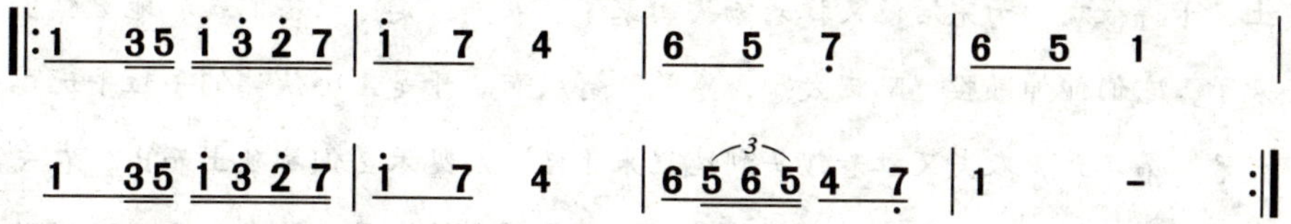

① 执教人：郑姗姗，南京游府西街幼儿园。此范例在观摩课基础上重新设计。

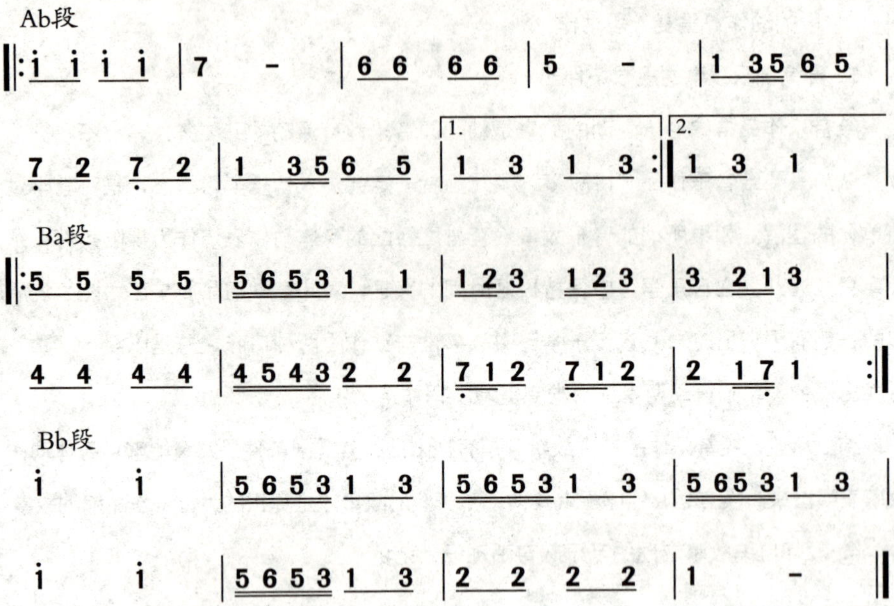

音乐结构分析：

这首曲子是ABA三段曲式，A大段又为aba三段体，B大段则是由ab二段体构成。此曲的曲式结构分析如下（其中大写英文字母表示大段落，小写英文字母表示小段落）。

A	B	A’
a b a’	a b	a b a’

自编故事：

农夫扛着锄头到地里干活，走啊走，来到了农田。他先是浇水，然后松土，干得很欢，干完活他又扛着锄头回家了。农夫一走，禾苗们就从地里钻出来了，它们伸伸懒腰、晒晒太阳，感觉好舒服啊。于是，小伙伴们手拉手玩耍起来。第二天，农夫又扛着锄头到地里来干活，看见禾苗们都破土而出，农夫乐呵呵地继续浇水、松土，心里想着让禾苗长得更快。干完活农夫又高高兴兴地扛着锄头回家了。

身体动作设计：

A 段：农民角色

a 小段：手做扛锄头动作，脚一拍一步行走。

b 小段：第一小节，双手斜举手心朝内抖动，半拍一次。

第二小节，双手斜举手心朝内抖动一次。

第三、四小节，与第一、二小节动作相同，表示浇水。

第五小节，双手做握铲状，第一拍用力铲土，第二拍把土翻过来。

第六小节，动作与第五小节相同，方向移向另一侧。

第七、八小节，与第五、六小节动作相同，表示松土。

a’ 小段：动作同 a 小段。

B 段：禾苗角色

a 小段：第一小节至第四小节，双手在胸前伸直合掌、双腿并拢下蹲，然后一拍一次，双掌左右移动并向上升，双腿逐渐伸直，到最后双臂伸直双掌耸立。

第五、六小节，完整地做一个伸懒腰的动作。

第七小节，朝身体一侧双臂伸直斜举。

第八小节，动作与第七小节相同，身体朝向另一侧。

b 小段：第一、二小节两个小伙伴双手对位，半拍一步小跑步转圈。

第三、四小节，两个小伙伴互拍对方的手，一拍一次。

第五、六小节，与第一、二小节相同。

第七、八小节，双臂伸直合双掌，表示禾苗出土。

A’ 段：同 A 段。

活动教案：

第一课时　观察学习农民的身体动作表演

一、活动目标

1. 对行走移动动作能有合拍的意识。

2. 对浇水、松土两个不移动动作能自如合拍。

3. 理解教师布置的观察任务，并带着任务意识去观察教师的示范。

二、活动准备

1. 在音乐活动前几天的日常生活环节中，教师有意识地请幼儿做合拍行走的动作，着重观察男孩子合拍行走的动作。

2. 在教室的一角用大型积木围出一个有门的围墙，表示农民的家。

3. 请另外两个教师表演禾苗，或者请大班的已学过此曲的两位幼儿表演禾苗。

4.《农夫与禾苗》的音响资料与播放设备。

三、活动过程

1. 教师与另外两个教师或两个幼儿完整表演《农夫与禾苗》的故事

教师：今天我们三个人要用身体动作表演一个《农夫与禾苗》的故事，请小朋友欣赏一下。

2. 教师扮演农民角色，进行《农夫与禾苗》第一段的身体动作表演示范

（用上教室一角的道具。）

（1）表演前布置幼儿的观察任务

教师：现在老师要再表演一下农民从家里出门到农田去干活的这一段故事。这次，你们边看老师表演边要完成一个任务：看出在这个故事中农民做了一些什么动作。当回答老师问题时不用嘴巴说，要用动作做出来。

（2）教师给出任务后，再次确认幼儿对任务的理解程度

教师：“老师刚才给你们的任务是什么？”

（在这个故事中农民做了一些什么动作？）

教师：“当小朋友回答问题时，老师要求小朋友是用嘴说呢还是用动作表演？”

（动作表演。）

（3）教师用身体动作表演《农民与禾苗》中第一段农民的动作。

3. 落实第一环节的观察任务，具体动作的学习穿插其中

（1）教师："农民做了哪些动作？记住用身体动作回答。"

（2）当一个幼儿用身体动作回答后，请全体幼儿跟着这个幼儿做这一动作。（农民所做的动作：扛锄头行走、浇水、松土。）

（3）当幼儿没记住全部动作时，教师单独表演农民动作这一段，以便让幼儿找出遗忘的动作。

4. 全体幼儿单独学习扛锄头行走的动作，教师鼓励听音乐合拍行走的幼儿，并让其他幼儿模仿他们

（不用道具。）

5. 全体幼儿单独学习 b 小段浇水、松土两个动作

（1）教师哼唱旋律，请幼儿做浇水与松土的动作。（中班幼儿的松土动作只是一个铲土动作，去掉翻土动作与变换方向。）

（2）教师把第一大段的 b 小段单独再次示范，请幼儿观察：农民浇水、松土的劳动一共做了几次？（2 次。）

（3）请幼儿完整表演 A 段 b 小段的动作。

6. 教师再次完整示范第一大段的所有动作

（用上教室一角的道具。）

（1）教师：现在老师把农民伯伯的故事再完整地表演一次，这次你们的任务：看看农民伯伯出门去地里走的时间与劳动结束后往家走的时间是一样多还是不一样多？

（2）教师完整示范。

（3）落实观察任务。

- 教师：农民伯伯出门去地里走的时间与劳动结束后往家走的时间是一样多还是不一样多？

（不一样多，出门时同样音乐是二遍，回家时才一遍。）

● 如果幼儿回答不出来，教师提醒是出门的音乐长还是回家的音乐长，为什么长了。

7. 请幼儿完整表演第一大段的动作

（1）教师喊好所有段落前的预令。

（2）教师观察幼儿扛锄头行走的合拍状态。

四、活动延伸

在下次音乐活动之前的一周时间内，利用日常生活活动时间，对第一段的动作进行复习，特别需要练习扛锄头行走的动作，尽量做到每一个幼儿都能意识到行走是需要合拍的这一要求。

第二课时　观察学习禾苗的身体动作表演

一、活动目标

1. 继续保持行走合拍意识，形成小跑步合拍意识。

2. 对破土生长、伸懒腰、晒太阳三个不移动动作能自如合拍。

3. 理解教师布置的观察任务，并带着任务意识去观察教师的示范。

二、活动准备

1. 在教室一角布置农夫家的道具。

2. 请另外两个教师表演禾苗，或者请大班的已学过此曲的两位幼儿表演禾苗。

3.《农夫与禾苗》的音响资料与播放设备。

三、活动过程

1. 听着第一大段a小段音乐，幼儿扛锄头行走进教室

2. 请幼儿在原地完整表演农夫的动作

（1）教师：上次课我们小朋友学了《农夫与禾苗》中农夫的动作，现在请小朋友把农夫的动作来表演一下。

（2）幼儿完整表演。

3. 另外两位教师或大班幼儿示范表演第二大段禾苗的动作

（1）教师：你们已经学会了农夫的动作，那你们想不想学一学禾苗的动作？

（2）表演前布置幼儿的观察任务。

- 教师：现在请两位老师给我们表演禾苗的动作，你们的任务是看清楚禾苗做了一些什么动作，回答时不要用嘴巴，要做动作。
- 确认幼儿清楚任务是什么。

（3）完整示范禾苗的动作。

4. 落实布置的观察任务，具体动作的学习穿插其中

（1）教师："禾苗做了哪些动作？记住用身体动作回答。"

（2）当一个幼儿用身体动作回答后，请全体幼儿跟着他做这一动作。

（禾苗所做的动作：破土生长、伸懒腰、晒太阳、转圈、拍手、破土后静止不动。）

（3）当幼儿没记住全部动作时，再请两位表演者表演禾苗这一段，以便让幼儿找出遗忘的动作。

5. 在教师的带领下，幼儿学习禾苗的动作

（1）教师专门解决找朋友的环节。

（2）教师着重观察幼儿成对在做双手拉手小跑步转圈时的合拍状态，提醒合着音乐转圈才是禾苗们做的动作。如果幼儿做这个动作有困难，可以在这个动作上停留一些时间。

（3）教师引导幼儿发现禾苗所做的动作的重复状态，如破土生长、伸懒腰、晒太阳的一组动作是否重复，禾苗"小伙伴"玩的动作是否重复。

（4）幼儿完整表演禾苗的动作。

6. 分两组，完整表演

（1）每一段的开始教师预令准确、到位。

（2）教师带着“农民”组表演。

（3）“禾苗”组的表演，继续由两位教师或大班幼儿带领。

第三课时　身体动作自如表演

一、活动目标

1. 扛锄头行走、小跑步拉圈的动作合拍。

2. 用上肢与下肢动作能表达分句与段落的转换。

3. 体验合着音乐地进行身体动作表演的愉悦情绪。

二、活动准备

1. 在教室一角布置农夫家的道具。

2.《农夫与禾苗》的音响资料与播放设备。

三、活动过程

1. 听着第一大段a小段音乐，幼儿扛锄头行走进教室

2. 请幼儿在原地完整表演《农夫与禾苗》的动作

（1）表演前先找好禾苗的小伙伴。

（2）幼儿用半圆站位。

（3）提醒幼儿耳朵听音乐，只有在音乐指挥下的表演才是真正的农夫、禾苗在表演。

（4）第一次表演如果有一些需要解决的问题，表演后进行解决，解决后再表演一次。

3. 分角色分组表演

（1）一半幼儿做农民，一半幼儿做禾苗，完整表演。

● 幼儿表演时，教师在段落的起、衔接处即时给出预令。

● 如果发现幼儿出现衔接不好或者混乱无序的状况，再表演一次。

（2）角色轮换，完整表演一次。

4. 请幼儿自愿申请角色

愿意做农民的做农民，愿意做禾苗的做禾苗，不受人数限制，完整表演。

（1）教师做到预令准确到位。

（2）教师提醒扮演禾苗的幼儿事先找好朋友。

（3）教师提醒扮演农民的幼儿第一段与第三段的情绪变化。

5. 教师撤离预令，请幼儿独立地表演一次。

四、活动延伸

1. 在以后的音乐活动中，安排时间请幼儿完整表演。

2. 在家长开放日或者幼儿园表演活动日，让全班幼儿表演。

（二）由绘本、动画故事启动的音乐教育活动

为音乐作品“讲”儿童故事，有两种常见的套路。第一种，先有音乐作品，后编故事。具体表现为教师对一个音乐作品已经很了解，愿意与儿童分享。教师为此音乐作品编故事、编动作，最后与儿童共同通过故事与动作进入音乐作品的音乐教育活动。这种套路即上面阐述的“由教师自编故事启动的音乐教育活动”。第二种，先有故事，后为故事寻找合适的音乐作品。这种情况往往表现为儿童已经听或看了一个绘本、动画故事，由于儿童对这些耳熟能详的故事中的角色着迷，所以教师利用儿童的这种“着迷”，想方设法为儿童着迷的角色配上适宜的音乐作品。如果仅仅是利用绘本、动画中的角色，故事情节是重新编的，这种情况下也属于“由教师自编故事启动的音乐教育活动”；如果故事情节基本照搬，音乐表演围绕此故事展开，这种情况下就不属于教师自编故事的范畴。我们把由此套路开展的音乐教育活动称为“由绘本、动画故事启动的音乐教育活动”。

1. 按绘本故事基本情节展开表演的音乐教育活动

由于动画故事相对较长，基本照搬动画故事的音乐教育活动是难以实现的，所以故事情节基本照搬，一般指的是绘本故事。

（1）按绘本故事基本情节展开表演的音乐教育活动的设计要点

① 故事与音乐作品匹配的要点：明确绘本故事在“解释”音乐作品时必须完成简化

音乐结构这一音乐元素的功能。

在用故事“解释”音乐作品时，绝大多数的故事是作为推出可爱的角色、给出音乐表演的情境和大概情节服务的，故事的主要功能是身体动作表演的导入，或者说给身体动作为何如此表演提供理由。但是，按绘本故事基本情节展开表演的音乐教育活动中，故事的功能不是身体动作的导入那么简单，而是具有简化音乐元素难度的任务。这类故事往往是用来“解释”曲式结构较复杂的音乐作品，如段落较多的变奏曲，这类曲子每一段变化一点点儿，但段落却很多，如果没有故事情节带动儿童去分辨段落，这类曲子就不在学前儿童的音乐感受阈之内。再如，段落较多的回旋曲，这种音乐不停地回到旧材料又不停地出现新材料的作品，如果没有故事情节带动，也很难进入学前儿童的感受范围。所以，这类故事主要简化的音乐元素是结构元素，具体是段落结构，即用故事情节作为分辨音乐大段落与小段落的标记，使繁复的段落不再成为儿童学习音乐的负担。

② 动作与音乐作品匹配的要点：动作变化意味着段落变化。

上述故事主要用于匹配段落繁复的音乐作品，所以当为故事配动作时，要遵循重复动作多、变化动作少的原则，而且这些变化动作都具有识别段落的功能。如果是变奏曲，这些识别段落的变化动作往往放在段尾；如果是回旋曲，这些识别段落的变化动作则是放在新材料段落，每一新材料段落使用一个或一类新动作。

③ 课堂教学的重要策略：预令

上述故事与动作要匹配的音乐作品往往具有段落繁复的特征，而且每一次的动作变化往往都在段落转换之处，起到标示段落的作用。这种情况下，在音乐课堂教学的新学阶段，当这些变化动作出现之前二拍或四拍时，教师需要给儿童进行动作变化的预令，减轻儿童新学阶段新内容太多的负担。不过，这些预令只是教学支架，在教学过程中教师需要逐渐引导儿童倾听音乐符号本身，最终用音乐符号替代预令。

（2）按绘本故事基本情节展开表演的音乐教育活动设计范例

大班音乐欣赏《吃苦头的狐狸》的教育活动设计①

此曲原名为《山王宫殿》，为ABA三段体，全曲重复出现三次，但每次重复在音色、速度与力度上都有了较大的变化。所以，此曲在听觉上形成九段音乐加一个尾声的音乐结构效果。另外，每大段音乐又由重复的两小段组成，每次在音色、速度与力度的变奏上是呈递进式的，即越到后面音色越复杂、速度越快、力度越强，到了最后一次ABA三段的重复，无论是力度还是速度都到了紧张怪异的程度，全曲在快速、强力度中结束。

乐谱：

吃苦头的狐狸（山王宫殿）

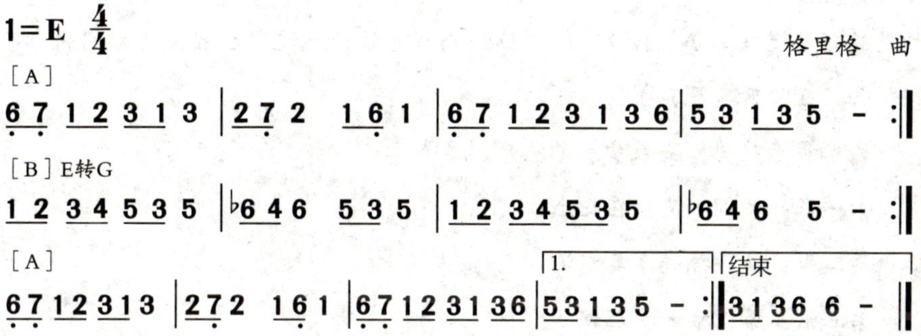

音乐结构分析：

此曲的曲式结构分析如下（大写字母表示大段，小写字母表示小段）。

‖ A | B | A' ‖

a a' a a' a a' 尾声

经过改编的绘本故事：

狐狸偷偷地跟在鸡妈妈后面已经好多天了，他想吃鸡妈妈。鸡妈妈知道后与同伴一起想出很多办法，想让狐狸吃些苦头。这一天，鸡妈妈先在家里化妆打扮（A段a），然后系鞋带出门（A段a'）。狐狸偷偷地跟在鸡妈妈后面，还东张西望（B段a），后来被钯狠狠地砸了一下（B段a'）；狐狸不顾疼痛继

① 执教人：周宁娜，南京市第一幼儿园。此范例在原观摩活动基础上有所改动。

续跟着鸡妈妈，它先东张西望（A’段a），后来看见鸡妈妈拐到一座房子后面了，它跟了过去，一拐弯却掉进了一个臭水沟里（A’段a’）；狐狸不顾浑身的湿与臭，继续跟着鸡妈妈，它先东张西望（重复一A段a），后来掉在一袋面粉里了（重复一A段a’）；狐狸不顾满脸面粉继续跟着鸡妈妈，它先东张西望（重复一B段a），后来又掉进了稻草堆（重复一B段a’）；狐狸不顾浑身发痒继续跟着鸡妈妈，它先东张西望（重复一A’段a），后来发现鸡妈妈钻进了狭窄的篱笆，它也挤了进去，结果被卡住了（重复一A’段a’）；它拼命从篱笆中挤出来（重复二A段）；挤出篱笆后无路可走，只有一条小河，它只好跳进河里游泳（重复二B段）；从河里上岸狐狸发现鸡妈妈又快回家了，就飞快地追赶（重复二A’段）；追到鸡妈妈家，狐狸发现门已经关了，它拼命砸门，但门砸不开（尾声）。

绘本《母鸡萝丝去散步》的八张图片内容：

第一张：狐狸一头撞在钯上。

第二张：狐狸掉进了臭水沟。

第三张：狐狸被面粉埋住了。

第四张：狐狸被稻草埋住了。

第五张：狐狸被篱笆夹了。

第六张：狐狸挤篱笆。

第七张：狐狸在河里游。

第八张：狐狸飞快地跑。

表演动作设计：

A段为母鸡的动作，作为全曲的引子；后面八段与尾声都是狐狸的动作。

A段a：母鸡合着拍子做涂脸与涂口红的化妆动作。

A段a’：母鸡合着拍做系鞋带、背包、出门的动作。

B段a：狐狸一步一拍往前走，最后二拍脚步停止，身体朝后看。

B 段 a'：狐狸一步一拍往前走，最后二拍脚步停止，手做一个拍打前额的动作，表示被钯砸。

A' 段 a：同 B 段 a。

A' 段 a'：狐狸一步一拍往前走，最后二拍脚步停止，手做一个捏鼻子的动作，表示掉进臭水沟。

重复一 A 段 a：同 B 段 a。

重复一 A 段 a'：狐狸一步一拍往前走，最后二拍脚步停止，双手抱头身体下蹲，表示被面粉埋住了。

重复一 B 段 a'：同 B 段 a。

重复一 B 段 a'：狐狸一步一拍往前走，最后二拍脚步停止，双手在头顶做一个尖三角形状，身体下蹲，表示被稻草埋住了。

重复一 A' 段 a：同 B 段 a。

重复一 A' 段 a'：狐狸一步一拍往前走，最后二拍脚步停止，手臂平举一前一后，身体侧移，表示卡在篱笆上。

重复二 A 段：做身体侧移、手臂平举一前一后的动作，二小节换一次方向，表示拼命挤篱笆。

重复二 B 段：做双手臂交替划水的游泳动作，表示狐狸在游泳。

重复二 A' 段：做快速跑步动作。

尾声：双手握拳敲门，然后用嘴吹手，表示手敲得很痛；再重复握拳敲门与吹手的动作；最后以强烈的敲门动作结束。

活动教案：

第一课时　听故事并学习身体动作表演

一、活动目标

1. 在教师预令的帮助下，用身体动作表达每小段、每大段音乐的结束，由此理解音乐作品的段落结构。

2. 合拍地做狐狸的走路动作，并理解慢速、中速、快速合拍的区别。

二、活动准备

1.《吃苦头的狐狸》的故事图片。

2.《吃苦头的狐狸》音乐的音响资料与播放设备。

三、活动过程

1. 教师讲《吃苦头的狐狸》的故事，让幼儿用身体动作表达狐狸所吃的苦头，从中选取五个身体动作

（1）教师边讲故事边出示图片，然后请幼儿表达狐狸所吃的每个苦头的动作。

注意：五个动作来自幼儿，但教师有目的地从众多幼儿的动作中选择一个停顿动作，弱化非连续性动作。

（2）故事讲完后总结狐狸所吃的五个苦头的身体动作与最后三串连续性动作。

2. 教师在音乐中用身体动作“讲述”这一故事

（1）表演故事前要求幼儿在狐狸吃每一个苦头时用动作提醒教师。

（2）教师表演。

注意：在每一段结束时请求幼儿的帮助，用动作提醒教师狐狸吃的是什么苦头。

（3）教师使用预令的方式，请幼儿分别练习向后转、吃苦头、挤篱笆、游泳、跑步的合拍动作。

3. 幼儿坐在位置上模仿表演一次

注意：

（1）第一段母鸡动作由教师表演。

（2）每一小段的向后转与每一大段的吃苦头动作，教师给出预令。

（3）结束后解决幼儿表演中有困难的动作。

4. 幼儿坐在位置上再次表演，教师视情况决定是否给予指导

5. 幼儿自由站位表演一次，要求合拍

第二课时　身体动作自如表演

一、活动目标

1. 理解与掌握身体动作合拍表演的两个小技能：合慢速音乐身体摇摆幅度大，合快速音乐身体完全不摇摆。

2. 用比较自如地合拍表演《吃苦头的狐狸》。

3. 体验合音乐进行身体动作表演的愉悦情绪。

二、活动准备

《吃苦头的狐狸》的音响资料与播放设备。

三、活动过程

1. 请幼儿坐在座位上，完整表演最后三段快速动作

（1）表演前教师提问：狐狸吃了哪五个苦头，请用动作准确表演。狐狸最后做了三串连续的动作，谁能用动作准确表演？

（2）表演前教师通过提问，总结出快速合拍做动作的要领。

提问：在做快速动作时，如何做得合拍？

教师总结要领：第一，再快的动作也要一个一个地做，每个动作让别人看清楚；第二，做快速动作时，脚不能动、身体不能转。

教师带领幼儿做三串快速动作。

（3）请幼儿完整表演最后三段的快速动作。

2. 请幼儿坐在座位上，在没有教师预令的情况下完整表演一次

（1）表演前与幼儿讨论：如果没有预令，怎么分辨出向后转与吃苦头动作的音乐？

（2）按照幼儿提供的方法，让幼儿没有预令完整表演一次。

3. 请幼儿自由找到一个空间，双脚不动完整表演一次

（1）表演前教师提问：在前面四段比较慢的音乐时，狐狸走的动作如何做才会合上音乐？（用身体大幅度的左右摇摆动作等，从而合上快速的音乐。）

（2）教师哼唱，请幼儿合慢速的狐狸走的音乐。

（3）请幼儿遵循慢速身体左右摇摆、快速躯体不动原则，完整地表演一次。

4. 请幼儿自由找到一个空间，动双脚完整表演一次

注意：

（1）重复强调快速做动作的要领。

（2）如果在最后快速三段时，幼儿出现脱离音乐符号的指令、比较兴奋的情况，属于正常。

2. 以绘本、动画故事的某一情境展开表演的音乐教育活动

以绘本、动画故事的某一情境展开表演的音乐教育活动是完整使用绘本、动画故事的，只不过身体动作的设计则是固定在故事中的某一情境而非按故事情节完整展开。例如，由《金老爷的钟》《米格爷爷的鞋匠铺》等绘本故事导入的音乐活动，在活动之初，教师往往会完整讲述这些故事，然后利用故事中的角色，并选择故事中的一个情境展开身体动作表演。《金老爷的钟》可以选择金老爷到钟表店买钟的一个情境。《米格爷爷的鞋匠铺》则是选择米格爷爷睡觉时，所有的鞋子跑出来玩耍的情境。

（1）以绘本、动画故事的某一情境展开表演的音乐教育活动的设计要点

① 故事与音乐作品匹配的要点

第一，充分利用故事中的角色，角色行为特征与音乐作品特征相吻合。深受学前儿童喜爱的绘本与动画故事的核心是故事中的角色，故事与故事中的角色到后来是分不开的，角色已经代表了故事。所以，通过故事把角色凸显出来，抓住角色大做“文章”是此类音乐教育活动的亮点。由于故事只是发挥导出角色的作用，所匹配的音乐作品不必受故事内容制约，只要与角色特征吻合就行了。这种情况下，故事能匹配的音乐作品的数量就比较可观。

第二，利用某一情境大胆想象，让情境中角色的活动细节与音乐作品相吻合。用身体动作表演的情境来自故事中，身体动作的发出者是故事中的角色，但故事中的角色在

这一情境中具体要做什么，发生了什么事情，这些细节不是故事本身给出的，而是教师根据音乐作品的音乐特性大胆想象的，旨在使角色的所有活动细节与音乐作品的音乐特征保持一致。

② 动作与音乐作品匹配的要点

这里的动作设计没有什么特殊要求，遵循为音乐作品匹配身体动作时的一般原则即可，这些一般原则为：

第一，以音乐句子为单位，每句一到两个动作；

第二，音乐的句子与段落重复时，身体动作也重复，一般有严格重复与不严格重复两种方式；

第三，当有下肢动作时，上肢动作尽可能静止；

第四，为音乐作品设计身体动作时，尽可能使用上肢动作。

③ 课堂教学中的重要策略

这类音乐作品的课堂教学策略也没有什么特殊之处，合理运用音乐课堂教学的一般策略即可，这些一般策略为：

第一，促使幼儿主动学习的策略，包括观察模仿学习策略、主动探究学习策略；

第二，给幼儿的音乐学习搭支架的策略，包括预令、念白、图谱等策略；

第三，课堂管理策略，包括常规、机会均等策略。

（2）以绘本、动画故事的某一情境展开表演的音乐教育活动设计范例

大班音乐欣赏《鞋子的舞蹈》教育活动设计①

此曲原名为《闲聊波尔卡》，是圆舞曲之王约翰·施特劳斯的作品。原曲曲式为变奏曲式，八小节音乐材料经过多次变奏完成。本活动裁取了其中三段，第一、二段为主题段的重复，第三段为变奏段。

① 执教人：郑姗姗，南京游府西街幼儿园。此范例在原观摩活动基础上有所改动。

乐谱：

鞋子的舞蹈（闲聊波尔卡）

1=C $\frac{4}{4}$ $\frac{2}{4}$

约翰·施特劳斯 曲

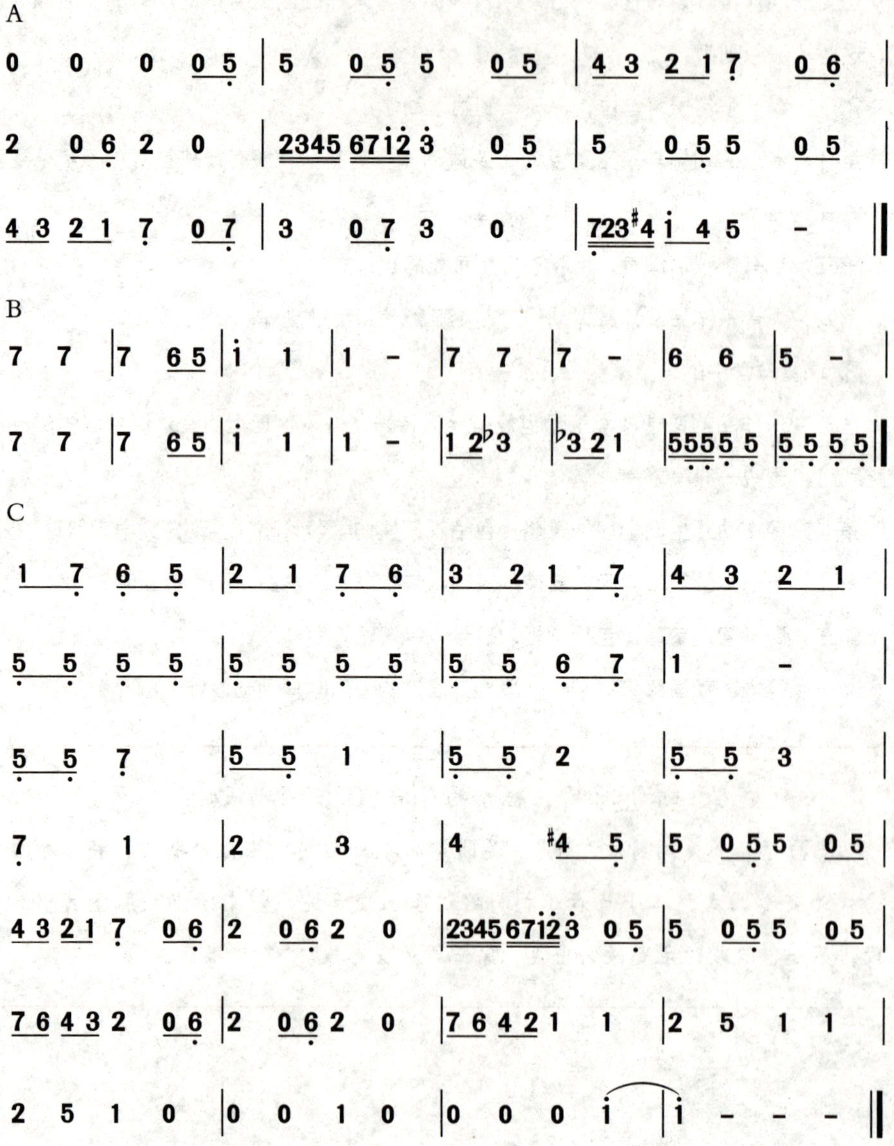

音乐结构分析：

此曲的曲式结构分析如下（大写字母表示大段，小写字母表示小段）。

‖ A :‖ A^1 ‖

a b c a b

经过改编的绘本故事：

在城市的一个小巷里，有一个米格爷爷的鞋匠铺，里面住着米格爷爷和他可爱的小宝贝们。米格爷爷的手艺可好了，住在他附近的人们都愿意到他这儿来做鞋子。他那里有专门给高贵小姐准备的黑美人鞋，还有给可爱小男孩的小叮当鞋，还有许多许多你想象不到的可爱的、漂亮的鞋子。鞋匠铺里有个秘密，就是每天到晚上12点的时候，就是米格爷爷睡着的时候，可爱的小鞋子们都会出来唱歌、跳舞，玩得可开心了。

表演动作设计：

A段：

A段a：表现两只鞋子跑出来站好的情节。开始准备动作：两腿并拢坐下，两只手掌垂直放在腿上，两只手掌表示两只鞋子。

第1至2小节：一只手用食指与中指从腿靠近身体的里侧向外侧交替爬行，表示一只鞋子从鞋柜里跑出来。

第3至4小节：手掌垂直放在腿上，表示鞋子停止跑步站立。

第5至8小节：换一只手表示另一只鞋子跑出来，动作与第1至4小节同。

A段b：表示两只鞋子互相打招呼的情节。

第9至12小节：两个小朋友面对面踏步。

第13至16小节：两小节一次打招呼，先举右手打招呼，再举左手打招呼。

第17至20小节：同第9至12小节。

第21至24小节：两小节一次侧耳倾听，先举右手至右耳旁倾听，再举左手至左耳旁倾听。

A 段 c：表示两只鞋子重新跑回鞋柜的情节。

第 25 至 28 小节：两只手用食指与中指从腿离开身体的外侧向里侧交替爬行，表示两只鞋重新跑入鞋柜。

A^1 段：

A^1 段 a：同 A 段 a。

A^1 段 b：同 A 段 c。

活动教案：

一、活动目标

1. 感受与理解三段音乐的重复特性，并能用身体动作表达出音乐的重复。

2. 享受动作创编、与同伴合作完成表演所带来的快乐。

二、活动准备

●《鞋子的舞蹈》音乐的音响资料与播放设备。

三、活动过程

1. 听故事找秘密

（1）教师讲《米格爷爷的鞋匠铺》的故事，请幼儿寻找故事中藏着的秘密。

（2）幼儿回答故事中的秘密。

2. 教师示范音乐中的身体动作表演

（1）幼儿可以只是看，也可以跟着教师做动作。

（2）示范后提问：

● 两只小鞋子是一个一个出来的，还是一起出来的？

● 两只小鞋子是想出来就出来，还是合着音乐出来的？

3. 教师带领全班幼儿表演身体动作

4. 教师提议用身体动作来表示一只漂亮的鞋子

（1）教师示范如何用身体表示一只鞋子。

（2）教师邀请一名幼儿做另一只鞋子，两只鞋子配对。

（3）教师与这名幼儿用身体代表鞋子，进行合乐表演。

● 表演前请其他幼儿帮助此幼儿做三只鞋子的造型。

● 教师与这名幼儿示范第一段，着重于造型与情感交流。

● 教师与这名幼儿完整合作表演。

5. 幼儿两两合作表演

（1）请一对幼儿表演

● 表演后教师提问：鞋子回到鞋柜后，怎么样才能不被米格爷爷发现出来过了？

● 幼儿回答。

● 教师总结：要摆回原来的样子。

（2）请全体“鞋子”一一配对表演

● 一半幼儿扮演第一只鞋子。

● 另一半幼儿站在鞋柜后面，扮演第二只鞋子。

● 集体表演。

● 对换角色表演一次。

▶ 小结

本章阐述了以音乐为主的学前儿童艺术教育活动的设计策略，具体包括：

（1）音乐与舞蹈综合的学前儿童艺术教育活动设计，主要讨论集体舞的教育价值与设计要点。

（2）音乐与美术综合的学前儿童艺术教育活动设计，主要讨论融合了美术的音乐教育活动的教育价值与设计要点。

（3）音乐与文学综合的学前儿童艺术教育活动设计，主要讨论融合了文学的音乐教育活动的教育价值与设计要点。

▶ 思考与实践

1. 集体舞教育活动的教育价值是什么?
2. 集体舞动作设计的要点是什么?
3. 由美术走向音乐的教育活动有哪几类艺术共有问题?
4. 融合文学的音乐教育活动有哪几类? 分析每类教育活动的设计要点。
5. 设计一个由美术走向音乐的艺术教育活动方案。
6. 设计一个由文学走向音乐的艺术教育活动方案。

▶ 延伸阅读

1. 王秀萍. 学前儿童经验音乐教育. 合肥: 安徽文艺出版社, 2009.

该书在理论层面阐述了学前儿童音乐发展的特征以及获得音乐经验的条件与方式，在实践层面探讨了音乐八大元素经验获得的途径与操作方式，为以音乐为切入点的学前儿童艺术教育实践提供思路。

2. 王秀萍. 经验还原幼儿园音乐教学. 合肥: 安徽文艺出版社, 2011.

该书着重阐述音乐作品幼儿化转换的教学原则，强调所有的以听的方式呈现的音乐作品在与幼儿见面时必须处理成进入幼儿生活经验范围的能看的方式，详细列举音乐作品由听的方式转换成幼儿能看并看得懂的方式的所有转换路径，这种转换路径也是音乐与其他艺术整合时的路径。

第五章

以美术为主的学前儿童艺术教育活动设计

内容导航

- 以美术为主的学前儿童艺术教育活动设计
  - 美术与音乐综合的学前儿童艺术教育活动设计
    - 儿童美术与音乐的性质
    - 儿童美术与音乐的整合
    - 美术与音乐综合的学前儿童艺术教育活动设计
    - 美术与音乐综合的学前儿童艺术教育活动案例与分析
  - 美术与文学综合的学前儿童艺术教育活动设计
    - 儿童美术与文学的共有特征
    - 儿童美术与文学整合的几种形式
    - 美术与文学综合的学前儿童艺术教育活动设计
    - 美术与文学综合的学前儿童艺术教育活动案例与分析

▶ 学习目标

1. 了解儿童美术与音乐整合的可能性与必要性。
2. 了解儿童美术与文学整合的形式。
3. 理解美术与音乐、文学综合的学前儿童艺术教育活动设计的原则与策略。
4. 学习设计美术与音乐、文学综合的学前儿童艺术教育活动。

▶ 引言

再过几天，大四班的孩子们就要为幼儿园的老师与小朋友表演儿童剧《皇帝的新装》了。 教室里放着音乐，孩子们与教师一起做各种表演要用的道具、饰品。他们画的画、剪的剪、贴的贴，有的幼儿还一边制作一边念着剧本。这是某幼儿园开展儿童剧活动的一个片段，在教师的协助下，依托好玩的剧本，孩子们真正进入了整合的艺术活动中，体验艺术整合带来的愉悦。

美术是属于视觉艺术范畴的艺术，而儿童艺术具有通感的特性。在儿童的世界里，美术、音乐与文学三者之间是一种你中有我、我中有你的存在。以美术为载体的儿童艺术教育活动设计的主旨在于考量音乐与文学等艺术形式对儿童美术活动展开的支持性。艺术是属于结构复杂的领域，其复杂性体现在既包括认知与非认知范畴的艺术学习，也体现在其构成的多样性。要设计以美术为主的学前儿童艺术教育活动，需要很好地界定美术与音乐、文学之间的关联与区别，其中确认美术与相关学科的可能关联的部分尤为重要。区别是为了保证相应艺术学科的独立特性，而关联是艺术领域中各学科整合的关键。本章主要讨论美术与音乐、美术与文学整合的必要性以及设计美术与音乐、美术与文学综合的学前儿童艺术教育活动的主导策略。

第一节　美术与音乐综合的学前儿童艺术教育活动设计

作为听觉符号的音乐与作为视觉符号的美术，两者的区别是显然的，本节的重点是寻找它们之间的共通性。

一、儿童美术与音乐的性质

在艺术领域里，美术与音乐的表现方式与诉诸感觉对象虽然不同，但它们有着共同的本质，都是客观世界在人的意识领域内的审美反映，都是通过创造审美意象以感性的形式来反映世界，它们不是孤立存在而是有融通关系的。在早期儿童艺术教育的视域里，美术与音乐是学前儿童艺术教育重要的形式，怎样在凸显美术的艺术教育活动中，通过融合音乐使学前儿童艺术教育效率最大化，首先需要考虑的是儿童美术与音乐的性质以及它们之间是通过什么样的路径形成联结的。

美术，是以一定的物质材料，如颜色、纸张、画布、泥土、石头、木料、金属等塑造占据一定空间、具有可视的平面或立体形象，以反映客观世界和表达对客观世界的感受的一种艺术形式。 美术的视觉形象性是它最根本的一个特征。美术塑造的形象是直观的、具体的、可视的。美术创造的视觉形象是客观与主观的统一、内容与形式的统一、感性与理性的统一。音乐是通过有机组织的声音材料塑造艺术形象，反映现实社会生活，表现人们的思想情感及审美情趣的，它属于听觉艺术范畴。音乐的最大特征是在时间流动中不断呈现、展开、发展和完善，它体现的是一个时间的过程。

儿童美术包含儿童运用工具和材料创作美术作品的行为过程与这种行为过程所导致的结果，即儿童创作美术作品的两个指向。儿童美术可以理解为儿童对自然、生活的观察、了解和探索过程的再创造。儿童音乐与儿童美术的差异是本质上的。儿童美术教育可以理解为成人运用适合儿童的策略引导儿童创作与表现，儿童的美术作品是儿童创作的。在儿童美术当中，儿童不仅是接受主体，更是创作主体。儿童美术与成人美术的差别，不仅是难易和复杂程序上的，更是本质上的。儿童美术的形象生成与组织主要取决于其身心发展水平，同时也能反映儿童的身心发展水平。儿童音乐教育可以理解为借助为儿童创作的音乐促成儿童音乐能力发展。儿童音乐指的是成年人以儿童为行为主体和接受客体而创作的艺术作品，更多地体现为“为儿童而创作的”这样的含义。它们与成人音乐，主要是难易、复杂程度等方面的差异。

美术属于视觉艺术的范畴，而音乐属于听觉艺术范畴。从表面看，这两种艺术的形式似乎不会有交集。但从艺术发生学、心理学、美学等维度解析，可以找到儿童美术与儿童音乐之间进行整合的可能性。

二、儿童美术与音乐的整合

（一）学前儿童艺术教育中美术与音乐整合的可能性

1. 从艺术发生学视角

艺术发生学认为，劳动为艺术的产生提供了物质前提，是艺术起源的基础与动因。劳动为艺术的产生提供了物质前提，美术与音乐作为最原始的艺术，本身就是与劳动交织在一起的。可以说，原始美术与音乐产生的本源是相同的，它们都以劳动与社会生活作为表现内容。它们之间的通融关系在人类艺术的初始化阶段就已经存在。

2. 从心理学的视角

从心理学的视角来看，美术与音乐通过通感进行相互之间的融通。通感是指人在感知某一对象时可以获得另一种感官所得的感觉。野兽派的亨利·马蒂斯认为，“一种蓝色，再伴以其补色的微微闪光，对情感所起的作用，会像在一面铜锣上猛击一样有力”。当然，在色彩与音乐之间感官联通具有极强的主观性，处于不同体验层次的个体之间会有明显的差异。通感的存在使得欣赏个体有可能实现美术与音乐的交融，如此，存在“耐看的音乐与动听的绘画”之说也就不足为奇。

3. 从审美的视角

从审美的视角来看，“通质同构”概念的阐释可以明确地看出美术与音乐之间的共同特性。“通质”是指美术与音乐两种艺术都是源于生活而又高于生活，可以反映现实生活以及体现人类情感的特征。“同构”是指美术和音乐的构成要素基本上都由点、线、面来完成，美术由点、线、面的组合进一步构成集合结构，而音乐的单音、音节与旋律也构成点、线、面的关系。这种审美关系的存在，为人们在欣赏美术与音乐作品的过程中互相参照提供了可能，早期儿童音乐学习“图谱化”就是这种审美关系的体现。

4. 从儿童发展的需要视角

儿童早期发展研究发现，儿童在早期艺术能力方面有着良好的潜能。在早期发展的过程中，儿童对艺术的感知与回应也经历着一个从未分化到分化的过程，对“美”的理解与认识从混沌状态逐渐走向明晰。适合的“形象”“色彩”“声音”“节奏”等会引发儿童的放松与愉悦。在生命之初，儿童对美的反应是整体性的；而从人的未来发展的维度来看，对生活、环境、艺术中的美的感知与反应也应是整体的。从这个意义上来说，通过美术与音乐两条路径，可以为儿童提供有个性的学科知识与技术支持，丰富儿童的审美感知与知识。当然，依托美术与音乐的“通质同构”特质，引导儿童审美走向综合，是艺术教育对人的发展的要义所在。

（二）凸显美术特质的早期艺术教育中音乐的地位

在以美术为主的早期视觉艺术活动中，适当而有意地结合听觉艺术是有意义的。任何艺术活动在开展过程中或者是在活动进程的某个阶段往往是以某种形式的艺术形式为主进行表现的。同样在以美术为主的早期艺术教育活动中，确认音乐的地位是有必要的。

首先，音乐应该是辅助性的艺术形式。辅助性的含义有二：其一是指在美术为主的艺术活动中，音乐是支持性的；其二是指应该依据美术表现与欣赏的现场需要来选用音乐。学前儿童思维的形象性与艺术通感现象的存在，为音乐在美术活动中发挥作用提供了可能。

其次，音乐不是以美术为主的艺术活动开展的一个必要条件，音乐能对美术活动起到支持作用，但不是所有的美术活动都需要运用音乐。在美术活动中使用音乐要谨慎，音乐可以贯穿始终，可以是某个环节的点缀，可以是美术教学活动的灵魂。灵活使用音乐，对提升学前儿童美术教育活动大有裨益。

三、美术与音乐综合的学前儿童艺术教育活动设计

（一）美术与音乐综合的学前儿童艺术教育活动设计的基本原则

1. 音乐与美术活动主题内涵相匹配

音乐与美术活动主题内涵相匹配原则是指在进行学前儿童美术教育活动设计时，所

选用的音乐务必与所开展的美术活动的主题，特别是与美术活动不同阶段进程的需要相吻合，音乐的选用主旨在于创设相应的美术活动氛围，促成儿童积极美术创作动机的形成与维持。

凸显美术的艺术教育活动，音乐一般是起支持性作用的。需要注意的是，音乐应为美术活动所用，在实际美术活动设计中，需要做到宁缺毋滥。作为氛围渲染元素出现的音乐，在运用过程中需要考虑美术活动在不同进程中的需要。特别需要注意的是在儿童进行自主创作的过程中，所用音乐的节奏与旋律应符合创作主题。

2. 音乐与儿童经验相匹配

音乐与儿童经验相匹配原则是指在学前儿童美术教育活动开展中选用的音乐作品应该是儿童能感受的，符合儿童欣赏需要的，并能为儿童的美术创作提供意境、素材等方面支持的。学前儿童的音乐欣赏是让他们通过倾听音乐对作品进行感受、理解和初步鉴赏的一种审美活动。通过音乐欣赏，儿童可接触不同的优秀音乐作品，开阔音乐眼界，提高对音乐的理解能力。倾听、理解、创造性表现是学前儿童音乐欣赏能力发展的几个要素。选用怎样的音乐、以怎样的方式给出音乐，对不同年龄阶段的儿童美术创作来说是有讲究的。因为在美术活动的组织中，创设美术创作的意境与借助音乐进行美术创作、欣赏是美术与音乐结合的主要方式。

在低龄儿童的美术活动中，音乐更多用于意境创设，倾向于明快、节奏清晰的儿童音乐或与美术活动性质相符合的其他音乐。而在较大年龄儿童的美术活动中选用的音乐除了用于创设意境之外，更多地需要考虑与美术创作或者欣赏相吻合。

3. 音乐为美术学习与创作提供支持

音乐为美术学习与创作提供支持原则是指音乐在凸显美术特征的学前艺术教育活动中所处的位置应该是相对次要的，它的主要意义在于为儿童的美术理解与表达提供艺术通感的支持。音乐的节奏、韵律以及它所体现的意境对儿童美术学习与创作的意义不仅体现在艺术氛围的营造上，它也能为美术表达提供有意义的主题与思路。艺术的“通感”特质使音乐与美术之间有了通道。美术中的各类线条变化、色彩搭配组合、形状的叠加可以表达音乐的节奏、韵律，甚至由音乐而起的舞蹈。法国画家亨利·马蒂斯的油画作品《舞蹈》（图 5-1）与《音乐》（图 5-2），就运用了美术语言表达对舞蹈与音乐的感悟。

图 5-1　舞蹈

图 5-2　音乐

油画《舞蹈》描绘了五个携手绕圈的女性舞蹈人体，朴实而具有幻想深度。这幅画没有具体的情节，描绘了一种轻松、欢快，又充满力量的场面。整幅画色彩极其简约，只有三种颜色，但却具有极强的精神力度。油画《音乐》采用同样的背景，人物也是同样赤裸着，这幅油画则给人一种宁静的感觉，马蒂斯用强烈鲜明的颜色对比，凸显红色，每个人所坐的位置和彼此之间的对应，具有视觉上的连续感与跳动感，因而产生音符流动的效果。油画《音乐》完美地衬托了油画《舞蹈》的狂热性，与《舞蹈》是相互照应的两幅油画，在油画《舞蹈》中一群人手拉手在唱歌，而在油画《音乐》中是有两个人在拿着乐器各自演奏，其余的三个人坐在那里认真地倾听。而且这两幅油画的基调也是一样的，都是用典型的简单构图、强烈色彩对比与流动感，实现色彩与音乐之间的关联。

4. 教师要深刻理解音乐的节奏、意境

教师要深刻理解音乐的节奏、意境原则是儿童进行美术创作或者欣赏时，教师选用的音乐作品要与美术作品或者美术创作意境很好地匹配。艺术是相通的，但不是机械的联系，音乐的抽象性与美术的具象性结合，能整体地发展儿童的艺术感悟力。在美术欣赏活动中，中国画的欣赏更适合配中国的古典乐曲，西方名画欣赏则需要西洋乐曲。而在一般的美术创作活动中，主要考虑美术活动主题的特征，诸如“画新年”“过六一”等比较喜庆的主题，选用的乐曲可以比较欢快；而像国画“金鱼”、泥工“陶瓷”等主题则需要比较平缓、舒畅的乐曲。当然，在凸显美术特征的艺术活动中是否需要音乐的支持，需要从教师、儿童、主题等方面进行考虑。

（二）美术与音乐综合的学前儿童艺术教育活动设计策略

结合幼儿园艺术教育活动开展的现状与可能，常见的美术与音乐综合的学前儿童艺术教育活动设计策略有以下几种。

1. 音乐引题设计

引题是美术教育活动设计的一个基本环节，引题的策略可以包括运用图片、视频、实物展示，也可以是谈话、讨论。其中利用音乐进行美术教育的引题也是常用的策略，利用音乐进行引题，可以是纯粹运用音乐，也可以是音乐与故事甚至舞蹈相结合使用。

2. 音乐意境设计

音乐意境设计策略是指在美术创作或者欣赏活动中选用适宜的音乐作品，为儿童参与活动创设音乐情境，以诱发儿童美术创作与欣赏的动机，活跃儿童的创作思维。

音乐意境设计一般包括以下两个方面内容：其一是儿童美术创作中背景音乐的选用；其二是与美术欣赏相结合的音乐素材的选择与运用。

儿童美术创作选用背景音乐涉及音乐的选择与运用两个方面。背景音乐选择与运用的主要目的在于浓化美术创作的氛围，音乐的背景性定位可以理解为，音乐在美术创作活动中处于次要地位，它可以贯穿活动始终，也可以是在活动的某个特定环节运用。播放背景音乐时，音量要合适，播放时机要与活动目标、儿童创作的需要相吻合。在儿童进行美术创作时，播放音乐可以引导儿童进入创作状态。这里需要指明的是，背景音乐也需要与美术活动表现的题材相关联。比如国画活动，适合平缓的民乐；如果是与一些特定节日（春节、元旦、圣诞节等）相结合的美术创作活动，提供音乐背景需要考虑节日氛围。

与美术欣赏相结合音乐素材的选择与运用涉及选择与美术欣赏对象相匹配的音乐与如何运用音乐的问题。

3. 凸显音乐主题的美术设计

凸显音乐主题的美术设计是指以儿童比较熟悉，符合儿童欣赏能力与审美经验的乐曲或者某种特定的声音，借助教师的启发、诱导和儿童自身的联想与思考，形成对相应音乐或者声音的表象，并能将表象通过绘画、手工等美术表现形式进行表达的设计策略。

在这类美术教育活动设计中，色彩、线条、形象、节奏、旋律是设计的基本元素。在美术和音乐的沟通中，色彩扮演了重要的角色，是美术与音乐之间“对话”关系的融合点。线条变化各异，有直线、曲线、螺旋线、斜向等。形象是由线条构成的，其变化极为丰富。美术中的层次往往通过构图的远近、色彩的进退、线条的曲直、形状的变化体现视觉上的节奏。美术作品中的点、线、面组成的各种画面、形态类似于音乐中不同音高、节奏、旋律的音乐，形成有如音乐一般的节奏感和旋律之美。可以看出，一切艺术都是心灵的感悟，只是各自所用的感性材料不同而已，从音乐或者声音中寻找儿童美术表达的题材，能够拓展艺术审美空间，增强艺术趣味，培养儿童的审美想象力与创造力。

如美术教育活动“画水声”，教师依据儿童的经验、不同的水声在节奏上的差异，分别选用小溪潺潺流水声、大海的海浪声、下雨时的雨声等，让儿童感受不同水声在节奏上的变化，引导儿童运用不同色彩、曲线等进行自由表达。这样的美术教育活动设计是典型的由声到形的设计，对儿童音乐感受与表达是很有裨益的。声音相对于形象来说具有一定的抽象性，美术通过形象创造与表达，将声音的相对抽象转化为儿童所能理解的具象。在这个过程中，“通感”起着重要作用。

四、美术与音乐综合的学前儿童艺术教育活动案例与分析

（一）美术与音乐综合的学前儿童艺术教育活动案例

小精灵的魔法汤（中班）①

杭州市西湖区学前教育研究中心　沈颖洁

一、活动目标

1. 感受欢快流畅的乐曲风格，结合图谱了解 ABA 的曲式结构。

① 该活动乐曲选自约翰·斯特劳斯的《加速度圆舞曲》中的第一小圆舞曲，全曲因 A 段音乐不断由弱到强，由慢变快而得名“加速度”。B 段音乐则是一段典型的强弱节拍的圆舞曲音乐，并且由于旋律的强拍上不断出现的上波音而显得轻快活泼。

2. 感受并用肢体感应乐曲A段渐强、渐快的旋律特点，能分辨B段的乐句。

3. 借助故事情境加以想象，体验倾听、辨识、表现音乐的乐趣。

二、活动准备

黑板、粉笔、音乐CD、人手两个瓶子。

三、活动过程

1. 引入故事情境，激发兴趣

师：今天老师带来了一首很有意思的曲子，里面讲了一个有趣的故事。在森林小木屋里住着一位可爱的小精灵，小精灵有一个很神奇的本领，就是调制魔法汤。咦，谁知道什么是魔法？

幼：魔法就是变出一些想要的东西。魔法就是要念咒语，魔法还要加很多各种各样的东西放在一起……

师：看来你们对魔法了解得还真不少，小精灵调出来的魔法汤就是能够帮人实现愿望的。让我们一边来听音乐一边来看看他是怎么变魔法汤的。

教师进行动作示范。（教师取一个矿泉水瓶子，内装半瓶清水。音乐起，A段教师用食指指着瓶口在空中做搅拌动作，随着乐曲渐强、渐快，教师动作也渐强、渐快，并在四个重拍处做放魔法调料的动作。B段以“摇一摇、看一看”的动作演示节奏，因瓶盖中事先装有颜料，因此清水变成有颜色的“魔法汤”。幼儿被教师的表演吸引，对音乐和游戏产生好奇，激发学习兴趣。）

2. 了解乐曲结构，随乐记录图谱

（1）提问动作，了解幼儿的音乐感受

师：刚才听音乐变魔法的时候都做了什么动作？

幼：搅拌、放咒语、摇一摇……

（2）听音乐将秘方记下来（教师边听边画图谱）

师：想不想来学这个魔法呀？小精灵说调制魔法汤的秘诀就藏在音乐里，让我们一边听音乐一边把这个秘方记下来吧！见图5-3。

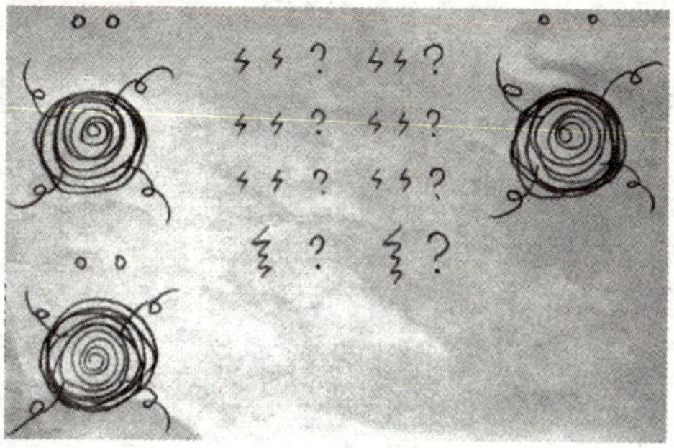

图 5-3　自创图谱

（3）引导幼儿理解相应的记录符号

师：秘方告诉我们先干什么，再干什么？

什么地方表示要撒魔法调料？什么地方要用力摇？

教师引导幼儿用自己的理解来解释音乐和画面符号的关系。

3. 初步感受，用肢体感应乐曲变化

（1）跟随图谱表现动作

师：那就让我们边听音乐边来研究一下这张秘方，把它记在心里。

教师随音乐点图谱，幼儿坐在座位上边听音乐边用手指点图，进一步感受音乐。

（2）借助道具初步完整表现

师：咱们把魔法的本领都学会了，想不想也来试试？

幼儿人手一瓶清水，随音乐进行表现。（因为瓶内装的是清水，所以表演后没能变色，对此，幼儿的眼神充满疑惑，迫切想要探寻其中的原因。）

师：为什么没有变出来？让我们再来听音乐找找窍门。（由于幼儿渴望变出魔法汤，因此这一动机推动着幼儿更为细致地倾听，进一步辨识音乐的特点。）

4. 进一步体验与表现

（1）情境体验 A 段，引导幼儿辨识旋律“渐强、渐快”的特点，并用肢体动作加以表现。

幼：要搅拌得快一点儿。

师：是一直都很快嘛？

幼：一开始要慢一点儿，然后越来越快。……力气也要越来越大。

师：你们的建议很有道理，我们一起来试试。

（2）分辨B段乐句，感知重音

幼：变的时候要摇两下，看一看……

教师跟念节奏，帮助幼儿辨识B段乐句“摇摇—变，摇摇—变，摇摇—变，咕噜咕噜—变”。

师：摇摇—变的时候有没有发现有个地方特别响？

幼：摇三次以后，第四次要很重很重地摇，用力地摇。

教师用动作回应，帮助幼儿感知句末的重音并用动作强调表现。

（3）借助实物教具操作，表现节奏

5. 游戏“小精灵的魔法汤”

（1）再次倾听音乐

师：大家把音乐里藏着的小秘密都找到了，真棒！现在请闭上眼睛，一边听音乐一边想其中的秘密，小精灵要将魔力传给大家。

幼儿闭上眼睛，再次倾听音乐。教师将幼儿操作的魔法瓶换成瓶盖装有颜料的魔法瓶。

（2）根据音乐表现故事情境：搅拌魔法汤—变变变—搅拌魔法汤

师：请小魔法师轻轻地站到自己的魔法瓶旁边，用手指轻点瓶口，千万不要让里面的魔力逃走。（教师要用紧张、神秘的口吻帮助幼儿控制自己的情绪，做好准备。）

幼儿随音乐表演。（在B段时，幼儿会因为瓶内的水变出颜色而欣喜，教师在接纳幼儿情绪的基础上，用眼神和动作引导幼儿继续跟随音乐表演下去。）

（3）调整游戏要求，增加情趣再次游戏

师：呀！太棒了，我们都成功了，你想让魔法汤帮你实现什么神秘愿望呢？让我们来摇——摇——想一想。

（幼儿跟随音乐，再次表演。教师观察个别幼儿的表现，在关键的音乐转折处用语言进行提示，例如，音乐A段前的两拍，教师语言提示为：准备——继续——加油！）

6. 结束，教师总结

师：玩得开心吗？记住这首曲子的名字叫《加速度圆舞曲》，回家可以请爸爸、妈妈从网上找一找，和爸爸、妈妈一起来玩这个游戏。

（二）美术与音乐综合的学前儿童艺术教育活动案例分析

《加速度圆舞曲》短小简洁，清晰的ABA三段体结构非常适宜中班儿童欣赏与表现。对于需要在运动中学习、感受音乐的儿童来说，速度经验的获得与运动紧密相连，美术具有将速度与运动的轨迹进行清晰记录的功能。在设计教学情境的过程中，以小肌肉动作——手指绕圈来感应A段渐强、渐快的特点。教师把这个类似搅拌的动作通过魔法瓶的设计，将抽象的音乐还原成以下意向化的动作：

引子：手指轻点瓶口两下，表示两拍并提示A段开始。

A段：前四个乐句用食指随音乐的速度、力度变化在瓶口上方绕圈。后四个乐句中的重拍：双手交替对着瓶口做“撒”的动作，五指伸展表现重拍的力度。

间奏：手指轻点瓶口两下，表示两拍并提示A段开始。

A’段：重复A段动作。

B段：在旋律的强拍上伴随上波音，用双手拿住瓶子轻摇，每个乐句的四个小节依次表现为“摇一摇—看一停顿”，第四乐句强音处，增大摇晃的力度，并于句末将瓶子高举，吻合旋律渐强上行的特点。

间奏：手指轻点瓶口两下，表示两拍并提示A段开始。

A段：动作同前保持一致。

这样设计就有了吸引儿童兴趣的故事情境，有了吻合音乐感受的意象化动作，儿童便能生动形象地感知音乐的结构与段落、重复与变化，以及感受作品中速度、力度的细微变化。魔法瓶通过不同节奏的摇晃变化出的有色魔法汤，又以色彩的刺激激发了儿童的音乐兴趣。

同时，为了帮助儿童多通道地感知音乐，该活动设计的自创图谱很好地运用了形象的美术符号，将转瞬即逝的流动音乐变为可视的静态符号，引导儿童从容地感知结构，理解段落与乐句。

总之，该活动通过故事情境的引入、教师的动作演绎、图谱符号的呈现、游戏情境的反复体验等一系列措施引导儿童对乐曲的理解、感受与表达趋向深入与精细，并帮助他们在游戏中主动探寻与辨识，自主理解和感受，反复表达与诠释。

第二节　美术与文学综合的学前儿童艺术教育活动设计

本节主要讨论具有听觉符号特征，同时又具有时间绵延特征的文学与美术之间的共通可能。

一、儿童美术与文学的共有特征

正如前面所言，美术的视觉形象性是它最根本的一个特征。虽然文学作品有自己的形象性，但美术表现得更为突出、直接，美术塑造的形象是直观的、具体的、可视的。文学作品中作家运用各种艺术手段熔铸的艺术形象，也有其典型的形象性特质。与儿童有关的是儿童文学，它的艺术真实是以儿童的精神特征作为审美创造基础的，即要契合儿童的思维特征、心理特征、社会化特征，特别是儿童的思维特征。儿童文学的题材表现一般包含表现成长、张扬幻想、挥洒人间的爱①等方面。但是要使儿童领会儿童文学的艺术真实，走进属于他们的文学世界，对处于形象思维阶段的学前儿童来说，文学本身的形象性还是难以达成，其中主要缘由在于文学不具有与美术一样的可视性特征。

① 王泉根．论儿童文学的基本美学特征．北京师范大学学报（社会科学版）．2006（2）．

文学给予的形象性需要儿童具备相应的生活经验或者经历、一定的思维转换能力，特别是早期儿童基本不具备书面言语能力，直接限制了他们的自主阅读。美术的形象性不同于文学的形象性之处在于它的可视特征。儿童可以通过色彩、线条、形状等美术元素获取一定的文本信息。美术通过色彩、线条、形象、构图等，可以将文学作品的形象可视化，这种由儿童发展所决定的美术与文学的天然联系是有事实的基础与依据的。

当然，由于存在年龄上的差异，不同发展阶段的儿童对通过美术元素所获取的文学作品的文本信息自然会经历由零散到统整的过程。这个过程又往往与认知、经验、能力等有着千丝万缕的联系。

二、儿童美术与文学整合的几种形式

（一）绘本欣赏

绘本指以绘画为主，兼附有少量文字的书籍。绘本不仅是讲故事，学知识，而且可以全面培养儿童的多元智能。绘本与其他低幼图画书的区别在于绘本通常有独立的绘画著者，图画有个人风格，画面即情即景，可单幅成画。低幼图画书好比是供低幼儿童看的一部电影，它既展示出宽广的视野，又有细节的特写，既有极其有趣的故事情节，又暗藏着起、承、转、合的节奏设计。

绘本最值得强调的就是它的文学性和艺术性。绘本中的文字非常少，但正因为少，对作者的要求更高：它必须精练，用简短的文字构筑出一个跌宕起伏的故事；它必须风趣活泼，符合低幼儿童的语言习惯。因此，绘本的作者往往对文字仔细推敲，再三锤炼。绘本利用图讲故事的方式，这些图讲究绘画的技法和风格，讲究图的精美和细节，是一种独创性的艺术。可以说，好的绘本中每一页图画都堪称艺术精品。

绘本要从图画中读出故事，进而欣赏图画。图为主，文为辅是绘本的主要特征。绘本中高质量的图与文，对低幼儿童的认知能力、观察能力、沟通能力、想象力、创造力等，都有着潜移默化的影响。

（二）故事绘画

故事绘画是具有情节联系、体现一定故事结构的儿童自主美术创作形式。这种形式的绘画活动一般用油画棒、水彩笔、线描笔等工具进行创作，这些材料使用比较方便，也比较容易成形，对年幼的儿童来讲比较适合。故事绘画在幼儿园美术教育中有时也称为绘画日记，其意指儿童以绘画的形式记录或者描述一些生活事件、探究过程等，通常以连环画的形式体现，儿童是创作的主体。

故事绘画创作需要儿童具有一些简单的绘画技能基础，具有相对丰富的经验与体验。故事绘画创作的意义在于：其一为儿童提供一种记录或描述完整事件或者体验的方式；其二为儿童提供依托连环绘画完整讲述故事或者描述探究、想象进程的机会，对于儿童思维与独白语言能力的发展大有裨益。

（三）自我作品解说

自我作品解说是指低幼儿童针对自我创作的美术作品，运用语言将作品向同伴、教师以及其他成人介绍的过程。所涉及的作品可以是儿童创作的各类绘画、手工作品。自我作品解说不受儿童的年龄限制，其关键在于让儿童开口表达。

在课程走向综合的背景下，儿童能力发展可以在各个领域的不同维度、不同层面实现。美术作为儿童艺术教育的重要内容，其作用远不止促成儿童审美能力的发展。儿童美术教育的终极目的，是依托儿童的作品创作，最大化作品的功能。这是体现教育的整合性特征的重要路径。自我作品解说，可以是说，也可以是解，但应遵循“先说后解”原则。这是基于低幼儿童的能力特点来决定的。例如，小班的儿童更多是说我画了什么，有什么；而大班的儿童更多的是说有什么，在干什么，甚至会结合自己的画面谈论作品的感觉。

（四）结合故事画结尾

结合故事画结尾是一种比较传统的美术与文学的结合方式，儿童依据一定的故事背景或者情节，通过主观的理解、推断，规划特定故事的结尾，以绘画的方式进行描绘。这种美术创作的方式在分科课程与思维测试当中用的比较多，被认为是儿童创造与发散性思维培养的方式之一。

结合故事画结尾对儿童来说是有趣而且富有意义的。首先，儿童需要学会倾听，然后在对故事记忆、理解的基础上，在成人的引导下，儿童对故事结尾的多种可能性运用自己的言语进行描述，并以此为依据以绘画的形式表现出来。以故事《乌鸦喝水》为例，可以先讲述“一只乌鸦口渴了，到处找水喝。乌鸦看见一个瓶子，瓶子里有水。可是瓶子里水不多，瓶口又小，乌鸦喝不着水”，教师可以在此提出问题“你们可以为乌鸦想想办法吗？有什么办法？”经过思考，有的儿童说“可以用吸管”，有的儿童说“可以拿起来喝”，还有的说“倒出来喝”。这比教师直接告诉儿童“乌鸦看见旁边有许多小石子，想出办法来了。乌鸦把小石子一个一个地放进瓶子里。瓶子里的水渐渐升高，乌鸦就喝着水了。”效果要好。最后结合绘画创作落实儿童自己对故事结尾的理解。在这样的创作过程中，儿童能力的发展是多层面的。

三、美术与文学综合的学前儿童艺术教育活动设计

美术与文学综合的学前儿童艺术教育活动设计的主旨在于促成儿童综合能力的提升，美术可以成为儿童文学学习的载体，满足他们文学表现的需要，对理解文学、表达思想、口语发展有一定的意义。而文学为儿童的美术表达与表现提供良好的素材，文学精神可以通过美术向儿童真实、有意义的传递，它与美术相辅相成。

（一）美术与文学综合的学前儿童艺术教育活动设计的基本原则

1. 文学作品与美术表现形式相匹配

文学作品与美术表现形式相匹配原则是指文学作品的选用需要凸显美术表现的可能性与适合性，即文学作品中的形象能以美术形象体现，甚至转化为可视形象之后更有助于儿童理解文学作品的意义。

《母鸡萝丝去散步》是一本适合低幼儿童阅读的绘本作品，该绘本将母鸡散步过程中的淡然与想抓母鸡的狐狸的倒霉遭遇用形象动态的对比进行了生动的表达。这一绘本作品依托于美术形象的成功创造，其文学的意义也得到了很好的传递。这样的作品就非常适合基于绘本故事的美术欣赏活动。同样地以形象对比为创作出发点的还有绘本《天生一对》与《鳄鱼怕怕 牙医怕怕》。《天生一对》分别通过形象的大小、高低与心境对比夸张而有意义地表达了鳄鱼与长颈鹿结婚后的若干矛盾以及相互妥协。《鳄鱼怕怕 牙医怕怕》中展示了鳄鱼与牙医在“怕”上的完全不一样的理解与由此而导致的心境变化。这两个绘本作品中形象创作是简单、明了、生动的，儿童完全有能力借助于图读懂绘本的意义。

当然，并不是只有绘本类的文学作品才适合与美术活动整合，从形式来讲，美术活动的形式有绘画、手工与欣赏三种形式。与文学作品相结合的绘画活动，可以是基于文学作品的形象创作活动，也可以是想象画创作。文学作品与手工的结合相对比较困难，在大班可以开展一些简单的有情境的手工创作，如以故事《小蝌蚪找妈妈》为素材，开展泥塑或者撕、剪纸活动。一般而言，故事情节简单、形象生动鲜明、主题突出的儿童文学作品都有生成美术活动的可能。

2. 基于文学作品开展美术学习与创作

基于文学作品开展美术学习与创作原则旨在强调与文学作品相结合的美术活动中，创作主题与表现形式的确认需要来自文学作品，创作的目的是为儿童提供在多个纬度上理解、拓展文学作品意义的机会。

美术对于学前儿童而言，其重要性很大程度体现在表达与记录两个方面。儿童的美术表达与记录是将自己看到、听到的事件、现象或者思想以美术的形式进行描绘，并可以以讲述的方式将作品内容向他人传递。文学作品，特别是适合低幼儿童的绘本作品，往往能为儿童提供很好的美术表现与表达的题材。以绘本《天生一对》为例，可以针对的故事主线，结合若干关于鳄鱼与长颈鹿的生活不便，甚至矛盾，引导儿童思考解决的方案，并以绘画的方式进行表现，这对儿童理解力、理性的创造力的发展有帮助。又如以《小兔的花裙子》为例，结合图书画面的变化，引导儿童进行思绪上的畅游。教师可以结合情境变化，比如“小白兔来到了油菜花地里”“小白兔来到了草地上”“小白兔来到了大海里”等引导儿童展开大胆的想象。这样的活动设计体现了基于文学作品，回归文学作品，并力求高于文学作品的精神。《颜色的战争》是德国儿童绘本作家爱娃·海勒创作的关于颜色的故事。故事通过展示红色、蓝色、黄色、橙色、绿色、紫色、白色、黑色和棕色等颜色的个性，将色彩温和、暴躁 、优雅的不同性格特征展现在读者面前。更可贵的是绘本以有趣的拟人方式描绘了色彩之间的关系，比如颜色的交融、颜色的互相取代等。这是一本基于美术色彩学的绘本作品，它的文学性来自美术本身，将色彩的知识以生动、直观形象的文学形式提供给了儿童，儿童从中获得的不仅是色彩的知识、更重要的是以文学欣赏的方式获得了关于色彩的性格意义。以《颜色的战争》为基本素材，设计关于色彩的美术欣赏活动，可以避免为欣赏色彩而欣赏色彩的简单，以及有些机械的说教形式。这种基于文学精神的美术教育活动设计给予儿童的是多维度的感知，以文学感知的纬度感知美术知识，儿童得到的是“活”的而且是统整的知识。

3. 文学作品与儿童经验相匹配

文学作品与儿童经验相匹配原则是指儿童经验应是选用文学作品的重要依据，以确保在儿童理解文学作品的基础上有效地开展美术教育活动。文学作品与美术教育活动的整合主要凸显的是文学作品的故事性与叙事性，美术表达的形象性与生动性。可以说这是各取所长、优势互补的领域内容的统整。

4. 理解文学作品的内涵

教师阅读文学作品，领悟其内涵是美术与文学整合活动设计的一个基本点。来自文学并回归到文学是美术与文学整合活动的要旨，依托于某些文学作品进行美术创作或者开展相应的美术欣赏活动，其主要目的是帮助儿童理解文学作品，而美术是作为儿童理解文学、内化文学精神的途径。

教师对文学作品的理解不应仅限于作品本身，还包括基于作品的联想与扩展。教师在理解作品的基础上，可以结合文学作品的不同特质，通过诸如联想与想象、揭示矛盾、分析与比较等策略引发儿童对文学作品的兴趣与审美思考，进而激活他们的美术创作或者赏析冲动。

（二）美术与文学综合的学前儿童艺术教育活动设计策略

美术与文学综合的学前儿童艺术教育活动设计策略一般包括文学作品的选择、美术表现形式确定以及儿童美术作品解读三种。

1. 选择合适的文学作品

美术与文学整合活动设计的基本策略就是选择合适的文学作品。儿童文学作品一般包括儿歌、诗、童话、生活故事、散文、戏剧、科学文艺、绘本等不同的文体。其中绘本是一种图文并茂，但以图为主的文体形式。绘本可以与儿歌、童话、生活故事、科学文艺等互相交融，通过绘本作者的再创造，以图画的形式，形象地向儿童读者展现。学前儿童处于前识字阶段，以绘本为主的图画书是他们触摸文学的重要手段。

儿童文学具有稚拙、纯真、荒诞等审美特征，这与儿童在美术创作中表现出的审美倾向有很多相似之处。事实上，文学作品与美术作品有着互为依存的关系，文学作品依托美术形象创造达到传递文学信息的目的，美术作品也可以结合文学创作，解释相关的美术信息，其中以《蜡笔小黑》《颜色的战争》《凯蒂的名画奇遇》等最为典型。

从儿童美术表现的视角，需要考虑选择怎样的文学作品并以怎样的方式与儿童美术教育整合，这是美术与文学整合设计的基本策略。创作与欣赏是美术在整合活动中的主要功用，因此，在选用文学作品时，需要考虑文学作品的可表现性与其中图画的可欣赏性。一般来说，文学作品具有一定的叙事性与抒情性。从儿童的形象性思维特征出发，与他们的生活经验或者体验接近、文学形象符合他们审美倾向的文学作品应该是重点考虑的。如张永泰的《长字歌》："小白兔，耳朵长；长颈鹿，脖子长；山羊爸爸胡子长，还有大象鼻子长。长臂猴，胳膊长；小松鼠，尾巴长；动物园里细细看，什么动物腿儿长。"这首儿歌所涉及的动物，儿童都比较熟悉，并且都比较形象。教师可以设计相应的整合性美术活动，通过美术形象的设计与欣赏，凸显"长"的特征，帮助儿童了解"长"是这些动物的共性特征，引导儿童通过美术创作表现动物还有哪些"长"的特性，还可运用"长"的表现手法创作哪些形象。如此设计不仅帮助儿童理解儿歌的基本精神，而且拓展了儿童的美术表现能力。

从儿童能力发展的视角，文学作品的选用还需要与儿童发展阶段相适应。不同能力发展阶段的儿童的理解能力与思维特征会有较大的差异，这种差异的存在就要求活动设计者运用以下两种思路设计活动：其一是将同一主题的活动依据儿童能力水平设计不同层级要求的美术活动。以绘本《我妈妈》为例，既可以设计成小班美术活动，也可以设计成大班美术活动。小班儿童表现能力比较弱，联想可能性比较低，如图 5-4，作者用红色涂满妈妈的整个身体，表示妈妈会生气；而大班儿童表现与联想的能力都较强，如图 5-5，表现妈妈的能干与生气更加具体与形象。因此，不同年龄的儿童对绘本《我妈妈》的理解以及对自己妈妈印象的激活水平存在差异，教师需在儿童的美术表现与联想层面进行有差异的设计。

现实中不是所有的文学作品都能与美术活动很好的整合。选用符合低幼儿童思维特征，能用儿童的方式进行表现，能与儿童经验相匹配的文学作品是开展美术与文学整合活动设计的教育活动基本策略。

图 5-4　妈妈生气了
（李明新　4 岁）

图 5-5　我妈妈是个好厨师，也很会发火
（吕顺　6 岁）

2. 确定合适的美术表现形式

通过对文学作品的阅读与理解，以美术的形式进行表达与表现是美术与文学整合活动设计的一个基本特征。文学作品的特征与儿童美术表现能力的差异，应是确定适宜的美术表现形式的主要依据。

从文学作品的特征纬度考虑，比如绘本《小黄与小蓝》《颜色的战争》《小白兔玩颜色》等凸显色彩感知的作品，可以借用水粉或者水彩，以玩颜色与绘画形式开展相应的美术活动，强化儿童对色彩直观的感知，进而领会绘本的思想。如以《蜡笔小黑》、《小兔的花裙子》为代表的绘本作品，虽然，两本绘本的创作思路存在差异，但都比较明显地体现了美术表现的形式——刮画与印章画，《蜡笔小黑》是以拟人的方式向儿童展示刮画创作的基本步骤，也体现了如何引导儿童了解不同色彩作用的思路，是典型的绘本为美术服务的代表。《小兔的花裙子》运用简单重复的言语节奏描绘小兔的裙子在不一样的景色中的变化，是典型的美术为文本服务的代表。以叙事为主的文学作品，如《逃家小兔》《小猫钓鱼》《鳄鱼爱上长颈鹿》《母鸡萝丝去散步》《大脚丫跳芭蕾》等与美术整合设计，往往是需要儿童描述一个事实或者现象。可以以儿童比较容易出效果的线条画、蜡笔画、印章贴画等形式进行表现。

从美术能力纬度考虑，儿童年龄与相应的美术经验也是考虑运用何种美术表现形式与文学进行结合的重要依据。小年龄的儿童，由于受制于动作发展的水平，绘画表现的能力比较弱，掌握的美术表象符号也比较匮乏，撕贴、印章画、玩颜色等应是他们主要的美术表现形式。5岁以后的儿童，由于他们的美术能力发展比较好，掌握的美术象征符号也已经比较丰富，造型、构图、用色的能力也在逐步的提升，像线描、油画棒画、水彩笔画、刮画、水粉画、连环画等都可以根据美术表现的需要有选择的运用。

3. 儿童读“画”

儿童读“画”意指作者将自己美术作品中的形象、内容向他人介绍，或者试着解读他人创作的美术作品的过程。它是引领儿童美术创作与文学联结的必须路径。美术与文学是两个有着必然通道的领域，文学作品中可以通过再造想象，生成相应的美术形象，美术作品中可以深藏着文学形象、故事等。儿童读“画”不同于看图讲述，这里所指的“画”是儿童自己或者同伴创作的美术作品。相比较而言，更加偏重于读自己的作品。

儿童早期美术能力的发展往往与言语的发生、发展相关联，2岁左右的儿童，在涂鸦的同时往往会嘴里念念有词。美术表现与言语表达的共生现象在儿童美术欣赏能力发展的过程中体现比较明显。从儿童早期美术欣赏能力发展的轨迹来看，描述阶段是指陈述欣赏对象外在的、可立即指称的视觉对象，不涉及作品或其他欣赏对象的含义及价值的认定，对学前儿童来说，就是要对欣赏对象的主题、形象、材料等方面做出较为详尽的描述；形式分析是分析欣赏对象的关系，在这一阶段儿童的主要任务是学习表达对形式美的感觉；解释阶段是探讨一件作品所蕴含的意义；评价阶段的主要任务在于判断欣赏对象的价值，是一个较高要求的阶段。从描述阶段到评价阶段，儿童对自我与他人作品的欣赏水平在不断地提高。成人需要关注儿童的美术创作，也需要关注儿童美术作品的意义。读懂儿童的美术作品对引领他们从美术创作走近文学的表达大有裨益。随着能力的发展、经验水平的提高，儿童对美术作品的欣赏、解释也逐步地从简单描述有什么，发展到关注物象之间的关系，甚至于还能从儿童特有的视角，主观探讨某件美术作品的意义。儿童美术欣赏能力的提高，对绘本类的文学作品的敏感性自然得到加强。

儿童读“画”一般有两层意义：其一是在儿童用言语解读自己的作品之后，教师结合儿童的年龄阶段、能力、经验水平对儿童的作品进行有针对性的支持；其二是儿童主观欣赏他人的美术作品，用语言表达自己的观点。儿童的绘画创作与表征与成人的有很大的不同，儿童绘画是自我的、二维的、主观的，而成人绘画是写实的、三维的、主观与客观交融的。儿童稚嫩的作品中经常隐藏属于他们的敏感、期盼、焦虑、愉悦等信息，因此，儿童美术作品解读需要从儿童的思维出发，才有可能了解他们的真实。其中对话是儿童美术作品解读的一个基本方法，这里所指的对话涉及与儿童对话、与儿童作品对话两种。与儿童对话是为了获得儿童的真实感受与意图，与儿童作品对话是为了通过作品的形象、构图、色彩以及细节获得儿童作品的典型信息。如图 5-6《跳水比赛》中，填满蓝色的画面、高台上的运动员、还在水里游的运动员、溅起的水花、欢呼的观众等都表明了小作者对跳水比赛现场的关注，甚至是细节；图 5-7《天黑了，妈妈做晚饭给我吃》中，隐约能感受到妈妈的关心，三口之家的晚餐为什么只有两个人，这是画面隐含的一个话题。

图 5-6　跳水比赛

图 5-7　天黑了，妈妈做晚饭给我吃

儿童读“画”不仅对美术能力发展有益，而且对文学意识的诱发大有好处。值得注意的是，儿童读“画”需要不拘一格，追求自然，强调儿童的主动性。在读“画”的时空安排上，可以是在教学活动中，也可以是在自由活动时间；可以在幼儿园，也可以在家里。儿童读“画”需要成人的配合，诱导需要适当，认真聆听与开放性设问是主要的诱导策略。切忌以成人的审美对儿童读“画”进行主观的评价，这将会影响儿童读画的积极性。

四、美术与文学综合的学前儿童艺术教育活动案例与分析

（一）美术与文学综合的学前儿童艺术教育活动案例

大班美术与文学综合的艺术教育活动《大脚丫跳芭蕾》（见图 5-8）

杭州市新华实验幼托园　施伟晶

图 5-8

一、活动目标

1. 欣赏绘本《大脚丫跳芭蕾》中的舞姿，感受其夸张、线条流畅的表现手法。

2. 学习用扭扭棒摆出跳舞的动态，表现姿态优美的芭蕾舞者。

二、活动准备

1.《大脚丫跳芭蕾》的课件、芭蕾舞视频、《天鹅湖》音乐。

2. 扭扭棒、餐巾纸、不干胶。

三、活动过程

（一）欣赏绘本《大脚丫跳芭蕾》

1. 欣赏封面

——有个大脚的女孩很喜欢跳芭蕾舞，为什么叫她大脚丫？你怎么看出她的脚特别大？

——这么大的脚，跳芭蕾舞会好看吗？我们来看看她跳舞的样子吧，你认为她美丽吗？

2. 欣赏贝玲达跳舞的姿态

——播放PPT，欣赏绘本中人物跳舞的动态。

——你觉得贝玲达跳得好看吗？为什么？

——贝玲达的大脚让腿显得更修长，笔直地伸出，又稳稳地落下。

——她做了些什么动作？你可以来学学看吗？

3. 幼儿模仿贝玲达的动作，教师用语言进行提示

——高高地举起手，抬起头，挺起胸，就像一只美丽的长颈鹿，多么挺拔！

——张开手臂，抬起腿，就像一只翩翩起舞的天鹅，多么优美！

——轻轻地跳起，垫着脚尖，就像一只奔跑的小鹿，多么轻巧、灵活的舞姿啊。

（二）欣赏“芭蕾舞”视频

1. 认识芭蕾舞

——贝玲达跳的芭蕾舞你在哪里也看见过？衣服是什么样的？

——教师小结：芭蕾舞最特别的地方是垫着脚尖跳舞，穿着蓬蓬松松的、短短的芭蕾舞裙，很美丽。

2. 播放舞蹈视频

——教师和幼儿一边欣赏舞蹈视频，一边模仿舞蹈演员的动作。

——适时的定格、静态的欣赏。看！这个动作和贝玲达的一样。

（三）表现“芭蕾舞小人”

1. 介绍创作材料

2. 教师示范

——用餐巾纸正反折叠后，在中间一扎，表现芭蕾舞服。

——用扭扭棒表现头、手和脚。

——请幼儿做动作，教师根据幼儿的动作，设计表现成“芭蕾舞小人”。

3. 幼儿分组创作，教师巡回指导

——芭蕾舞的裙子长，衣服短。

——用最长的扭扭棒表现小人的腿，可以通过弯曲做各种动作。

——头和身体、手和身体的连接要藏在衣服里。

——比一比，谁的芭蕾舞小人姿态最优美，动作难度高。

（二）美术与文学综合的学前儿童艺术教育活动案例分析

绘本作为一种以图画为主要表现内容和形式的读物，画面的形式美和表意功能是其重要组成部分。相较于传统的美术欣赏资料而言，绘本在画面形式的处理手法上颇具匠心，它的造型构图更充满了童趣，又好玩又容易被儿童理解接受，具有独特的美术欣赏价值。绘本画面有多种表现形式，有简洁的线条画、涂鸦式的色彩画、不同材质的拟物画、多样的剪贴画等，为儿童拓宽了美术视野，积累了经验。绘本中的很多美术元素，给了儿童多元化的艺术欣赏途径，为儿童在色彩、线条、动态等多方面的感受和模仿提供了可能，用它来替代教师单调、同一风格的美术范例，能为儿童感受美、表现美、创造美提供多元化的表现方式。

五至六七岁儿童的人物画创作，有着明显的模式化倾向，动态单一，强调人物动态的对称与垂直。绘本《大脚丫跳芭蕾》描绘的是一位爱跳芭蕾舞的女孩，尽管她的脚丫大得出奇，甚至不被人理解，但是依然刻苦练习，听到音乐就会翩翩起舞，在她的坚持和努力下，最终获得人们的赞赏和认可。绘本中人物舞蹈的动态造型具有很强的表现力，细细的手臂、长长的腿，做着各种夸张又优美的姿态，在粉红色芭蕾舞裙的衬托下，显得格外灵巧、生动有趣。这与儿童人物绘画特征形成了鲜明的对比。

这样的绘本作品体现了夸张、形象、诙谐的特点，容易被儿童所接受。在引导儿童欣赏《大脚丫跳芭蕾》时，借助了芭蕾舞舞蹈视频，帮助儿童加深对人物动态的欣赏与感知。在活动中，教师在引导儿童充分感受与欣赏绘本作品的韵味的同时，通过演示教学，帮助他们大胆尝试描绘贝玲达跳舞的动态，感受其夸张、线条流畅的表现手法，激发儿童表现各种人物动态的兴趣。

绘本作品与儿童绘画能力发展阶段特征相结合的整合性教学活动的设计，其意义在于加深儿童对绘本意义的理解，提高对人物动态的表现能力。

▶ 小结

本章主要阐述了以美术为主的学前儿童艺术教育活动的设计策略，具体包括：

（1）美术与音乐综合的学前儿童艺术教育活动设计，主要讨论了美术融合音乐的必要性与融合音乐的美术教育活动的设计要点。

（2）美术与文学综合的学前儿童艺术教育活动设计，主要讨论了美术融合文学的必要性与融合文学的美术教育活动的设计要点。

▶ 思考与实践

1. 儿童美术与音乐综合的可能性有哪些？
2. 美术与音乐综合的学前儿童艺术教育活动设计的基本原则有哪些？
3. 结合美术与文学综合的学前儿童艺术教育活动设计策略，以绘本《颜色的战争》为素材，设计一个艺术教育活动方案。

▶ 延伸阅读

1. 牛晓牧．生态式艺术教育案例与解析．南京：南京出版社，2008.

该书从生态式艺术教育观念出发，阐释了艺术能力与人文素养整合发展的可能与策略。全书从音乐、文学、游戏等不同的维度，通过案例解析了生态式艺术教育的意义与实践。

2．钱初熹．当代发达国家艺术教育理论与实践．上海：华东师范大学出版社，2010.

该书提供了当代发达国家艺术教育理论与教学实践两方面的内容，主要涉及了美术、音乐、舞蹈、戏剧四个学科的教育领域，比较全面地反映了美国、加拿大、日本、英国、澳大利亚和新西兰等国艺术教育的现状与最新动态。

第六章

学前儿童戏剧教育

内容导航

- 学前儿童戏剧教育
  - 学前儿童戏剧教育概述
    - 戏剧
    - 儿童戏剧
    - 学前儿童戏剧教育
  - 由游戏启动的学前儿童戏剧教育
    - 游戏与学前儿童戏剧教育的关系
    - 游戏对学前儿童戏剧教育的“启”
    - 由游戏启动的学前儿童戏剧教育的活动内容
    - 由游戏启动的学前儿童戏剧教育的实施途径
    - 由游戏启动的学前儿童戏剧教育的活动案例
  - 由文学启动的学前儿童戏剧教育
    - 文学与学前儿童戏剧教育的关系
    - 文学对学前儿童戏剧教育的“启”
    - 由文学启动的学前儿童戏剧教育的活动内容
    - 由文学启动的学前儿童戏剧教育的实施途径
    - 由文学启动的学前儿童戏剧教育的活动案例
  - 由音乐启动的学前儿童戏剧教育
    - 音乐与学前儿童戏剧教育的关系
    - 音乐对学前儿童戏剧教育的“启”
    - 由音乐启动的学前儿童戏剧教育的活动内容
    - 由音乐启动的学前儿童戏剧教育的实施途径
    - 由音乐启动的学前儿童戏剧教育的活动案例
  - 由美术启动的学前儿童戏剧教育
    - 美术与学前儿童戏剧教育的关系
    - 美术对学前儿童戏剧教育的“启”
    - 由美术启动的学前儿童戏剧教育的活动内容
    - 由美术启动的学前儿童戏剧教育的实施途径
    - 由美术启动的学前儿童戏剧教育的活动案例
  - 学前儿童戏剧舞台表演
    - 学前儿童戏剧舞台表演的活动内容
    - 学前儿童戏剧舞台表演的实施途径
    - 学前儿童戏剧舞台表演的活动案例

学习目标

1. 了解戏剧、儿童戏剧、学前儿童戏剧教育。
2. 理解由不同领域启动的学前儿童戏剧教育的活动内容及实施途径。
3. 分析由不同领域启动的学前儿童戏剧教育活动案例并尝试运用于戏剧活动。

引言

"大公鸡求你了，不要吃我，我现在还很小，等我长大了你再吃我吧。""好吧，那我要把你带回家里喂得肥肥的再吃掉。"这是戏剧第一幕里，可怜的毛毛虫被大公鸡捉住，大公鸡正要吃毛毛虫，毛毛虫求饶的场景。孩子们由一个绘本故事出发，以音乐《遇见舞》为背景音乐，进行戏剧表演。刚开始由孩子们自由地表演，后来教师将其变成一个三幕剧的剧本。孩子们学习动作、制作人物道具、了解和讲述故事情节、掌握舞台表演的基本流程。通过这些活动，不仅能够培养儿童的动作表现力、对音乐的感知能力、艺术创造能力、语言表达能力、同伴交往能力、活动组织能力，还可以增加儿童在公开场合表演的自信心。

本章主要阐述学前儿童戏剧及由游戏、文学、音乐、美术等启动的儿童戏剧教育的活动内容、实施途径及案例，探讨不同艺术领域和戏剧活动的内在综合。

第一节　学前儿童戏剧教育概述

在阐述学前儿童戏剧教育之前，先介绍与其相关的戏剧、儿童戏剧。

一、戏剧

戏剧源于原始人的巫术仪式和宗教仪式，其最早的功能是实用的：祈求个好收成。当戏剧被用于节日庆祝、战争凯旋等场面时，它便有了娱乐、审美等功能，成了名副其实的艺术。戏剧是一种综合艺术，它综合了文学、音乐、绘画、雕塑、建筑以及舞蹈等艺术成分，鉴于此，有人认为戏剧是人类最高层次的艺术。《现代汉语词典》把戏剧界定为：是通过演员表演故事来反映社会生活中的各种冲突的艺术，是以表演艺术为中心的文学、音乐、舞蹈等艺术的综合。换言之，戏剧是演员表演的艺术，具有集体表演、冲突情节等特性，同时，它具有知识传递、道德教化、心理疏导、群体娱乐、艺术审美等多种功能。

作为一种艺术种类，戏剧具有形式要素。戏剧的形式要素主要包括背景布置、角色、剧情、主题、对白、舞台管理等。背景布置指确定与布置戏剧表演的地点并营造出戏剧的基本情感氛围；角色指确定扮演人物的演员，并要求演员通过语言、动作、表情等表演手段去表现剧中人物的灵魂，使剧中人物鲜活起来；剧情指剧本中表现角色性格的主要故事情节，需要具备戏剧冲突、跌宕起伏等特征；主题是戏剧所要宣扬的主要思想，也称主题思想，有的戏剧表达勤劳勇敢的思想、有的则表达互助合作的思想，不同的戏剧往往表现不同的主题；对白指角色对话；舞台管理包括服装、道具、灯光、音乐、音响等，这些舞台设备能够营造出真实的舞台氛围，帮助演员更好地表现人物形象。

戏剧除了形式要素外，还有一些戏剧表演艺术特有的要素，包括冲突、假定、幻想、模仿、动作、情节角色等。戏剧冲突是表现人与人之间矛盾关系和人的内心矛盾的特殊艺术形式，戏剧情节发展的基础和动力，是一出戏的灵魂，也是构成戏剧的根本因素。德国哲学家黑格尔从美学的高度提出“冲突”这一概念，并从对立、统一方面加以解释：“冲突一般都需要解决，作为两对立面斗争的结果，所以充满冲突的情境特别适宜于用作剧艺的对象”。①

① Helane S. Rosenberg (1987). Creative Drama and Ima gination——Transformation Ideas into Action. New York：CBS College Publishing，1987：10，85.

戏剧的假定是艺术形象与它所表现的对象的自然形态有意偏离的一切手法与审美原理，具体又有替代原则、时空转化、情境虚幻等手法或原理。戏剧的幻想是演员把自己幻想成另外一个人，在另一个世界里生活，观众则仿佛亲临其境，体验到现实生活中无法遇到的情景和情感：兴奋、焦急、恐怖甚至死亡。这些戏剧体验和儿童的游戏体验非常相似。美国戏剧学者格林·威尔逊认为："幻想和游戏的正规化形式就是戏剧"①，如果说成人的戏剧可以追溯到游戏，那么儿童的游戏便可发展成戏剧。戏剧表演的技巧是模仿，模仿在儿童游戏中更多地体现在儿童的角色表演中，但是戏剧和角色表演的最大区别就是戏剧中的角色关系更加明确，情节更加完整。戏剧以动作为基本表演"词汇"。"戏剧"一词在起源阶段就是指"模仿动作、效仿的动作，或人的行为的再现。"②最精彩的戏剧中往往身体动作的表达也最丰富。

二、儿童戏剧

就本质而言，儿童戏剧与成人戏剧是一样的，都是对自己生活的反映与反思。有研究者认为"凡是儿童通过动作模仿反映生命、反思生活，并开始以给别人看为部分目的的活动，都是儿童的戏剧"。③儿童以戏剧表演的方式，充分运用动作、语言、表情对某些艺术载体进行感知、表现和创造，以此构建自己的经验世界。鉴于此，儿童的角色游戏、表演游戏都在儿童戏剧的范畴。

在为戏剧划分的种类中，"创造性戏剧"这一类特别被儿童戏剧钟情。西方学者把"创造性戏剧"界定为：一种即兴的、非演出的、以过程为中心的戏剧形式，参与者在引导者指导下想象、扮演和反思人类真实的或想象的经验。④中国学者认为，儿童在集体情境中进行的"主题性表演游戏"比较接近创造性戏剧的特质，因为表演游戏是教师支持下的儿童自主活动，教师不为儿童的表演预设框架和标准，表演游戏将在教师和儿童的互动过程中逐步发展与完善，这些条件都符合创造性戏剧的要求。⑤毋庸置疑，创造性

①② Nellie McCaslin（1996）. Creative Drama in the Classroom and Beyond. 6d ed. England: Longman Publishers，1996：21-39.

③ 季云飞. 幼儿建构性戏剧活动研究. 南京师范大学硕士学位论文，2006.

④ 张金梅. 戏剧能给儿童教育带来什么——透视西方儿童戏剧教育. 理论建设，2004（7-8）：44-45.

⑤ 刘焱，朱丽梅，李霞. 主体性表演游戏的探索研究. 学前教育研究，2003：5.

戏剧和表演游戏还是存在区别的，两者的区别在于：创造性戏剧非常注重儿童的批判性思考能力，通过戏剧表演能够引发儿童思考人生；而中国幼儿园情境中的表演游戏，则比较重视儿童对文学作品的理解与记忆，创造性主要体现在对原有作品进行再现时的再创造。这种差别带有强烈的中西方文化、教育传统的差别，但是，这些差别的存在并不会影响我们把儿童表演游戏列入创造性戏剧的范畴，它们之间的共性更符合戏剧要素。

儿童戏剧的价值主要有以下方面：（1）给儿童提供了使用多种艺术符号的机会。马拉古奇说过，儿童有一百种语言，一百种表达情感的方式，戏剧正是这样一种给不同儿童提供适合自己情感表达媒介的艺术形式。（2）发展儿童的多种智能。身体运动、语言、音乐、人际关系等智能都是演员戏剧表演时需要的。儿童在戏剧表演中能够获得语言表达、音乐表达、社会交往等能力。

儿童戏剧包含了舞台美术、剧本创造、音乐音响以及最后的剧场演出和观众欣赏等形式要素。在儿童戏剧中，核心要素是演员、观众、故事，其中演员是表演的中心。即使没有剧本、观众、剧场等，只要有演员的表演，就可以形成儿童的戏剧。正如日本戏剧学家河竹登志夫所说："只有扮演角色、表演人生某一片段的演员，才是戏剧存在的标志。"① 当然，观众是必不可少的。在儿童表演过程中，观众发挥了重要的力量：一方面，观众是演员表演的基本动力，参与评价演员的表演；另一方面，观众能够参与到表演中来，演员会根据剧情的需要主动到观众席中请部分观众来参与演出。故事在戏剧中通常称为剧本。儿童戏剧的表演故事并不都是事先写好的，很多故事来源于儿童的生活事件、创意想法，当然艺术作品也是儿童戏剧的直接来源，像绘画、雕塑、音乐、舞蹈、影视、文学、戏剧等作品都可以直接成为戏剧的脚本。从根本上说，戏剧就是能激发儿童创作的欲望、兴趣和冲动的一切资源，是儿童生活中听到的、看到的、想到的感兴趣的、疑惑的一切事物。

儿童戏剧具有以下三个特征：（1）体验性。戏剧和儿童生活的关系，反映了儿童生活的经验，表达了儿童对生活的反思、幻想等。儿童用自己的身体来创作戏剧，用"动"与"静"相结合的方式体验学习。儿童用表情、肢体、内心来表现动态，这些都是来自于儿

① 河竹登志夫. 戏剧概论. 北京：中国戏剧出版社，1983：215.

童的经验。皮亚杰记录了自己与女儿的一段故事，比较好地诠释了儿童戏剧的体验特质。他和女儿约瑟林在山上散步，中途约瑟林嫌爸爸走得太快，说脚都累了，跟不上。皮亚杰抱歉地说“实在对不起，我不是有意的。但是爸爸走着走着还是走得很快。”约瑟林让爸爸停住，命令道：“现在你是我，我是爸爸，你想象一下你埋怨我，说我走得太快。”皮亚杰学着走得很累的样子，学着埋怨，把自己当做约瑟林的角色，约瑟林则学着他的口气说道：“实在对不起，我不是有意的。”（2）直觉性和形象性。儿童的思维与原始人的思维存在着异质同构的关系，有相同的心理发生机制，包括直觉行动思维和具体形象思维。儿童戏剧和古代戏剧有一些相似的特征，儿童擅长在音乐的伴奏下表演，通过舞蹈化的动作表达情感，不能像成人一样用动作细节深刻反映生活，凸显人物性格。因此，儿童的表演还处于感性、舞蹈化、诗化的原始状态。（3）剧本置后性。剧本置后是儿童戏剧不同于成人戏剧的一个重要特征。成人戏剧往往是剧本先行，如话剧《雷雨》《茶馆》都是在剧本之后进行挑选演员等环节。而儿童戏剧往往是即兴的。儿童一旦出现扮演某个角色的行为，并将幻想与现实结合在一起，用动作或语言表演出来就是戏剧了。

儿童戏剧的分工有一个分化的过程。从儿童戏剧发展历程来看，首先出现的是演员的表演，当儿童正在扮演某一角色时，他就是演员；其次出现的是观众，观众是从演员中分化出来的，有人表演，有人观看，即有观众；再次是剧场效果，主要包括服装、道具、化妆、舞台背景、音乐音响等，从而分离出道具师、音响师、化妆师等；最后是剧作家从演员中分离出来，当儿童的即兴表演发展到一定程度，有更多的人参与的时候就需要有人专门提供故事。当然还有导演，协调演员与剧作家、道具师、音响师等不同戏剧的工作。通过逐步发展和分化，形成了一场完整的戏剧表演活动。

儿童在不同年龄阶段适合不同的戏剧表演形式。就中国幼儿园教育情境而言，有研究者认为，① 小班儿童语言表达不够灵活，身体动作是最主要的表达方式，因此以动作为主的音乐剧和集体表演是小班儿童戏剧表演的主要形式；中班儿童注重语言理解和动作表现两个方面，且动作有情节性、节奏性，因此，哑剧和角色初步分化的集体表演以及音乐剧是中班儿童戏剧表演的主要形式；大班儿童语言成为主要关注的发展点，因此话

① 张金梅. 幼儿园戏剧综合课程研究. 南京：江苏教育出版社，2005：240-244.

剧、音乐剧、哑剧都可以进行表演。

戏剧是集游戏、音乐、舞蹈、美术、文学等为一体的表演形式，因此，在幼儿园开展戏剧教育活动往往会从不同的角度入手进行活动设计。如由游戏启动的儿童戏剧教育活动主要以角色扮演、表演游戏为主；由文学启动的戏剧活动主要以欣赏作品、创造性讲述以及剧本创作为主；由音乐启动的戏剧活动主要以音乐选择、音响效果的制作、主题歌创编以及律动为主；美术启动的戏剧活动以舞台布景、服装制作等为主；表演艺术则以肢体动作、表情、语言的表现为主。

三、学前儿童戏剧教育

学前儿童戏剧教育是指教育者以发展学前儿童想象力、表现力、创造力为目标，提供剧本、对话、服装、道具、表演技能、舞台、灯光、音效、化妆等方面的支持，通过音乐剧、角色游戏、区角活动等方式，促进学前儿童语言、音乐、舞蹈、美术等方面和谐发展的教育活动。

第二节　由游戏启动的学前儿童戏剧教育

本节主要讨论游戏与学前儿童戏剧教育的关系、由游戏启动的学前儿童戏剧教育的活动内容、由游戏启动的学前儿童戏剧教育的实施途径等内容。

一、游戏与学前儿童戏剧教育的关系

在探讨游戏与学前儿童戏剧教育的关系之前，先要分析游戏与学前儿童艺术的关系。

康德创造性地把游戏与艺术联系在一起，认为游戏与艺术一样，都是一种自由的活动，而且都以活动本身所带来的愉悦为目的。康拉德·朗格认为儿童游戏的关键概念是“有意自欺”，还将之与艺术的特征相对应，找到对应关系。边霞特别研究了儿童游戏与艺术的关系，认为儿童的游戏与艺术存在同一性和差异性。见表 6-1、表 6-2。

表 6–1　儿童的游戏与艺术之间同一性的表现①

实质上	非直接功利性 自主自愿的自由活动
内心特点与状态上	积极愉快的体验 自我中心 泛灵观念 “有意自欺” 物我两忘 专注认真的态度
手段上	对现实生活的态度 丰富的想象和创造
功能上	满足身心发展需要、消除紧张

表 6–2　儿童的游戏与艺术之间差异性的表现

	游戏	艺术
对成人观者的需要	可有可无	需要观者
形式的重要性	不太重要	相对较重要
对材料的选择	不太选择	需要选择
对技术的需要	需要较小	需要较多
社会性的体现及影响程度	有一定的社会性	社会性突出、影响深远

邱学青将游戏活动分为：角色游戏、表演游戏、结构游戏、规则游戏四类。其中的角色游戏和表演游戏与儿童戏剧教育相关性较大，美国戏剧教学研究者托耶和普安狄维认为“戏剧教育根植于儿童游戏，尤其是社会角色游戏或者装扮游戏。”②因此，可以从整体上把握儿童游戏与儿童戏剧教育的相关性，见表 6–3、表 6–4。

① 边霞. 儿童的艺术与艺术教育. 南京：江苏教育出版社，2006：84.

② 管蕾. 5～6 岁幼儿戏剧活动研究. 南京师范大学硕士学位论文，2007.

表 6-3　儿童的游戏与戏剧教育之间同一性的表现

内容	表演性、游戏性、创造性 幻想与游戏的正规化形式就是戏剧
组织形式	都需要舞台、布景、道具、服饰、角色造型 都有表演游戏如木偶表演、童话神话剧表演、故事表演
儿童体验	夸张、逗乐、娱乐精神、幽默 过程、参与、快乐 情境性、挑战性、互动性、创新性

表 6-4　儿童的游戏与戏剧教育之间差异性的表现

	游戏①	戏剧②
内容	情境表演游戏 领袖模仿游戏 输赢竞争游戏 控制游戏 传递游戏 身体接触游戏 队形变换游戏 猜谜游戏 玩影子、玩东西游戏	（一）肢体游戏 1. 身体感知游戏 视觉感知 听觉感知 触觉感知 嗅觉和味觉感知 2. 肢体综合游戏 松弛与控制 观察与模仿 想象与体味 信念与真实感 （二）剧场活动 戏剧工作 模拟剧场演出 主题式戏剧教育活动
组织形式	角色游戏（摆弄、操作实物） 结构游戏 表演游戏（桌面表演、木偶表演、影子戏表演、小舞台表演） 规则游戏	音乐剧 哑剧 话剧 偶戏 舞台剧 默剧 ……
儿童体验	无观众意识 突出游戏性	有观众意识 突出表演性 冲突、幻想、假扮、动作、模仿

① 许卓娅在“音乐教学游戏化与学习品质”讲座中总结的全世界民间游戏类型。

② 张金梅关于“儿童戏剧教育形式”讲座的内容。

二、游戏对学前儿童戏剧教育的“启”

目前幼儿园游戏活动中角色游戏和表演游戏与学前儿童戏剧教育活动关系密切，因此，探索一种融合游戏和戏剧的教育活动不仅给不同领域活动的设计与实施提供新的思路，而且能够保留儿童活动经验的完整性，使儿童获得更多的游戏体验和艺术享受。游戏是一种非正式的戏剧活动，游戏向戏剧转化的突出标志是启发儿童的观众意识。下面的案例说明了由游戏启动的学前儿童戏剧教育的具体表现。

我会飞（中班）①

活动目标：	游戏与戏剧教育的结合：
1. 运用道具，大胆表现不同动物的飞行特征。	
2. 学习与同伴协商，解决角色分配、交换问题。	
活动准备：	
➤经验准备	
1. 讨论活动：与幼儿讨论各种动物的飞行特点，并鼓励幼儿尝试用动作表现出来。	➤启发幼儿的生活体验，并转化为身体动作。
2. 谈话活动：与幼儿一起，继续丰富故事情节和角色内容。	➤自主建构并熟悉剧本（故事）。
3. 音乐活动：让幼儿学习动物飞的各种动作。	➤表演动作学习。
4. 区域活动：在美工坊让幼儿学习制作各种动物的翅膀。	➤建构活动整合经验，相当于表演道具制作。
➤材料准备	
故事中各角色的翅膀若干。	
活动过程：	
一、出示翅膀，引入表演活动 教师：小朋友们在美工坊制作了很多翅膀，今天我们就用它们来表演。（请个别幼儿演示怎样背上翅膀，怎样飞行。）	➤个别角色示范动作，结合道具的动作表演能够让幼儿亲自体验并熟悉“带翅飞翔”的感觉。
二、提出游戏要求 1. 根据自己所扮演的角色选择翅膀。	➤既遵循游戏规则，又让幼儿认寻表演角色。
2. 表演一次后可以交换角色，遇到问题可以用“锤子、剪刀、布”等办法解决。	➤角色不固定，采用规则解决，让幼儿以和平的方式体验更多角色。
3. 每组选一名幼儿当组长，大家一起摆放、整理场地道具。	➤组长相当于戏剧表演中的导演，发挥组织协调功能。
三、幼儿分组表演，教师观察指导	
1. 观察幼儿运用动作表现不同动物飞行的特点。	
2. 观察幼儿角色协调和环境创设的情况。	

① 林箐. 幼儿园创造性游戏指导与实施. 福州：福建人民出版社，2011：214.

四、整理游戏场地，收拾游戏材料，交流游戏情况 1. 指导幼儿有序地收拾场地，分类整理道具。 2. 交流游戏情况，幼儿分享经验。 教师提问：你们扮演了什么角色？你说怎样飞的？表演的时候遇到了什么问题吗？怎么解决的？ 附：由绘本《谁会飞》改编的故事 《我会飞》 森林里要举行飞行表演了，一大早，小燕子就在广播："小动物们请注意了，森林里要举行飞行表演了，大家快来报名啊！" 老鹰飞来了："我的翅膀最大，我会飞。" 蝴蝶飞来了："我的翅膀最漂亮，我会飞。" 蜻蜓飞来了："我的翅膀长长的，我会飞。" 蜜蜂飞来了："我的翅膀小小的，我也会飞。" 小鸡也来了："我也有翅膀，可我飞不起来，我多想飞上天呀！" 老鹰说："没关系，我来帮助你飞上天。" 蝴蝶说："没关系，我请飞机来帮助你。" 蜻蜓说："没关系，我请竹蜻蜓来帮助你。" 蜜蜂说："没关系，我帮你绑两个氢气球就能飞了。" 小鸡跟着小动物们一起快乐地在蓝天上飞行啊，展示自己最好的飞行姿态。	➢ 在游戏之后交流游戏体验，可以在戏剧教育中尝试，幼儿能够分享扮演不同角色的感受。 ➢ 表演游戏的组织特点：角色可以交换、规则性强、有组长协调组织、表演场地收拾、表演后交流讨论。 ➢ 可以借鉴戏剧教育的方面：增强游戏中角色的表情、动作、语言的表现力，融入夸张、冲突、幽默、想象等表现手段，突出情感表达、主题、舞台氛围等因素。

上面的案例体现了游戏活动和戏剧活动之间"求同存异"的关系，游戏中包含了很多戏剧活动的要素，如道具、角色、动作、故事等，在游戏的同时也发展了儿童参与戏剧活动的能力。这些能力包括：（1）故事情节和角色对话的创造性；（2）表演能力、场景布置能力；（3）创造多样化表演形式的能力，如将歌表演和故事表演相结合；（4）组织协商能力；（5）道具制作能力。总之，由游戏启动的学前儿童戏剧教育使儿童的能力得到了全面的锻炼，符合戏剧综合教育的要求，让儿童在游戏、想象、扮演的艺术化体验中得到快乐和成长。

三、由游戏启动的学前儿童戏剧教育的活动内容

高尔登和库特勒尔在1980年研制了儿童游戏发展进度量表，对儿童的象征表演游戏能力进度进行了研究（表6-5），可以借鉴此表看出儿童角色游戏和表演游戏能力循序渐进发展的一般规律。

表6-5　象征游戏发展进度量表[①]

第一阶段	在游戏中模仿（模仿声音——模仿别人的手势——模仿别人的脸部表情——延宕模仿，将以前听过或看过的声音或动作模仿出来）
第二阶段	在游戏中可制造声音
第三阶段	在游戏中可用语言交谈或叫喊
第四阶段	使用玩物来假装、虚构（如假装积木为车，可使玩具有意义）
第五阶段	功能性地使用表征玩具（如电话、车子、娃娃或茶具组合等）
第六阶段	使用成人衣物或装扮游戏
第七阶段	表现单一的假装情境游戏
第八阶段	表现虚构情境（时间之间有连续或单一角色持续在5分钟以下，如用茶具组合在一起喝茶、吃饼干，好像开茶会、排队，或开车去逛街或加油等）
第九阶段	表现虚构情境（单一角色的游戏可以持续5分钟以上）
第十阶段	表现虚构情节（有情节、主题，但组织性不强）
第十一阶段	表现有组织、情节的假装游戏
第十二阶段	可以与其他幼儿作假装游戏（社会扮演游戏）

（一）作为学前儿童戏剧教育内容的角色游戏

艾里康宁认为，“学前儿童角色游戏是一种发展了的活动形式，儿童在这种形式中充当了成人的角色，并在专门设置的游戏条件下概括地再现成人的活动和他们之间的关系。”[②]西方的游戏理论家认为角色游戏具有模仿性、象征性、表演性。

① 邱学青．学前儿童游戏．南京：江苏教育出版社，2008：150.

② 邱学青．学前儿童游戏．南京：江苏教育出版社，2008：292.

角色游戏一般是由以下三个要素构成：第一，以人代人，角色转换要素。儿童在角色表演中需要进行角色转换，而角色转换又需要以下三个条件：了解参与的活动，将自己的已有表象进行概括组合，能使用材料辅助角色表演。第二，以物代物，儿童在角色表演中能够对物品进行想象，主要表现为实物提示想象和脱离实物想象。第三，情景转换，对游戏的动作、情景进行假想。儿童能够在游戏中获得对某种动作的概括、压缩，如为病人看病、妈妈抱宝宝、喂奶等医生、母亲动作的概括。

儿童角色游戏内容的发展主要体现在主题方面。主题主要包括家庭类的娃娃家，社会类的医院、幼儿园、理发店、饭店、书店等。要让儿童能投入到某一主题的角色游戏中，一般需要满足以下三个条件：场景是儿童熟悉、亲身经历过的，主题中的角色是自己喜欢的，活动的材料和情境对儿童具有吸引力。

（二）作为学前儿童戏剧教育内容的表演游戏

表演游戏是指按照童话或故事中的情节、角色、语言进行创造性表演的游戏，它具有表演性、游戏性、创造性等特点。角色游戏和表演游戏都属于象征性或想象游戏，两者在角色扮演、象征手段等方面有相似之处，见表 6–6。

表 6–6　角色游戏与表演游戏的关系比较①

	角色游戏	表演游戏
相同点	扮演角色	扮演角色
不同点	角色：来源于现实生活中的各种人物 情节：现实生活的印象 内容：可由幼儿自己选择创造	角色：来源于文学艺术作品 情节：反映的是文艺作品的情节内容 内容：在文艺作品的基础上自己想象、创造

表演游戏一般分为四种：（1）角色由儿童直接扮演，具体包括歌舞剧、神话剧、故事表演剧等。（2）桌面表演，儿童运用各种玩具或游戏材料，在桌面上以玩具或材料来代替文艺作品的角色，用儿童的口头语言（对白、独白）和对玩具的操纵来再现文艺作品内容。（3）木偶表演，儿童操作各种材料（木、布、纸等）制成的人物、动物及植物

① 邱学青．学前儿童游戏．南京：江苏教育出版社，2008：293.

造型的玩偶，来再现文艺作品内容。(4)影子戏表演，指根据光的照射形成的阴影进行的表演。一般由人影、手影、头饰和手势影子戏、纸影、皮影戏等组成。作为学前儿童戏剧教育内容的表演游戏，主要指第一种，即角色由儿童直接扮演。

四、由游戏启动的学前儿童戏剧教育的实施途径

(一)环境创设

1. 角色游戏的环境创设

角色游戏多在区角活动中开展，常见的区角活动有娃娃家、医院、饭店、超市、商店、银行等。教师可以带领儿童共同建构区角的环境，包括医疗设备、娃娃家里的家具、饭店的炊具、食物、超市的货架、银行的自动柜台机等。在环境创设方面要尽可能地节约、环保，用日常生活中的常见材料。

2. 表演游戏的环境创设

(1)舞台和布景

儿童表演往往会在班级搭建一个小舞台，舞台和布景的创设有两种情况，一是教师按照作品主题创设舞台和布景；二是只提供表演道具、服装、录音，由儿童自己搭建舞台。

(2)道具、服饰与角色造型

道具、服饰可以由教师和儿童共同参与制作，中大班的儿童也可自己进行制作。

(二)组织与指导方法

1. 角色游戏的组织与指导方法

(1)游戏准备

在游戏前，教师需要丰富儿童的相关知识经验，需要提供游戏的场地和材料。

(2)游戏过程的现场指导

游戏过程中，教师的指导应该注意以下几点：鼓励儿童自愿选择主题；指导儿童如何分配角色和扮演角色，如中班儿童角色意识较强，教师可以鼓励儿童通过报名、推选、轮换等选择角色；在游戏过程中观察儿童，进行个别教育；教师在游戏中可以通过完全介入和半介入的方式指引儿童的游戏方向，给儿童更高的提升；游戏结束后，指导

儿童进行整理活动，这是儿童游戏中良好行为习惯养成的必要组成部分，也是儿童责任感培养的一种途径。

2. 表演游戏的组织与指导方法

（1）表演游戏的组织与指导原则

首先，游戏性先于表演性。儿童表演游戏最本质的还是儿童自主游戏的体验，教师在游戏性与表演性之间进行价值衡量的时候需要尽量考虑儿童的游戏体验，给儿童享受游戏创造条件。

其次，游戏性与表演性的统一。当儿童在游戏过程中得到幻想、挑战等体验时，教师可以引导儿童多注意表演的观众意识、美观性、趣味性等。

（2）表演游戏的指导方法

教师的指导方法具体包括：示范表演、帮助儿童选择与熟悉表演内容、训练儿童的表演能力、参与活动并指导、以观众的身份进行场外指导。

（3）中大班儿童表演游戏的指导

表演游戏主要在幼儿园中大班开展。

中班儿童能够自行分配角色，但角色意识不强，教师的指导包括：提示儿童完成角色活动；提供游戏材料（材料2~4种）、时间（不少于30分钟的游戏时间）；不过多干预，不急于示范，提醒儿童坚持游戏主题。

大班儿童在表演游戏中能独立完成角色分配，有很强的角色转换意识；游戏目的性、计划性较强；能自觉表现故事内容，虽有角色意识，但有待提高；有一定的表演技巧。教师的指导包括：游戏前，需要遵循“三多一少”原则（提供丰富的材料、较多的时间和空间、较少干预）；游戏过程中，给予儿童反馈，反馈的重点在塑造角色上；进行反思性谈话和小组讨论。

五、由游戏启动的学前儿童戏剧教育的活动案例

幼儿园的游戏活动，在主题的第一次开展和几次调整之后会有很大的差距，从游戏的调整中可以比较游戏中儿童戏剧表演的融合程度。下面两个案例将分别展现两类游戏在第一次活动开展和最后一次活动开展中的情况。

（一）角色游戏的活动案例

超市（大班）①

活动来源：

去超市购物是幼儿经常会谈论到的话题，但是幼儿对超市的认识和了解还并不完整、全面，“超市”是一个能够激发幼儿自主探究的很好的主题，它能使幼儿进一步关注自己身边的事物。于是，在前期积累的关于超市经验的基础上，诞生了“超市”角色游戏。

超市（第一次活动）

一、活动目标

1. 运用原有的知识经验，尝试将商品分类摆放，能共同协商、分工合作，布置超市的环境。

2. 初步扮演超市中的各种角色，开展“超市购物”的游戏。

二、活动准备

● 经验准备

在谈话活动中讨论商品分类和货架摆放的方法。

● 材料准备

1. 投放玩具类，水果类、蔬菜类代替物，饮料类、洗涤用品类物品的罐子或代替物，并按类别分成几筐。

2. 投放秤、收银机、购物袋等物品。

3. 师幼共同设计货架摆放图。

● 环境创设

创设超市的环境，准备摆放货物的货架。

① 林箐. 幼儿园创造性游戏指导与实施. 福州：福建人民出版社，2011：98-105.

三、活动过程

（一）教师以问题的形式导入游戏

1. 教师：上次游戏时小朋友提议要玩“超市”的游戏。今天，我们的超市就要开业了。超市的商品应该怎么摆放？还要准备哪些必需品？

2. 教师：超市游戏里要有哪些工作人员？你想当什么？怎么当？

（二）提出游戏要求

1. 要协商讨论，解决超市开业前的各种问题。

2. 游戏前要选择好各种替代物，创设超市的环境。

（三）幼儿按意愿选择角色，分工扮演收银员、售货员等

（四）幼儿游戏，教师观察指导

1. 观察幼儿能否运用对超市原有的知识经验，尝试将商品分类摆放。

2. 观察幼儿是否会协商、分工，形成初步的角色意识。

3. 观察幼儿能否运用替代物创设超市的环境。

（五）整理游戏材料和环境，师幼分享游戏经验，评价游戏情况。

1. 整理游戏材料和环境。

2. 交流游戏情况。

教师：今天，超市的员工用什么方法摆放这几大筐商品的？你在超市担任什么角色？在工作时，你都做了什么？大家对新开业的超市满意吗？你认为超市有哪些好的地方和不好的地方，怎样改进？

四、活动评价与反思

总体来说，幼儿能积极参与；能用角色材料来确定自己的角色；会寻找合适的游戏替代物，比如秤、收银机、购物袋等。同时也存在一些问题，如商品摆放时发生争执、商品未上架；售货员不懂哪些商品需要称重；售货员岗位职责不明确，在称重处给顾客算钱；售货员和顾客缺乏语言交流等。出现这些问题的主要原因是幼儿生活经验积累不够，游戏前协商不够。

超市（第五次活动）

一、活动目标

1. 能自主选择游戏、分配角色，会分类摆放和整理商品。

2. 尝试用“品尝”“买一送一”等促销方式丰富“超市”游戏，体验游戏的乐趣。

3. 学会协商、合作玩游戏，尝试解决游戏中出现的问题。

二、活动准备

● 经验准备

1. 主题活动：开展主题活动“超市的促销手段”时，使幼儿通过欣赏他们之前在参观超市时画的有关促销手段的作品，了解超市的促销手段，交流分享有关的知识经验。

2. 谈话活动：我们的“叮当猫”超市怎样运用各种促销手段吸引更多的顾客？

3. 区域活动：在美工区，师幼共同制作商品的促销广告牌，并运用皱纹纸、双面胶、剪刀制作方便面。在建构区引导幼儿运用胶粒搭建品尝台。在语言区请幼儿玩“我是小小播音员”的游戏，尝试为超市的促销活动广播，学习向顾客推销商品等。

● 材料准备

新增图书区的图书、服务台赠品、面食等特价商品、寄存柜。

● 环境创设

增设超市中的图书区环境。

三、活动过程

（一）师幼谈话，引入本次游戏的促销、刷卡购物等新内容

1. 教师：上次游戏之后，我们商量“叮当猫”超市要增加哪些促销方式吸引顾客来购物呢？

2. 教师：在上次游戏中，有的顾客提出购物时钱带不够，能不能刷卡的问题。

（二）提出游戏要求

1. 超市售货员要大胆、主动地向顾客介绍商品。

2. 超市今天增加了寄存处，有带东西的顾客不要忘了寄存物品后再进入超市。

3. 上次的超市工作人员能在最短时间商量谁做什么，而且会动脑筋想办法解决游戏中遇到的困难，今天的超市工作人员也要像他们一样，互相合作，并能动脑筋积极玩。

（三）幼儿自主选择角色，大家推选一名能力强的幼儿当超市副经理，教师仍以超市经理的身份介入游戏，观察指导

1. 观察超市的售货员能否运用促销方式，大胆地向顾客推销商品。

2. 观察超市中的工作人员是否会分类整理和摆放商品。

3. 观察幼儿能否协商分配角色、合作玩游戏，并学会解决游戏中出现的问题。

（四）教师以口令“超市下班了”结束游戏，指导幼儿整理游戏场地，交流游戏的情况

1. 整理游戏材料和场地。

2. 交流游戏情况。

教师：你在超市当什么？你会大胆地向顾客介绍超市的促销活动吗？你是怎么样做的？你在游戏中遇到困难了吗？解决了吗？怎样解决的？

四、活动评价与反思

幼儿通过五次的活动，扮演各种角色，体验到购物的乐趣，你了解超市的不同岗位及工作人员的主要职责和购物的流程。幼儿在游戏时能够快速协调角色游戏，通过促销等方式大胆地向顾客推销商品，极大地发展了幼儿的戏剧表演能力，也将游戏与戏剧教育很好地融合在一起，保证了幼儿经验和生活的完整性。

（二）表演游戏的活动案例

蚂蚁与蟋蟀（大班）[1]

活动来源：

在开展“昆虫”主题活动时，几个幼儿在表演区自发地将自己扮成昆虫进行表演，但是他们只有一些有关昆虫的动作，缺乏故事情节和对话。于是，教师就引导幼儿去寻找适宜表演游戏的文学作品。教师从中找出故事《蚂蚁与蟋蟀》，让幼儿熟悉故事情节、理解故事内容，开始了表演游戏。

蚂蚁与蟋蟀（第一次活动）

一、活动目标

1. 能在熟悉的作品基础上，自主选择角色，进行初步的表演。

2. 能在表演中发现问题，为下次游戏提出想法与建议。

二、活动准备

● 经验准备

1. 语言活动：引导幼儿复述故事《蚂蚁与蟋蟀》，熟悉故事内容。

2. 亲子活动：请幼儿与家长共同收集昆虫标本及相关资料（如昆虫的成长、昆虫的特殊本领、昆虫与人类的关系等）。

● 材料准备

蚂蚁与蟋蟀的头饰若干、大树一棵、积木若干。

● 环境创设

布置“蚂蚁、蟋蟀服饰”展览，引导幼儿观察、欣赏。

三、活动过程

（一）教师提出问题，引导幼儿讨论

教师：《蚂蚁与蟋蟀》的故事中有谁？这是一只什么样的蟋蟀？如果让你来

① 林箐．幼儿园创造性游戏指导与实施．福州：福建人民出版社，2011：217-223.

表演，你会怎样表演？夏天的蟋蟀与冬天的蟋蟀表演起来有什么不同？（请个别幼儿尝试表演。）如果你是故事中的蚂蚁，你会怎样表演？蚂蚁除了辛勤的劳动，它还会说什么话？你们今天都准备了哪些道具？想怎样表演？

（二）提出游戏要求

1. 选择适宜的材料布置游戏场地。

2. 选择道具装饰自己后，再进行表演。

（三）幼儿按意愿分组表演，教师观察指导

1. 指导幼儿进行合理的分组。

2. 观察幼儿游戏中的对话，以及用不同的语言和动作表现不同角色特征的情况。

（四）整理游戏场地，收拾游戏材料，交流游戏情况

1. 整理游戏场地，分类收拾游戏材料。

2. 交流游戏情况

（1）教师：今天的游戏你扮演什么？你认为与同伴合作得好吗？

（2）组织幼儿讨论：蟋蟀怎样表演会更生动？有什么好的建议？游戏中还缺少什么？

四、活动评价与反思

问题 1：幼儿无法将蚂蚁与蟋蟀的特征表现出来，且表演的热情持续时间短。

解决办法：进一步理解故事，深入挖掘角色特点，丰富角色对话内容。

问题 2：许多幼儿都想扮演一个角色。

解决办法：多人都想演一个角色，要用协商方法解决。还可以增加角色，如蜜蜂和蝴蝶。

蚂蚁与蟋蟀（第四次活动）

一、活动目标

1. 会增加故事情节，创编表演内容，大胆表现工蜂跳“8”字舞和采蜜回

家喂蜂宝宝吃的情节，以及工蚁用触角传递消息并一起搬运食物的情节。

2. 会对故事结局进行合理地改编，萌发爱劳动的情感。

二、活动准备

● 经验准备

1. 主题活动：引导幼儿进一步了解各种昆虫的生活习性，并用不同的动作进行表演。

2. 语言活动：鼓励幼儿尝试改编故事的结局，丰富表演游戏的情节，尝试创编蚂蚁、蝴蝶、蜜蜂三种昆虫在游戏中的对话内容和动作的表演。

● 材料准备

增加幼儿在区域活动中制作和收集的服饰、道具，投放百宝箱供幼儿选择代替物进行游戏。

● 环境创设

展示新增的道具。

三、活动过程

（一）谈话导入游戏

1. 教师：在前几天的语言活动中，我们尝试改编了故事的结局，小朋友们编了许多不同的结局，今天游戏时你们想怎么改编故事的结局呢？怎么表演？（请个别幼儿进行故事的改编，并进行表演。）蚂蚁、蝴蝶、蜜蜂三种昆虫在游戏中还可以增加什么对话？可以用什么动作来表演？（请个别幼儿边说边用动作表演。）

2. 教师：你们想在今天的游戏中增加什么新的道具？用在什么地方？

（二）提出游戏要求

1. 装扮昆虫和布置环境的动作要快一些。

2. 对故事的结局部分要多动脑筋改编，编出和别人不一样的结局。

3. 组长在本组表演一次之后，可以组织组员进行讨论，并把结果记录下来，再创编下一次的表演内容。

（三）幼儿分组表演，教师观察指导

1. 教师重点观察幼儿如何创编故事的结局，怎样表演。

2. 教师适时平行介入，帮助幼儿解决新问题，提高幼儿的表演水平。

（四）整理游戏场地，收拾游戏材料，交流游戏情况

1. 整理游戏场地，分类收拾游戏材料。

2. 交流游戏情况

（1）请个别创编比较有新意的小组上台表演改编后的故事结局，幼儿分享、评价。

教师：你认为他们创编的好吗？好在什么地方？

（2）交流道具使用情况。

教师：你在今天的游戏中使用了新的道具吗？在什么地方用？怎么用？（幼儿边说边用表演的方式说明道具的使用情况。）

四、活动评价与反思

大班幼儿已经具有了创新思维能力，当幼儿在游戏中遇到问题的时候，教师与幼儿共同想办法解决，如出现蜜蜂、蝴蝶、蚂蚁三种角色都表演完的幼儿就会处于消极等待的状态，教师就和幼儿一起讨论，分析原因，想办法，通过改编故事结局、调整游戏情节的方式，使游戏不断深入发展。幼儿在游戏中不仅能客观地评价自己和同伴的游戏情况，而且能够大胆地用语言、动作、表情来表现不同昆虫的特征，实现了教学目标。

经过多次调整的游戏，在道具的创造性使用、环境创设的复杂性、角色的丰富性、角色的多样性、故事结局的创新性、角色语言的趣味性方面都极大地提升了表演游戏的质量，并且在教师的指导下表演难度逐渐增加，幼儿的戏剧表演能力也得到了锻炼。

第三节　由文学启动的学前儿童戏剧教育

本节主要讨论文学与学前儿童戏剧教育的关系、由文学启动的学前儿童戏剧教育的活动内容、由文学启动的学前儿童戏剧教育的实施途径等内容。

一、文学与学前儿童戏剧教育的关系

文学是艺术的重要组成部分，语言文字表征能调动人的内心幻想达到艺术的审美体验。文学有成人文学和儿童文学之分，在儿童文学领域也出现了很多的研究领域，如儿童语言、图画书研究、早期阅读等。文学和戏剧的关系主要体现在戏剧创作和表演的剧本上，学前儿童戏剧教育的很大一部分资源都是来源于儿童艺术作品，其中儿童故事、童话、歌谣、寓言、诗歌、图画书等占了较大的比例。

儿童文学与学前儿童戏剧在目标、内容、教育方式上都有很多相似之处，通常是文学和戏剧发挥合力，共同达到了儿童语言、表达、审美体验等教育目的。表 6-7 是文学和戏剧在内容、形式等特质方面的相关性比较。

表 6-7　儿童文学与戏剧教育之间同一性的表现

内容形式	乐观自由的主题内涵、浅近晓白的语言风格、清晰间接的叙事结构（影响教育型、智斗恶人型、混合型叙事）、独具魅力的民族文化品格
特点	开启心智、深入浅出、趣味盎然 题材广泛，反映幼儿和成人生活 主题有道德性、知识性、趣味性，单纯、浅显、鲜明 情节简单、生动、完整、起伏跌宕 语言浅显、韵律强、形象、动态 人物形象性格鲜明

表 6-8　儿童文学与戏剧教育之间差异性的表现

	儿童文学	戏剧教育
感受方式	接受性：听 游戏性的自我幻化与精神扮演	接受与表达：听、看、动作 观看、参与表演，体验角色，感受主题

续表

	儿童文学	戏剧教育
类别	唱诵类（儿歌、儿童诗） 讲述类（童话和寓言、儿童故事、儿童散文、儿童科学文艺） 综合类（图画故事和卡通、儿童戏剧）	音乐剧 哑剧 话剧 木偶戏 舞台剧 默剧
美学特征	稚拙美、纯真美、荒诞美	虚实统一、动静交融 象征美、意境美
组织形式	操作与游戏、感知与体验、谈话与讨论、戏剧表演、仿编活动、前阅读、前识字、前书写	感受、模仿、造型、控制、想象、情感

二、文学对学前儿童戏剧教育的“启”

1. 儿童文学作品转变为戏剧的剧本

儿童文学因为本身蕴含的文学性和趣味性，非常适合作为“故事”成为儿童戏剧表演的剧本。其实，给儿童的许多活动赋予“故事”就相当于给儿童活动以“意义”。儿童做有意义的事情，就会产生乐趣、得到成长。美国儿童剧演员兼作家科普林克着力于研究儿童文学如何变成剧本，指出好的儿童剧的特色①：要有趣味浓郁的以及连续不断的故事性，如果故事停滞了，观赏的儿童就不能把心放进剧中。如果故事愈是具体，愈是活动化，儿童就愈容易了解，愈容易受引诱。另外儿童戏剧需要部署一些有趣的、紧张的画面，围绕着人物的命运在剧中的发展，最后以“大团圆”收场，儿童会在与主角感同身受的同理心中，经历“美的感受”与“游戏的情趣”。总的来说，儿童戏剧要有流畅的故事、具体的行动性、人物性格的明确性。

表 6-9 是毛柏生将鲁兵创作的《雪狮子》改编成剧本的过程描述。

① 赵靖夏．论以儿童文学为根基的儿童戏剧教育．上海师范大学博士学位论文，2006.

表 6-9 《雪狮子》改编剧本①

故事	改编方式	剧本
小朋友， 小朋友， 雪地里， 滚雪球， 雪球堆个大狮子， 狮子，狮子，开大口。 少条尾巴怎么办? 有了，插上一把破扫帚。	先是舞台提示 时间：冬天 地点：老爷爷家院内 人物：4 个小朋友、小猫、小狗、雪狮子、老爷爷 对话	幕启后，在音乐声中，小朋友、小猫、小狗在雪地里玩耍。 小朋友甲（唱）北风呼呼叫，大雪飘呀飘。 （白）哎，堆一个雪狮子好不好? 众（唱）：堆一个雪狮子，好，好，好。 小朋友甲：真像，真像，哎，怎么没有尾巴? 小狗（拿一把扫帚）：汪汪，尾巴在这。 （众人把尾巴搞好）

2. 将儿童文学教育活动与戏剧表演相结合

将文学与戏剧表演相结合一般是在文学作品的学习中采用戏剧表演的方式，使儿童通过动作、语言的戏剧化表达更加深入地体会作品中蕴含的思想情感。不同类型的文学作品活动设计采用了不同的方式，例如，童话故事、图画书、儿歌、语言、散文等题材的文学作品在教学和欣赏时很适合采取故事表演的方式，有整体表演、片段表演等不同的表演形式。当然还有一类文学体裁——儿童戏剧文学，指的是儿童戏剧表演的剧本，此类体裁的感知欣赏活动大都是通过儿童观看戏剧表演和自己进行戏剧表演的方式完成的。下面就以儿童戏剧文学的欣赏活动为例，说明儿童文学对戏剧教育活动的“启”。

《有朋友真好》（中班）②

活动目标	儿童文学与儿童戏剧教育的结合：
1. 欣赏儿童剧，并结合自己的经历，体会“有朋友真好”的道理。 2. 自主协商、分配角色，与小朋友合作表演童话剧。 3. 愿意帮助朋友，珍惜友谊、共享快乐。	➤ 形式上通过表演的方式欣赏童话剧，注重幼儿对作品内涵的亲身体验。

① 蒋雪艳. 幼儿文学. 北京：煤炭工业出版社，2001：100.

② 孔宝刚. 儿童文学理论与实践. 上海：复旦大学出版社，2007.

活动准备 1. 配合儿童剧的多媒体课件或图片。 2. 成人准备好的一场儿童剧。 3. 儿童剧背景（一棵大树、鲜花和小草）。 4. 头饰和鲜花、萝卜、树叶、小提琴等道具（准备若干套）。	➤该主题的第一次活动，幼儿对故事的情节和主题还不是很熟悉，因此无法马上表演出来，由成人准备，一方面降低了幼儿的难度，另一方面让幼儿观看成人榜样的戏剧中熟悉角色、情节线索以及主要冲突。 ➤背景的准备能帮助幼儿快速融入角色，充分幻想、体验。
活动过程 一、音乐游戏：找朋友 在快乐轻松的氛围中开始友谊的主题。 二、请孩子们回答：你们的好朋友是谁？你为什么喜欢他？没有朋友的滋味如何呢？ 三、看多媒体课件，认真倾听故事。	➤在欣赏活动前，调动幼儿的已有经验，并通过回忆没有朋友的感受，初步感知故事的基调。
四、请幼儿回答 小公鸡在做什么？都有哪些小动物去看望他的朋友？给他带了什么礼物？他们为什么要给朋友带这样的礼物？小公鸡看着他们远去的背影在想什么？最后谁成为小公鸡的朋友？小蟋蟀为什么送给小公鸡一首曲子？他喜欢吗？你愿意为朋友做些什么呢？	➤通过教师的一系列问题带动幼儿理清故事的脉络，熟悉剧本。另外，教师注重语言活动中幼儿的表达与思考。
这段提问的目的是请孩子复述故事内容，并理解——给小黑鸭送上鲜花、给小黑兔送上萝卜、给小黑蜗牛带上绿叶、小蟋蟀送给小公鸡一支曲子，因为他们喜欢这样的礼物，需要这样的情感。 教师总结：我们一定要在朋友需要的时候，伸出友谊的手，并愿意为朋友做些什么。	➤教师在最后突出故事的教育意义，也表明在语言和戏剧中都很重视故事的寓意，能够让幼儿有所启发，而且故事结局往往是圆满的，符合幼儿的审美需要。
五、请幼儿欣赏老师们表演的童话剧	➤欣赏老师们的童话剧，幼儿在文本感知想象的基础上，将自己的内心想象变为了鲜活的角色，通过动作、表情、对白多表征方式欣赏和感受了这种文学体裁。
六、带幼儿重复几遍故事，记住对话和情节	➤重复故事的目的也是幼儿语言教育的重要目的，让幼儿能够积累语言故事和词汇，并为后面的戏剧表演做基础。

七、幼儿分组，自己选择角色，并和同伴协商、合作表演。 活动思考及延伸 1. 本次活动可以分为两课时，理解故事、记住对话和情节为一课时，表演为一课时。 2. 发挥幼儿的想象力，猜测这些小动物为什么要去看望他们的朋友，续编小故事。 3. 请幼儿自己选择和分配角色，培养幼儿的协商和合作能力。 4. 可以请幼儿把故事内容用绘画的形式表现出来。 5. 儿童剧舞台设计和道具制作可以在手工活动时进行。 6. 表演的时候幼儿可以相互欣赏、评论。 7. 可以结合音乐，使幼儿的表演成熟起来。 8. 为其他班级的幼儿表演，让本次开放活动给幼儿带来更多的成就感和快乐。 附儿童剧： 有朋友真好 时间：早晨 地点：大树下 人物：小公鸡　小白鸭　小黑鸭　小白兔　小黑兔　小白蜗牛　小黑蜗牛　小蟋蟀	➢ 教师环节设置层层递进，使幼儿学习循序渐进。整体思路为：激发兴趣、调动经验—调动听觉，初步整体感知故事—随问题理清线索，感受主题—欣赏高级榜样现场示范表演，视觉、听觉相结合多通道近距离感知—再次回到文本感知记忆—在熟悉剧本的基础上合作演出。 ➢ 整体来看，幼儿的欣赏是一个带着已有经验逐步输入感受，最后用言语、动作表达的过程。 ➢ 幼儿对整个儿童剧有了完整深刻的感受，并且将欣赏与表演结合起来，这正是儿童文学变为戏剧，通过戏剧促进文学学习的重要途径。
大树下，小公鸡在捉虫子。 小公鸡："一只两只三四只，五只六只七八只，哈哈，这么多！" 小白鸭走过来，眼睛笑眯眯的，捧着一束鲜花。 小公鸡："早晨好！小白鸭，你要去哪里？" 小白鸭："早晨好！小公鸡，我要去看我的朋友小黑鸭，把刚从我的花园里摘的花送给它。再见。" 小公鸡望着小白鸭的背影。 小公鸡："有朋友可看，可真好！"	➢ 文学教育的重点：语言学习、故事积累、情感感受、表达。 儿童文学的特点： ➢ 儿童剧故事的背景、人物的感情部分的描写在每一部分里都是重复的，给幼儿稳定的感觉。
大树下，小公鸡继续在捉虫子。 小公鸡："一只两只三四只，五只六只七八只，哈哈，这么多！"	➢ 语言简洁、直白，口语化，是幼儿非常喜欢的方式；语言表达方式上感叹、修辞、疑问、简短句都是常见的表达方式。

小白兔蹦过来，眼睛笑眯眯的，提着一篮子胡萝卜。 小公鸡：“早晨好！小白兔，你要去哪里？” 小白兔：“早晨好！小公鸡，我要去看我的朋友小黑兔，把我刚从我的菜园里拔的萝卜送给它。再见。” 小公鸡望着小白兔的背影。 小公鸡：“有朋友可看，可真好！” 大树下，小公鸡继续在捉虫子。 小公鸡：“一只两只三四只，五只六只七八只，哈哈，这么多！” 小白蜗牛爬过来，眼睛笑眯眯的，托着一片树叶。 小公鸡：“早晨好！小白蜗牛，你要去哪里？” 小白蜗牛：“早晨好！小公鸡，我要去看我的朋友小黑蜗牛，把我刚找到的树叶送给它。再见。” 小公鸡不想继续捉虫子了，它在大树下来来回回地走，不停地叹气。 小蟋蟀飞过来，眼睛笑眯眯的，扛着一把小提琴。 小蟋蟀：“小公鸡，你为什么总叹气啊？” 小公鸡：“我没有朋友，正为这事烦着呢！” 小蟋蟀：“我是你的朋友啊，来，我把刚学会的一支曲子演奏给你听。” 曲子真好听，小公鸡的眼睛也笑眯眯的了。	➤ 故事主线简单，围绕一条主线开展，场景简单，人物不多，戏剧冲突不明显，较为温馨，非常契合幼儿稚拙、纯真、幻想的审美方式。 ➤ 故事的结局大都是圆满的，也符合幼儿的心理需求。

三、由文学启动的学前儿童戏剧教育的活动内容

广义的儿童文学指的是以 3~15 岁的少年儿童为读者对象，为吸引、培养他们对文学的兴趣和鉴赏力而创作的适应儿童审美需要的文学。幼儿文学指的是以 0~6 岁的幼儿为主要读者对象，适应他们的审美需要而创作或改编的文学，具有独特的艺术个性和审美价值，能够使幼儿以多种方式“阅读”。但实际上幼儿文学和儿童文学并无很大差异，一方面很多优秀的幼儿作品被大年龄段儿童喜欢，另一方面幼儿也可阅读超越自己年龄段的作品，所以本文在这里不做特别区分。

关于儿童文学的分类很多，一般把儿童文学分为①：童话、诗歌（儿歌和儿童诗）、谜语、图画书、寓言、故事、小说、笑话、散文、科学文艺、戏剧、影视文学、多媒体读物等。其中容易用戏剧表演的方式进行表征的有童话、诗歌、图画书、寓言、故事、小说、散文、戏剧、影视文学。表 6-10 对这些题材的文学进行了简单的介绍。

表 6-10 戏剧表演的主要文学题材来源

	定义	特点	举例
童话	用散文体创作的带有幻想色彩的故事	幻想，意境美、形象美、语言美，新奇、怪诞	《爱丽丝漫游奇遇记》《海的女儿》《拇指姑娘》
诗歌	儿歌以较小儿童为对象，即具有儿童特点，又具有民歌的艺术风格，为儿童喜爱的可吟可唱的简短诗歌	内容浅显、主题单一，篇幅短小、易记易唱，结构紧凑完整、不蔓不枝	《找朋友》《我的耳朵》《搬米》
	儿童诗是以精炼、音乐性的文字，诗的巧妙形式，表现儿童真挚感情世界中的人和事物，重视意象的浮现，造成音韵、图画美感的意境，具有明快趣味，儿童乐于阅读，并促进正面成长的作品	形式灵活多样，可长可短，可多可少；内容具体，多数有一定情节；语言动感强烈；语言凝练，节奏明快；意境优美	《小象》《童年》《雪马车》
图画书	图画书是以儿童为主要阅读对象，是绘画和语言相结合的艺术形式	叙事性、连续感和整体感、绘画传达赋予动态感、创意性、趣味性	《我的幸运一天》《母鸡萝丝去散步》
寓言	寓言是一种寄托深层情感的虚构故事。寓言的四要素：人物、情节、环境、寓意	哲理性、教育性、情节单纯、故事短小	《葡萄》《伊索寓言》《守株待兔》
故事	不属于神话、传说、寓言等体裁，又具有故事情节，可供儿童阅读和倾听的文学作品	故事性、写实性、趣味性	《吃点心》《李子核》
小说	小说是以反映儿童生活、塑造幼儿形象为主的，适合儿童欣赏的一种叙事性文体。小说三要素：人物、情节、主题	主题鲜明、积极，题材广泛而有分寸；情节清晰生动，塑造鲜明的儿童形象；语言形象优美，口语化	《妈妈最爱谁》《淘气包艾米尔》《小哥俩儿》

① 郑荔. 教育视野中的幼儿文学. 南京：江苏教育出版社，2005：10.

续表

	定义	特点	举例
散文	儿童散文指能够为儿童所理解、欣赏，适宜儿童审美经验和审美趣味，同时符合散文艺术特征的文学作品	童心童趣、浓郁的诗意美、立意真诚、鲜明的叙事性	《猎人笔记》《白净草原》《麻雀》《小罗歇尔的种马》
戏剧	儿童戏剧是指适合儿童接受能力和欣赏趣味的戏剧，具备戏剧的特点，并适应儿童的年龄特征	富有儿童情趣和戏剧冲突；故事性强，情节生动；动作性突出，语言口语化；音乐与游戏的融入；儿童情趣浓郁	《板凳上的钉子》《彼得·潘——一个不肯长大的孩子》《大灰狼》
影视文学	儿童影视文学是指为拍摄儿童电影和电视剧所创作的文学剧本	情节单纯，悬念迭生；动感突出，趣味十足；	《哪吒闹海》《大闹天宫》《宝莲灯》

由文学启动的学前儿童戏剧教育的主要内容一般是将戏剧的特征和文学故事的可表演性结合起来，它一般是在适合的文学题材前提下，在欣赏、讲述、阅读、游戏的基础上加入表演的一种活动。在选择文学题材方面需要注意以下几点：（1）主题鲜明，例如，智慧战胜邪恶，惩恶扬善型；（2）虚构的故事情节，情节跌宕起伏，有冲突，有惊无险，或较为幽默；（3）故事人物鲜活，如性格不够成熟，总是出错；（4）象征意义较强，儿童可将自己假想为角色之一；（5）结局引人深思，有寓意，可激励，也可结局圆满；（6）采用比喻、拟人、夸张、象征、排比等手法表现。

四、由文学启动的学前儿童戏剧教育的实施途径

（一）活动组织

从整体上来说，不论是哪种体裁的文学作品，儿童在学习的过程中都要按照以下阶段逐步发展，见图6-1：

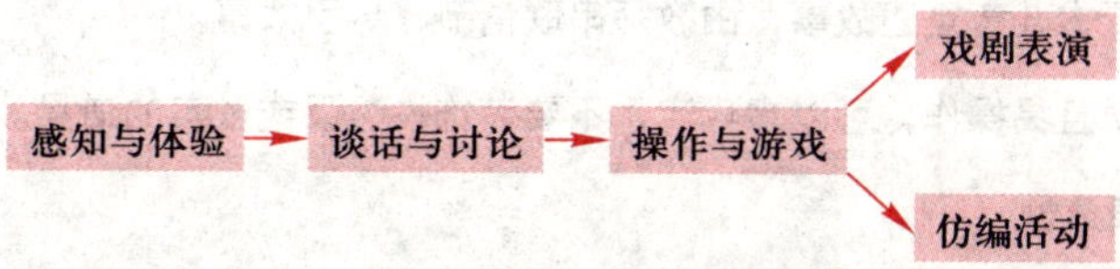

图6-1 由文学启动的学前儿童戏剧教育的实施途径

下面以幼儿园最常用的图画书与童话故事体裁的文学样式为例，说明活动组织的具体流程。

1. 图画书活动组织流程

选择图画书（适合集体教学、儿童理解）—朗读—讨论（问题）—总结启发—加入游戏、手工、绘画等延伸活动

2. 童话故事活动组织流程

引入阶段（欣赏、理解）—正式学习阶段（思考、讲述）—学习迁移阶段（表演、绘画）

（二）指导原则和方法

各种文学体裁因表现形式的不同，在活动方法和指导原则上也有所不同。下面主要介绍故事表演的活动指导方法，教师可以根据实际情况举一反三。

1. 故事表演活动重点

学者周兢认为故事表演游戏是“一种文学和游戏双重因素结合的活动”，重点在理解作品内容，体验角色心理，用适当的语言、动作、表情将这种认识表现出来。

2. 故事表演的三种组织方式

（1）整体表演型

要求儿童在理解文学作品的基础上，按照故事的情节发展连贯、完整地表演动作，表演的成分居多。角色分配一对一，即故事中的个体角色由一名儿童表演，群体角色则不作严格限制，可由若干儿童同时担任。例如《拔萝卜》表演，教师在旁边领诵故事，串联情节，个别儿童根据自己的角色参与对话或对白，其余儿童可随教师附诵故事。

指导注意事项：

- 教师讲1~2遍故事后，帮助儿童分析作品中人物形象的特征。
- 儿童讨论角色的动作、语言、道具替代物。
- 不严格要求儿童复述故事，由教师串联情节、导引故事。
- 道具简单且易操作，可以虚代实，不要装饰性过强或过实的道具。

（2）分段表演型

将整个故事切割成若干段落，讲一段故事，进行一段表演。角色分配可一对一、多

对一，例如，中班《三只蝴蝶》中红蝴蝶、白蝴蝶、黄蝴蝶等角色都可以根据需要，让若干儿童扮演，没有台上台下的感觉，儿童可以轻松地进入角色。

指导注意事项：

➤ 教师注意引导儿童讨论并体验角色的心理发展变化。

➤ 若干儿童表演同一角色，可提示儿童一起商量角色的动作。鼓励儿童做出与同伴不一样的动作，尤其是每一段结尾的造型动作。

➤ 教师不要控制干预太多，同时防止失控局面。

（3）区域活动型（表演区）

在各区域活动区（如表演区、语言区）开展故事表演游戏。特点是自主性强，游戏成分多。这部分在由游戏启动的学前儿童戏剧教育中已做过介绍，这里不做详细介绍。

五、由文学启动的学前儿童戏剧教育的活动案例

中班戏剧教育活动：聪明的小猪①

一、活动目标

1. 理解故事内容，学习小猪和狼的简单对话；了解善良、机智的小猪是怎么战胜狼的，并学习词汇“焦急”“又饿又冷”“挣扎”。

2. 想出小猪战胜狼及狼群的各种办法，分角色表演故事情节。

3. 知道遇到困难、危险时，要机智、勇敢，想办法克服。

二、活动准备

1. PPT 图片、录音。

2.《聪明的小猪》故事模型教具若干、动物玩具小猪一只、小猪头饰和狼头饰各一个。

① 改编自黎丽娜中班语言活动设计：聪明的小猪. 教育导刊·幼儿教育，2000（1）：19.

三、活动过程

（一）感知故事第一部分

1. 引入课题

教师出示玩具小猪，并说："这只小猪不同于一般的小猪，它是一只既聪明又勤劳勇敢的小猪，你们想知道它在故事里用了哪些聪明的办法吗？"

2. 感知故事

观看故事图片，提问：这是什么地方？这是什么季节？狼想进屋子取暖的目的是什么呢？如果小猪不答应，狼会想出哪些办法？狼先怎么样？小猪有没有答应它？小猪为什么会让狼进来？

3. 学习对话，并初步表演一个角色

（1）教师引导幼儿熟悉狼和小猪的对话

教师讲述故事的第一部分，并用生动的语言和动作来表达故事内容，帮助幼儿理解词汇"又饿又冷""焦急""挣扎"。

狼是怎样对小猪说的？小猪是怎样回答的？为什么？（突出小猪善良的一面）你们看一看小猪在干什么？它准备了什么？它烧了一壶水干什么？口袋又用来做什么？……

（2）教师和幼儿分别扮演不同角色，"一对多"进行表演

教师扮演狼的角色，全体幼儿扮演小猪的角色，教师对全体幼儿表演狼的语言和动作，幼儿一起说小猪的语言，并尝试用动作表达。

4. 运用模型创编故事第二部分

让幼儿运用《聪明的小猪》故事模型小教具复述故事的前半部分，并练习运用已有的知识进行创编，使幼儿对故事第一部分内容进一步巩固和加深以及锻炼幼儿大胆讲述和流利表达的能力。

（二）学习故事的第二部分

1. 先小结幼儿分组创编的情况。

2. 播放 PPT 图片，教师有表情地讲述故事的第二部分，并在相应的地方停下来重点提示，使幼儿了解基本对话。

狼在大声喊什么？小猪手里拿着什么？有什么用？小猪一边把水往下倒一边在说什么？

（三）学习讲述故事

教师：你们喜欢小猪吗？喜欢它什么？小猪这么聪明，我们一起来学习这个故事。（教师采取视听结合的方式讲述故事。）

总结：我们应该学习小猪遇到困难、危险时，勇敢面对，多想办法，解决困难的精神。

四、活动延伸

（一）情境表演

1. 请一名幼儿当小猪，其他幼儿当狼，分角色表演。

2. 幼儿自选角色，创编故事情节，进行表演。

（二）道具制作

1. 增加狼和小猪的头饰，增加水壶、柴火等道具。

2. 寻找道具的替代物，如用椅子当做大树。

附故事：

聪明的小猪

森林里有一只小猪，冬天来了，小猪一早起床上山砍柴，把砍好的柴放进火炉里取暖。

一只狼来到小猪家门前，求小猪让他进去取暖，小猪不答应。狼就走来走去地想办法。它对小猪说："小猪、小猪、外面好冷啊，让我的手伸进屋里取暖吧！"小猪想了想说："好吧，让你的手伸进屋里取暖吧。"狼马上把手伸进屋子里，可是抓来抓去也抓不到小猪，这时聪明的小猪早就准备了一壶开水，又准备了一个口袋。狼又对小猪说："小猪、小猪，外面好冷啊，让我的脚也伸进屋里取暖吧！”小猪想了想说：“好吧，让你的脚也伸进屋里取暖吧。”狼马上把脚伸进屋子里，可是还是抓不到小猪，狼心里很焦急，于是从窗口冲进屋子里。当狼冲进屋子的时候一下子就被装进了口袋。小猪把狼丢到雪地上，把开水往它身上倒，狼被烫得在口袋里挣扎，最后跑掉了。

可是狼很不甘心，找来了一群坏朋友把小猪的屋子围起来，可是它们找来找去也找不到小猪，原来聪明的小猪早就准备了一壶开水爬上了树，狼发现了小猪在树上，就往树上爬，一边爬一边说：“小猪、小猪，你别跑。今天我要把你吃掉。”小猪看见狼爬上来，就一边把水往下倒一边说：“看你们以后还敢不敢来。”狼被烫得全逃跑了。从此以后再也没有狼来找这只聪明的小猪了。

第四节　由音乐启动的学前儿童戏剧教育

本节主要讨论音乐与学前儿童戏剧教育的关系、由音乐启动的学前儿童戏剧教育的活动内容、由音乐启动的学前儿童戏剧教育的实施途径等内容。

一、音乐与学前儿童戏剧教育的关系

音乐作为戏剧这种综合性的艺术表现手段的组成因素之一，发挥着重要的作用。音乐在戏剧中不仅仅是简单的装饰和娱乐，而是树立角色、推动剧情、加强冲突的重要因素，没有音乐，戏剧表演将会大为失色，甚至很难获得美感。

虽然音乐自身无法直接构成戏剧，但当音乐融入戏剧作品后，地位便不仅仅服从于剧本了，有时可以成为戏剧的主宰。因为在情感表达上音乐可以拓宽戏剧的表现力，具有超越语言表达的优势。正如克尔曼在《作为戏剧的歌剧》中提到的：“尽管诗歌的适应性很强，意义明确，但即使最富激情的念白也只能在受限的感情层面上发挥效用，而音

乐却可以自然而然地超越这个层面。"[①] 音乐能够直接、单纯地呈现感情状态和感情层次。在一部音乐戏剧作品中，音乐对于戏剧性的表现优劣，是衡量作品品质的关键。

音乐在突出人物感情、加强故事的戏剧性、渲染舞台的气氛等方面起着特殊的作用，当音乐融入戏剧之后会在表现形式上产生一些变化。首先，音乐的创作必须根据剧本的创作要素进行，使音乐的听觉形象和儿童的动作符合表演的总体构思和美学原则。其次，音乐在儿童表演中往往是根据表演剧情的需要分阶段出现。最后，音乐在戏剧中的结合方式是多样的，有配合人物对白的背景音乐，有作为儿童动作表演的伴奏，还有反映主题思想的主题音乐以及场次转换时的插曲等。

表达主题思想的音乐能够在戏剧中起到画龙点睛的效果，往往出现在戏剧的结尾烘托主题；音乐能刻画人物的思想感情，高度概括地表现人类最内在的心理体验、微妙的感情起伏；音乐能渲染气氛、强化情绪，深化视觉效果。戏剧中人物精神状态，内心活动，冲突、紧张等气氛都需要音乐来推动和强化；音乐可以表现民族特征、风俗等，如新疆音乐最能表现新疆的民族文化风格；独白的配乐最能展现无法用语言表达的内容，还能神奇般地将观众带入角色中；作为背景的音乐，往往可以满足不同的场景需要，如悲伤、舒缓、恐怖等。[②]

二、音乐与对学前儿童戏剧教育的“启”

从音乐和戏剧的关系可以看出，音乐和戏剧的关系分为两种主次关系：一是戏剧主体、音乐辅助，指的是以戏剧表演为主要方式，如音乐剧。这时音乐可以以戏剧表演的主题音乐、插曲、背景音乐的身份出现。二是音乐主体、戏剧辅助，指的是以音乐欣赏、打击乐、韵律歌唱为主的活动中，通过戏剧表演多表征方式地感知音乐与动作的关系。在这里，我们着重关注音乐主体、戏剧辅助的活动。

三、由音乐启动的学前儿童戏剧教育的活动内容

幼儿园将音乐活动分为歌唱活动、韵律活动、打击乐演奏活动、音乐欣赏活动四

① 约瑟夫·科尔曼．作为戏剧的歌剧．上海：上海音乐学院出版社，2008.

② 马潇骁．浅谈音乐与戏剧的关系．黑龙江科技信息，2009（28）.

个部分。实际上，较容易进行表演的主要有歌唱活动中的歌表演，韵律活动中由模仿动作、舞蹈动作开启的动作表演，音乐欣赏活动中儿童可以用动作表现的活动。当然，部分打击乐演奏活动也加入了角色扮演等游戏，由于活动的重点在于个人与乐器的配合，这里不做详细介绍。表 6-11 主要介绍歌唱、韵律、音乐欣赏三种具有学前儿童戏剧教育内容成分的活动。

表 6-11　由音乐启动的学前儿童戏剧教育的主要类型[①]

	定义	内容	材料选择
歌唱活动	使用嗓音进行的一种音乐表现活动	独唱、齐唱、接唱、对唱、领唱齐唱、轮唱、合唱、歌表演	一、歌词选择：内容富有童趣并易于理解和记忆，富有形式美和内容美，适合于用动作表现 二、曲调选择：音域狭窄，节奏简单（2 拍子和 4 拍子为主），韵律平稳，结构短小，工整，词曲关系单纯
韵律活动	韵律活动又简称为律动，是指身体在运动和造型的过程中，努力与相伴的音乐保持和谐关系的一种艺术表现活动	一、韵律动作 1. 韵律动作（基本动作、模仿动作、舞蹈动作） 2. 韵律动作的组合（身体节奏动作组合、律动模仿动作组合、表演舞、自娱舞） 二、表演形式：独舞、双人舞、群舞、领舞群舞	一、动作 1. 动作类别：模仿动作为主，3～4 岁儿童也可选择基本动作，4～6 岁儿童可增加舞蹈动作 2. 动作的难度：3～4 岁儿童不移动单纯上肢动作—单纯下肢动作，动作连续重复；4～6 岁儿童学习移动动作、精细动作 二、音乐 节奏清晰、结构工整，韵律优美、形象鲜明，音乐节奏、性质、风格不同，注意音乐速度 三、道具 增加趣味性，不妨碍活动；增强美感，不粗糙
音乐欣赏活动	音乐欣赏时怀着欣喜之情反复倾听音乐的活动	音乐欣赏，舞蹈、哑剧欣赏，曲艺、武术欣赏，歌舞剧、木偶剧、其他戏剧欣赏，影视作品欣赏	一、音乐作品 形式上：歌曲的内容、形象、情绪儿童熟悉；歌词儿童可以理解。器乐曲的结构单纯，长度适中 内容上：不同时代中外优秀作品和民间音乐 二、辅助材料 1. 动作材料：儿童可以自然做出的动作 2. 语言材料：结构内容、形象、情感与音乐一致；音调、节奏、风格与音乐一致；语言优美，文学性强

① 许卓娅. 学前儿童音乐教育. 北京：人民教育出版社，2010.

四、由音乐启动的学前儿童戏剧教育的实施途径

（一）以情境表演的方式进行的歌唱活动

以情境表演方式进行的歌唱活动主要有以下方式：

1. 教师表演，用动作象征性地表现全部歌词

例一：《谁饿了》

（1）教师用动作表演全部歌词内容。如“一只大猫出来了”（模仿大猫走一条直线），“肚子饿得咕咕叫”（表现软弱无力的样子），“看见小老鼠”（做出很惊喜的样子），“啊呜啊呜吃完了”（先做出狼吞虎咽状，后表现酒足饭饱的样子）。

（2）教师邀请幼儿猜想教师表演的是什么动物？它怎么了？发生了什么事情？结局如何？

（3）教师组织歌词并加上前面的表演动作给幼儿听和看，歌词可以与原歌曲不同。

（4）教师邀请幼儿一起随歌声做动作。

2. 教师邀请幼儿一起配合表演，该表演按照歌曲内容进行。

例二：《小小蛋儿把门开》

（1）教师请一个幼儿躲到一幅“蛋”图后面（“蛋”图中间有裂纹，可以打开）并给幼儿带上一个小鸡头饰。

（2）教师请其他幼儿去“敲门”，让幼儿猜想门打开会有谁走出来。教师“敲门”，打开“蛋”图的上部，戴小鸡头饰的幼儿露出头部，教师绕到“蛋”图后面牵着“小鸡”的手走出来，并请其他幼儿和“小鸡”打招呼。

（3）教师拥着扮演小鸡的幼儿唱歌。

（4）教师重复活动，每次更换不同的幼儿和不同的卵生动物头饰。①

（二）以动作表演的方式进行的韵律活动

幼儿园律动活动具体的发展要求表现为：身体各部分之间以及身体与头脑之间能够保持基本协调，身体运动时能够与音乐保持基本的协调性，身体运动时能够和他人保持协调一致，身体运动能够与周围环境保持协调一致。

---

① 许卓娅. 学前儿童音乐教育. 北京：人民教育出版社，2010：226-227.

首先，发展儿童的动作协调性，需要从较慢的动作开始并采用儿童舒适的进度，逐步加快，从儿童自然动作开始逐步过渡到舞蹈动作，对于不适宜分解学习的动作可以采用分解动作的方式。

其次，发展动作的随乐性。可以让儿童边唱边做，随着比较熟悉的音乐做动作。教师可以自己哼唱或弹奏曲调匹配儿童的动作。

最后，发展动作的表现性。让儿童看到更多由儿童和教师提供的动作表现范例，有机会在同伴和教师的鼓励下观察并模仿一些真实事物的动作，还能够在美术、文学作品的激发下进行动作表现。

例三:《手的运动》①

（1）学习和跟着音乐做模仿摘果子的动作。一拍摘，一拍放在“篮子里”（左手做挎篮子的样子）。

（2）想象右手除了在右上方摘果子外，还可以在什么方向摘果子。如果左右手都可以摘果子的话，篮子应放在哪里？如果篮子放在地下，放果子的姿态应该如何变化？如果左右手都摘果子的话，两只手可以怎样配合？（同时摘？先后摘？同方向摘？在不同方向摘？）

（3）将大家想出来的动作编成一个舞蹈情节。情节可以是：早上起床，穿衣梳洗。高高兴兴地到果园去。愉快地摘果子。看到丰收的果实高高兴兴地跳舞。高高兴兴回家等。

附音乐：

手 的 运 动

1=F $\frac{2}{4}$

汪 玲曲

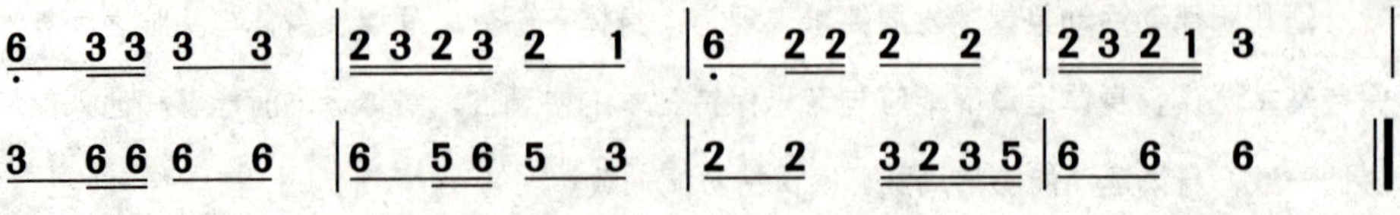

① 许卓娅. 幼儿园音乐教学活动资源. 南京：南京师范大学，2011：95.

（三）以动作表演的方式进行的欣赏活动

以动作为主要方式进行欣赏活动时需要注意，动作在音乐的节奏、内容、韵律、情感等方面应该一致，动作选择不宜复杂、陌生，应该是大多数儿童能够自然做出的动作。此外，教师应该给儿童提供独立自主选择的机会，儿童能够自主地随乐做动作。

例四：《口哨与小狗》

（1）教师出示挂图：在优美宁静的林荫道上小朋友与小狗快乐地走着，小朋友回过头来对小狗做吹口哨状，小狗仰着头对小朋友做叫唤状。

教师与幼儿一起观察并谈论画上的内容：画上有谁？他们在干什么？他们是什么关系？他们的心情怎么样？

（2）教师请幼儿初听乐曲，让幼儿了解乐曲就是描写小朋友和小狗在一起的。听完之后，请幼儿说出乐曲中的小朋友和小狗的心情是怎样的。

（3）引导幼儿用创造性动作表现第一乐段"走路"。如走、跑、跳、正着走、倒着走、扭来扭去地走、转着圈走等，以表现快乐的心情。再如，每一乐句的最后一小节，可以做出一个滑稽和逗趣的动作，以表现乐句句末及小朋友与小狗一边走路一边玩耍的样子。请幼儿在自由空间中自选角色独自练习。

（4）引导幼儿用创造性动作表现第二乐段"跳舞"。请幼儿想象：小朋友长什么样子？高、矮、胖、瘦、文静、调皮？不同的小朋友会怎样跳舞？小狗长什么样子？胖、瘦、调皮、文静？不同的小狗怎样和它的小主人跳舞？打滚、摇尾巴、转圈？等等。请幼儿在自由空间中结伴练习。

（5）教师出示乐曲的结构图，请幼儿每人自己设计一份表现第二乐段的结构图。

（6）教师跟随音乐用手指在挂图上移动，幼儿自选扮演的角色做表演动作。

（7）结伴表演，教师提供全班人数一半的小狗头饰，幼儿自由结成两人一对，协商分工，扮演小狗的幼儿戴上头饰，全班随音乐一起表演。要求尽量同时表现人物的亲密关系和快乐心情。

五、由音乐启动的学前儿童戏剧教育的活动案例

中班戏剧教育活动：大树摇①

一、活动目的

1. 感受、表现四拍子与三拍子在律动上的区别。了解音乐中催眠曲、歌舞曲、进行曲等不同表现题材的乐曲风格。

2. 学习随音乐表现“风中的树”。创编动作感受和表现四拍子、三拍子。

3. 在情境表演“风和树林”中学习集体交流合作。

二、活动过程

（一）学会唱这首歌曲

力争用连贯、柔和的声音来演唱（按照$\frac{4}{4}$拍的方案学唱）。

（二）学习随音乐表演“风中的树”

1. 带领幼儿去户外观察各种树的造型及它们在风中摇摆的姿态。鼓励幼儿用身体动作创造性地表现不同强度的风中各种树的不同姿态。

2. 学习边唱歌边按节奏（二拍一次或四拍一次）轻轻摇摆。鼓励幼儿做出与他人不同的姿态。

3. 学习按音乐的变化进行情境表演“风中的树林”。几位幼儿扮演“风”，其余幼儿扮演树林中各种各样的“树”，随音乐自由表演——在“风”唱的摇篮曲中和坏天气搏斗的“树林”。

（三）学习跟着$\frac{4}{4}$拍方案和$\frac{3}{4}$拍方案的音乐边唱边做创造性节奏动作

三、指导建议

1. 在学唱歌曲时，要指导幼儿按要求自然换气。使幼儿注意到用轻柔唱法时仍要吐词清楚。

2. 在学习情境表演时，扮演“风”的幼儿可持头巾、纸带等穿行于“树

① 许卓娅. 幼儿园音乐教学活动资源. 南京：南京师范大学，2011：23.

林”当中，教师应鼓励“风”和“树”的相互交流。扮演“树”的幼儿可更多地创造各种由两人或两人以上组成的双人或集体造型。

“摇篮曲”音乐可采用“大树摇”的 $\frac{3}{4}$ 拍方案，用较快的速度、中强的力度和较活泼的风格来弹奏。“进行曲”音乐可采用下面的方案：

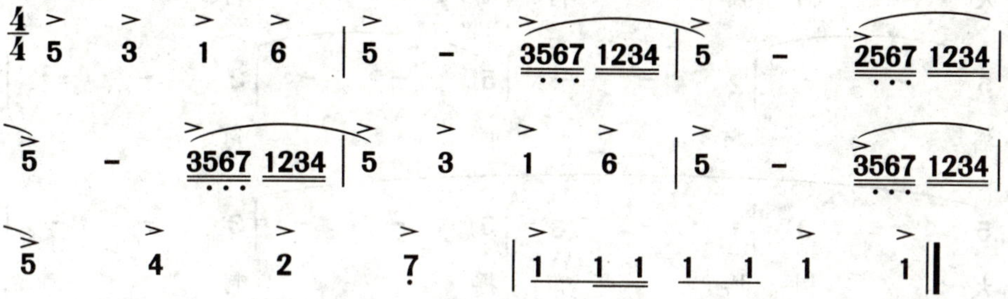

在表演中，弹奏的秩序和遍数由教师即兴决定。要求全部幼儿在表演时，同时要考虑到音乐提供的情境和自己所扮演的角色。

四、评价要点

1. 能用轻柔的声音歌唱，能自然换气。

2. 能用节奏动作区别拍子不同的同一曲调。

3. 能用表演动作区别风格不同的同一曲调。

4. 乐于并能够进行创新性的合作。

附音乐：

大 树 摇

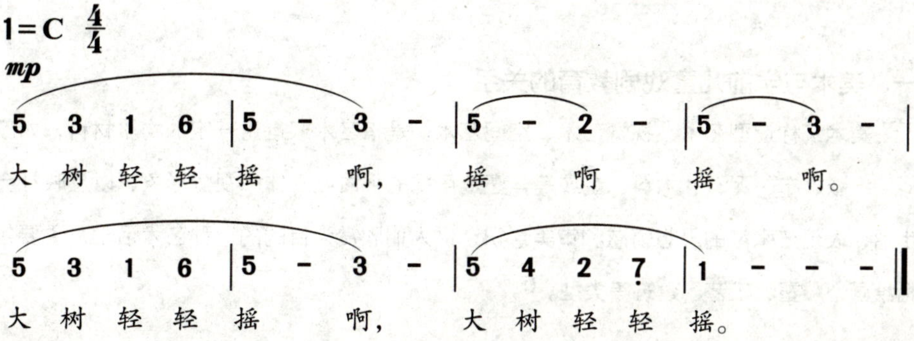

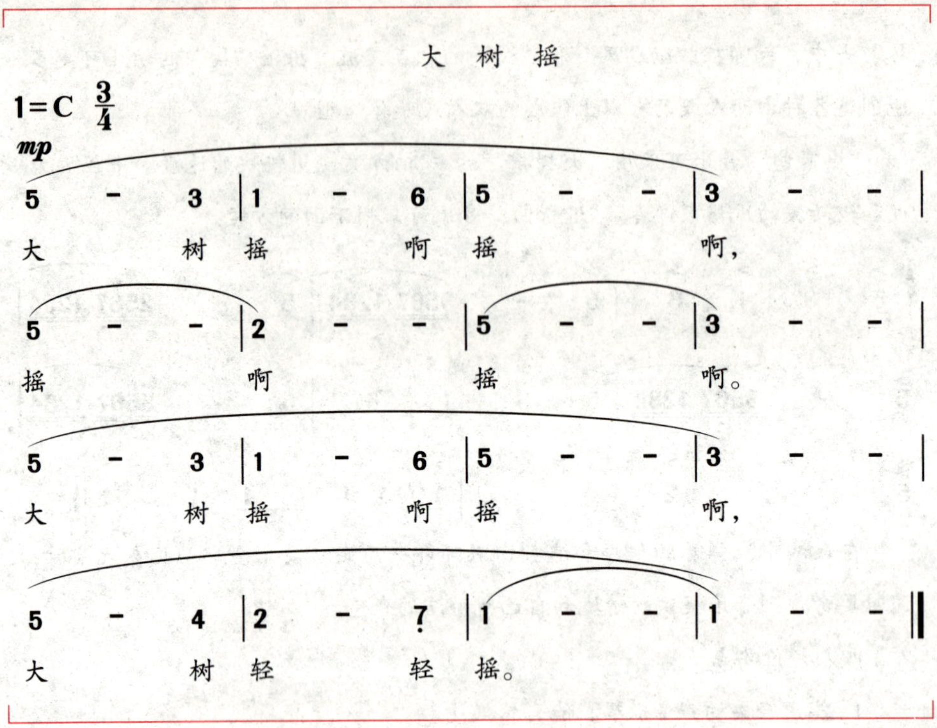

第五节　由美术启动的学前儿童戏剧教育

本节主要讨论美术与学前儿童戏剧教育的关系、由美术启动的学前儿童戏剧教育的活动内容、由美术启动的学前儿童戏剧教育的实施途径等内容。

一、美术与学前儿童戏剧教育的关系

美术又称造型艺术、视觉艺术、空间艺术，是指艺术家运用一定的物质材料，如颜料、纸张、布、泥石、木料、金属等，塑造可视的平面或立体的视觉形象，以反映社会生活，表现艺术家的思想情感和审美意识，供人们欣赏为目的的一种艺术活动，主要包括绘画、雕塑、工艺、建筑等类型。①

① 孔起英. 学前儿童美术教育. 南京：南京师范大学出版社，2010：11.

单独从艺术的角度看，戏剧是一种综合性的艺术活动，而美术是构成戏剧的众多要素之一。美术中欣赏、绘画、手工等艺术形式可以成为戏剧表演中的舞台美术设计、道具、服装，并为整个戏剧主题表达服务。表 6-12、表 6-13 阐述了美术与戏剧之间的关系。

表 6-12　美术与学前儿童戏剧教育的同一性

活动过程	都是艺术家的主观创造，是“自我意识的体现”，是“生命本体的冲动”
美学特征	自然美、社会美、艺术美（例如，人物坚强的性格可以通过美术作品来体现，也可以通过戏剧作品体现）
共同要素	线条、色彩、构图、造型、秩序、气势等

表 6-13　美术与学前儿童戏剧教育的差异性

	美术	戏剧
传递方式	以物化的方式传达艺术家的审美经验和审美意义	演员用身体和自身经验阐释艺术作品的精神内涵
审美方式	听觉、物化	视听、动态
存在方式	空间艺术	时空艺术

二、美术对学前儿童戏剧教育的“启”

美术运用于戏剧表演主要指的是舞台美术。舞台美术是舞台艺术演出的重要组成部分，它承担着展示环境、烘托气氛和塑造人物形象的任务。舞台美术是从属于舞台戏剧演出的造型艺术。它以舞台造型的手段在戏剧表演中发挥着实用和审美相结合的功能。美术在戏剧舞台中的作用有：表现时代、时间特征，表现环境、空间特征，表现气氛、情绪、心理特征，为戏剧表演调度和节奏提供物质上的方便条件。

从幼儿园教育来看，美术和戏剧的“主”“辅”关系主要有以下两种表现：一是美术为主，戏剧为辅。美术教育活动中的欣赏和绘画活动的内容成为戏剧教育的题材，或者在教学方法上用表演的方式进行；二是戏剧为主，美术为辅。表现为美术教育活动中的绘画活动为戏剧表演的场景布置、服饰装饰等提供服务，手工活动则为戏剧表演中的道具制作服务。结合目前幼儿园开展美术活动的现状来看，美术与戏剧结合的常见方式是“美术从属于戏剧”，即美术成为戏剧道具、场景、化装等的一部分发挥自己的力量。

三、由美术启动的学前儿童戏剧教育的活动内容

美术从属于戏剧教育活动，为戏剧教育中舞台布景、道具、化装等服务的活动主要集中于绘画活动和手工活动中，因此，下面将重点介绍美术活动中绘画教学和手工教学的内容。见表 6-14、表 6-15。

表 6-14　美术活动中绘画教学的内容 ①

	工具和材料	形式语言	题材
绘画	➤彩笔画（蜡笔、油画棒、彩水笔、粉笔、铅笔等作画） ➤水粉画 ➤蜡笔水彩画 ➤水墨画 ➤印画（印章画、拓印画、刮印画、合印画） ➤纸版画 ➤吹画 ➤喷洒画 ➤吸附画	➤线条（形态、方向、长度、质感） ➤形状（基本几何形状、基本几何形状组合、自然形体） ➤色彩（色彩的色相、明度、饱和度；色彩的运用） ➤构图（单独构图、并列构图、不对称的均衡构图）	➤自然景物 ➤日常用品 ➤人物 ➤植物与水果 ➤动物 ➤交通工具和生产工具 ➤建筑物 ➤简单生活事件与物体 ➤抽象装饰画

表 6-15　美术活动中手工教学的内容 ②

	手工工具、材料、性质	手工材料制作的基本方法	题材
手工	1. 手工工具（刀、剪刀、泥工板、牙签、切片尺、糨糊、胶水） 2. 手工材料 ➤点状材料 ➤线状材料 ➤面状材料 ➤块状材料	➤串联 ➤粘贴 ➤剪（目测剪、沿轮廓剪、折叠剪） ➤撕 ➤折 ➤染（渍染、点染） ➤盘绕 ➤编织 ➤塑（搓长、团圆、拍压、捏、挖、分泥、连接、伸拉） ➤插接	➤玩具 ➤节日装饰物 ➤游戏头饰 ➤日常布置用品 ➤贺卡

① 孔起英. 学前儿童美术教育. 南京：南京师范大学出版社，2007.

② 孔起英. 学前儿童美术教育. 南京：南京师范大学出版社，2007.

四、由美术启动的学前儿童戏剧教育的实施途径

（一）绘画教学的活动指导

儿童的绘画是建立在绘画创作的心理过程和儿童年龄特征基础上的，格式塔心理学家阿恩海姆认为儿童在头脑中对事物是整体感知的，儿童的绘画创作心理分为艺术视知觉、艺术体验与反思、艺术表达三个阶段。针对这三个阶段，分别谈谈儿童绘画教学的指导方法。

1. 艺术视知觉（审美表象摄入）阶段的指导

这个阶段的儿童主要是对客观对象形状、色彩、光线、空间、张力及完整形象的整体把握，指导时应把握以下几点：通过各种途径选择可供儿童欣赏感知的对象，可带儿童参观实际事物；注意引导儿童感知内容的科学性，如形状、色彩、光线、空间、张力，注重形式美；感知中注意方法的合理性，一般来说，遵循远—近—远、整体—局部—整体的方法；感知中注意语言的引导性，教师多用启发性和艺术性语言如谜语、儿歌等和儿童交流。

2. 艺术体验与反思（艺术体验加工）阶段的指导

该阶段儿童注重体验和对信息的形式分析，指导时应把握以下几点：创设宽松的心理环境，尊重儿童不同寻常的问题和想法；创设充满情感色彩的审美环境，包括室内和室外的舒适环境；引导儿童进行想象和体验，教师注重自身的情感表达，引导儿童进行“移情”和“拟人”，注重儿童动作和语言的协同感受；引导儿童对内在表象进行加工改造，包括概括、分解、联想表象。

3. 艺术表达（操作实施）阶段的指导

该阶段儿童技巧不熟练，绘画有一种稚拙感，绘画过程中构思与表达需要不断进行调整。指导时应把握以下几点：给儿童提供绘画工具和材料，尽量为主题服务；指导儿童学习各种绘画工具和材料的使用方法；帮助儿童进行创造性的画面表达；提供游戏化的练习。

（二）手工教学的活动指导

在手工教学中儿童的创作心理主要分为意图、构思与设计、制作与装饰三个阶段，具体的指导方法也建立在儿童创作心理上。

1. 意图阶段的指导

该阶段教师应为儿童提供充分与材料接触的机会；鼓励儿童在游戏与欣赏手工作品过程中明确制作意图；帮助儿童实现自己的意图，体验手工制作的乐趣。

2. 构思与设计阶段的指导

该阶段儿童主要是对材料的用途进行内在加工，遵循“因意选材”和“因材施艺”。设计上往往也会经历不断否定和重构的过程。具体指导包括：帮助儿童积累各种表象；提供各种材料，引导儿童进行联想；引导儿童多欣赏佳作，学习其造型、色彩、构造等艺术手法。

3. 制作与装饰阶段的指导

该阶段的指导具体包括：指导儿童学习各种工具和材料的基本使用方法；提供练习机会，锻炼儿童手的灵活性；指导儿童将临摹、仿制与独创相结合；引导儿童将手工制作与绘画相结合。

五、由美术启动的学前儿童戏剧教育的活动案例

中班戏剧教育活动：《手影玩偶》①

一、设计意图

手影游戏是幼儿在阳光下经常玩的一种游戏，如果把这些灵活多变的手影造型通过美术活动固定成形象生动的玩偶，不仅可以丰富幼儿手影表演的内容，还可以锻炼幼儿的动手操作能力。本次活动中还将通过美术活动进行渗透性识字教育，既让孩子们在玩中学，又发展他们的动手能力。

二、活动目标

1. 能根据手影游戏中的手影轮廓，想象添画或剪贴装饰制作出手影玩偶，随机认识新字词“手影游戏”“光”“影”“玩偶”。

① 黄立敏. 中班美术活动手影玩偶. 教育导刊·幼儿教育，2009（7）：46.

2. 在游戏、绘画、剪贴中提高图形识别能力、艺术表现力，发展想象力、创造力及发散思维能力。

3. 在手影游戏和美术创作中体验手影变化及自制玩偶带来的乐趣。

三、活动准备

● 经验准备

1. 幼儿在此前的科学活动中积累了关于“手影”的由来、“光与影的关系”等方面的知识。

2. 幼儿已有手影游戏的经验。

3. 幼儿已具备基本的剪贴技能。

● 材料准备

1. 实物投影仪、教师手影道具一个、大字卡（“手影游戏”“光”“影”“玩偶”）若干、展示板一块、磁带、录音机。

2. 画有各种手影轮廓的彩色卡纸、白纸、油画棒或水彩笔、彩纸边角料、废旧材料（纸皮板或旧信封）、铅笔、剪刀、糨糊、抹布若干、多种参考图案书或图片（如各种动物简笔画册、表情符号卡等）。

● 环境创设

1. 手影游戏场地：晴天在户外草地上；阴雨天则在幼儿多功能室，利用多媒体设备进行。

2. 自制玩偶场地：活动室内（分绘画区和剪贴区）。

四、活动过程

（一）手影游戏导入，体会手影多种变化，积累创作素材

1. 以户外手影游戏结合讲故事形式巩固对光和影的认识，激发幼儿对手影的观察和操作兴趣

（1）游戏一：踩影子。在阳光下寻找自己的影子和同伴的影子，同伴之间相互追逐，以最先踩到预设的目标影子为赢。

（2）游戏二：有趣的手影游戏。教师在阳光下讲述并演示手影故事《狗和狐狸》。在讲故事的同时变换各种手影让幼儿猜猜变出来的是什么？随故事情节的发展它们之间可能发生什么事情？（注：此环节如果光线不足的情况下也可在室内利用投影仪或幻灯机进行演示）。

2. 室内手指游戏

（1）手指游戏“我的小手变变变”。提问：“你的小手变出了什么？”鼓励幼儿相互欣赏、交流手指造型的变化。

（2）出示各种手的造型剪影，运用投影仪启发幼儿观察、联想、讨论。

指导语：“我给小手的影子照个相，猜猜这是什么？”

3. 引导幼儿结合上一环节中的几个手影游戏，谈谈为什么会产生手影

渗透性识字：“光”“影”“手影游戏”。

（二）手影图案集体粘贴练习

1. 教师出示手影道具，引导幼儿想一想、议一议：“这个手影像什么？”（从手影摆放方向的不同对幼儿进行图案变化方面的联想和启发。）

2. 请个别幼儿讲一讲自己的看法，教师及时鼓励其中有创造性的回答。

3. 提供彩色卡纸、画笔、贴纸，请自愿上来练习的幼儿添画或添贴，教师根据幼儿的想法和要求进行适当指导。

4. 再请一些幼儿利用剪刀、糨糊、双面胶、废旧材料（支撑物）等工具对这些添画、添贴作品进行后期制作。

5. 作品欣赏、评价。

（三）用绘画或剪贴方式独立自制手影玩偶

1. 材料提供：上一环节集体完成的手部造型剪影图案人手1个。

2. 活动分绘画组和剪贴组独立进行，幼儿自愿选择。

（四）教师在不同组别间巡回指导

指导要点：

1. 鼓励幼儿大胆动手，想出和别人不一样的手影形象。

2. 已完成作品的幼儿可以相互交流制作方法，鼓励幼儿更换组别或综合利用两种方法继续手影玩偶制作。

（五）组织幼儿进行评价活动，结束游戏

1. 请幼儿将作品展示在展示板或陈列架上，互相欣赏。

2. 组织幼儿讨论：“说说你最喜欢哪一个，为什么？”

3. 鼓励优秀作品作者向其他幼儿介绍制作手影玩偶的方法

五、活动延伸

1. 将制作好的手影玩偶放入语言区内，让幼儿用其进行故事表演或语言讲述。

2. 将剩余的制作材料放入美工区内，让幼儿继续制作更多的手影玩偶。

第六节　学前儿童戏剧舞台表演

本节主要讨论学前儿童戏剧舞台表演的活动内容、学前儿童戏剧舞台表演的实施途径等内容。

一、学前儿童戏剧舞台表演的活动内容

一般而言，戏剧教育包括戏剧表达、戏剧创作和戏剧表演三个方面。（1）戏剧表达是指儿童在假想的情境中，通过扮演角色来表达自己的内心感受和想法。[①] 戏剧表达主要包括身体表达和语言表达两个方面，儿童语言水平有限，戏剧表达主要指的是身体表

① 张金梅. 论戏剧教育的组织形式. 幼儿教育，2011（1-2）：31.

达，当然也对伴随着语言的身体表达有所涉及。戏剧表达具有身体性、虚构性和角色性等特点，其表现形式从感知、模仿、造型、控制、想象、情感展开，这六个方面也是衡量儿童戏剧表演参与度的重要因素。（2）戏剧创作体现了儿童想法与行动的对话，是指儿童作为主体，在教师的引导下不断产生新的想法，在虚构的情境中将自己的想法转化为行动，以寻找解决问题的各种方案。戏剧创作与戏剧表达相比，增加了场景和情节两个要素。儿童戏剧创作中角色数量相对较少，小班 1~2 个，中班不超过 4 个，大班不超过 6 个；情节也随年龄增长从简单到复杂，由重复性到多样性；场景设置小班最多出现 2 个空间的转换，大班出现 2 个以上的空间转换。戏剧创作的环节包括：开端（戏剧创作的来源探讨）—角色描画（戏剧创作的基点）—冲突架构（戏剧创作的关键）—对话丰富（戏剧创作的升华）。（3）戏剧表演是指儿童在教师的引导下，创造多次可传递的、不断丰富的舞台戏剧作品，从而形成一种真正意义上的戏剧艺术活动。张金梅认为，儿童在进行戏剧表达的过程中，当有了想要给别人看的想法时，戏剧表达与创作就有了艺术性，从游戏状态上升为艺术活动，因此，戏剧表演才是戏剧艺术活动。我们所说的学前儿童戏剧舞台表演主要指上面所说的“戏剧表演”。考虑到儿童的年龄特点，儿童的戏剧舞台表演主要发生在教室中，不是剧场，但是，当表演成熟后，也就自然而然地成为家长开放日、幼儿园节日活动演出节目。

不同年龄段儿童戏剧能力发展主要遵循以下规律：小班以戏剧表达为主，初步开始戏剧创作；中班以戏剧表达与戏剧创作为主，初步进行戏剧表演；大班在进一步完善戏剧表达与戏剧创作的基础上，丰富戏剧表演。①

学前儿童戏剧舞台表演主要内容包括音乐剧表演、哑剧表演、偶戏表演和话剧表演。不同年龄段，戏剧表演的样式不同：小班以音乐剧为主，偶戏初步开展；中班继续发展音乐剧，丰富偶戏表演，可以进行哑剧表演；大班则开始丰富的音乐剧、偶戏、哑剧表演，开始进行话剧表演。

偶戏在小中大班出现较多，主要是由于偶戏自身的特点决定的，偶戏是“由幕后演员操纵木偶表演的戏剧形式”。② 演员用手操纵木偶的动作，并代替木偶说话。儿童一方

---

① 张金梅．论儿童戏剧教育的组织形式．幼儿教育，2011（1）：35.

② 沈继生．偶戏条目．中国大百科全书·戏剧卷（图文数据光盘）．北京：中国大百科全书出版社，1999.

面可以操纵木偶，另一方面可以发展表演中对话的能力，因此，可以从低龄儿童开始木偶表演，逐步丰富表演内容。

音乐剧是“歌、舞、剧三种成分并用”① 的戏剧样式。音乐剧载歌载舞的表演方式既具有趣味，又具有动感，非常容易被年龄较小的儿童所喜欢。小班重在歌舞部分的表演，多为集体表演，情节相对简单；中大班突出不同角色的特点，增强了情节的复杂性。

哑剧是“一种不用台词而以动作和表情表达剧情的戏剧。”② 其动作的节奏感和逼真性对小班儿童来说较难，比较适合于大班儿童表演。

话剧“综合文学、表演、导演、美术、音乐、舞蹈等多种成分，以说话（对白、独白、旁白）为主要表现手段。”③ 适合大班儿童表演。

二、学前儿童戏剧舞台表演的实施途径

儿童戏剧表演通常的顺序是：感官、集中活动—动作、舞剧—对话—人物塑造—即兴创作、动作表演。④ 遵循这一原则，在幼儿园中一般开展渗透式、区域式、主题式三种戏剧活动。渗透式戏剧活动主要指的是将戏剧活动融入其他各领域中进行，正如前面几节所介绍的，通过音乐、文学、美术等启动戏剧活动；区域式戏剧活动主要指的是在区域活动中进行的戏剧活动，该方面的内容，在第二节“由游戏启动的学前儿童戏剧教育”中已有详述，因此，此处重点介绍主题式戏剧活动的实施途径。

主题式戏剧活动是指围绕某一主题，随着戏剧经验的整合与提升，师幼双方共同建构一系列戏剧活动，从戏剧表达开始，到戏剧创作，最终形成完整的戏剧表演的整个组织过程。在主题式戏剧活动中，主题是整个活动的关键点，主题来源包括：艺术作品（文学、音乐、美术、戏剧），事件，想法等，主题式戏剧活动的实施要注意以下方面：

（一）表演材料选择

选择表演材料的依据：有情节、故事冲突，动作、情感的适宜表达性。

---

① 居其宏．从百老汇到全世界——音乐剧，我为你疯狂．上海：上海教育出版社，2001：7.

② 张先．哑剧条目．中国大百科全书·戏剧卷（图文数据光盘）．北京：中国大百科全书出版社，1999.

③ 李钦．话剧条目．中国大百科全书·戏剧卷（图文数据光盘）．北京：中国大百科全书出版社，1999.

④ Philip Taylor．戏剧艺术教育的构想与评价．引自滕守饶，边霞．儿童艺术教育的理论与实践研究．南京：南京师范大学出版社，2008.

（二）戏剧舞台表演的组织过程

儿童戏剧舞台表演遵循以下步骤：戏剧表达开始—增加戏剧创作—戏剧表演整合经验，学习戏剧要素。具体活动的展开过程为：（1）戏剧表达，儿童扮演角色，用动作和声音表现角色，主要运用“模仿”，随乐表现角色的活动。（2）戏剧创作融入，“感知”“情感”等要素增加，儿童对角色、情节、场景的戏剧创作感兴趣，儿童开始自主创编角色动作、情节、场景。

需要注意的是，一个戏剧主题活动中不要有太多戏剧要素。如小班主要关注动作，场景、情节要相对简单，角色1～2个即可；中大班可以根据儿童的发展水平同时关注角色动作的丰富性、情节的创造性、场景的转换等几个要素。另外，注意儿童戏剧经验和戏剧要素有机结合。

（三）教师指导

在戏剧舞台表演中，教师指导以间接指导为主，由直接到间接逐步退出，顺序为：导演—角色—观众。总体来说，教师指导有介入指导和退出指导两种方式。

在介入指导时，教师需要注意介入时机，主要在以下时机介入：当儿童希望成人认可自己的行为时；当儿童直接求助时；当幼儿发生纠纷，活动停顿时。教师介入的身份：（1）角色介入，教师扮演其中的一个角色，如制造矛盾的角色、安慰者的角色。（2）材料提供，利用布置场景或提供某个特别道具来确定表演内容；出示一个新道具促使情节发展。（3）语言提示，是指教师在活动中借助提问、创设问题情境等方法达到指导的目的。主要的策略有：画故事地图，教师设疑，儿童通过画画呈现自己的想象；诱发问题，教师创设问题情境，幼儿根据兴趣探索。①

在退出指导时，教师的退出是逐步进行的，具体步骤如下：（1）设置问题，引发思考；（2）在实践中迁移儿童已有的经验，丰富儿童的词汇；（3）当表演中出现冲突时，组织演员进行说戏；（4）每次表演结束时，鼓励表演者在集体中进行展示。②

① 邵爱菊．大班区域式戏剧教育活动的实践思考．幼儿教育，2011（1）：40.

② 奚蓓，邵爱菊，朱勤．浅谈幼儿园戏剧教育活动的实施．引自滕守饶，边霞．儿童艺术教育的理论与实践研究．南京：南京师范大学出版社，2008.

三、学前儿童戏剧舞台表演的活动案例

从前面的论述中得知，幼儿园的戏剧表演，尤其是舞台表演活动主要是通过主题式戏剧活动展开的，因此，下面介绍几个主题式戏剧舞台表演活动。

大班戏剧教育活动：我演的和尚像不像①

一、设计思路

《三个和尚》是早期中国传统动画片的优秀作品，教师挖掘其中独特的人物形象“和尚”以及蕴含的“勤劳合作”的传统美德，设计了一系列的活动，其中包括欣赏动画片，制作三个和尚挑水计划表，用绘画、泥塑、手工的方式描绘人物形象，还通过随乐活动真实感受了挑水。幼儿已经积累了相关方面丰富的经验，于是教师设计了歌表演的活动。

二、活动目标

1. 通过歌表演，尝试用肢体动作表现角色的行为和情感特征。

2. 激发儿童把想法转变成动作，并大胆地表现出来。

3. 通过自主创编，培养儿童对表演的兴趣，体验角色扮演的愉快。

三、活动准备

歌曲《三个和尚》。

四、活动过程

（一）欣赏歌曲《三个和尚》

（1）欣赏歌曲。

（2）讨论：歌曲中说了一件什么事？他们是怎样做的？

（3）熟悉歌曲，了解歌词大意。

（二）根据歌词，讨论如何用动作来表现

① 张金梅．幼儿园戏剧综合课程研究．南京：江苏教育出版社，2005：340.

提问：

一个和尚挑水喝，怎样用动作表现？

两个和尚挑水喝，怎样用动作表现？

三个和尚挑水喝，怎样用动作表现？

幼儿自由讨论，并想象用动作表现和尚挑水。

提问：

师："咦咦"是什么意思？

幼 1：感到很奇怪。

幼 2：感到有疑问。

幼 3：感到没办法。

幼 4：感到很为难。

幼 5：正在想办法。

（三）小组表演

幼儿自己组合，3 人 1 组，自己创编动作。然后每组上台来表演，并谈谈为什么这样演。

讨论：他们的表演好在什么地方？

幼 1：生气时嘴巴嘟起来演得好。

幼 2：生气时的样子很好看。

幼 3：他们挑水的动作很好。

幼 4：用手在脑袋旁边绕圈想办法的动作演得好。

幼 5：敲头、托着下巴点头、跺脚的动作好看。

幼 6：没办法的动作好。

（四）评价

谁演的最好？最认真？谁看表演表现最好？最后评选出"最佳小演员"和"最佳小观众"。

小结

本章阐述了集游戏、音乐、舞蹈、美术、文学等教育为一体的戏剧教育，具体讨论了以下六个问题：

（1）学前儿童戏剧教育的含义。

（2）由游戏启动的学前儿童戏剧教育的活动内容及实施途径等。

（3）由文学启动的学前儿童戏剧教育的活动内容及实施途径等。

（4）由音乐启动的学前儿童戏剧教育的活动内容及实施途径等。

（5）由美术启动的学前儿童戏剧教育的活动内容及实施途径等。

（6）学前儿童戏剧舞台表演的活动内容及实施途径等。

思考与实践

1. 游戏与学前儿童戏剧教育的关系是什么？由游戏启动的学前儿童戏剧教育的活动内容、实施途径有哪些？
2. 文学与学前儿童戏剧教育的关系是什么？由文学启动的学前儿童戏剧教育的活动内容、实施途径有哪些？
3. 音乐与学前儿童戏剧教育的关系是什么？由音乐启动的学前儿童戏剧教育的活动内容、实施途径有哪些？
4. 美术与学前儿童戏剧教育的关系是什么？由美术启动的学前儿童戏剧教育的活动内容、实施途径有哪些？
5. 学前儿童戏剧舞台表演的活动内容、实施途径有哪些？

延伸阅读

1. 张金梅. 幼儿园戏剧综合课程研究［M］. 南京：江苏教育出版社，2005.

该书从戏剧与人类、儿童及教育三者之间存在的本质联系出发，尝试建构一种理想、完美、多元、感性的儿童教育。将生态教育观中融合、创生、体验的精神，作为幼儿园戏剧综合课程的核心理论，为儿童与戏剧的共生共存寻找有力的理论支撑。着力探讨了幼儿园戏剧综合课程的主课来源、实施过程、年龄阶段性特点以及教师与儿童双主体的关系等各方面的问题，并深入研究了儿童戏剧创作心理的特殊规律，全面而细致地勾画了幼儿园戏剧综合课程的全貌，在关注教师成长的同时，使儿童真正成为课程的主人。

2. 许卓娅．学前儿童音乐教育［M］. 北京：人民教育出版社，2010.

该书分为入门学习篇、体验学习篇、反思学习篇、探究学习篇四部分，分别论述了歌唱、律动、欣赏、打击乐教学的基本理论及教授方法流程，兼具了实用性与前瞻性等特征。在音乐教育的基础上也比较关注音乐与戏剧的融合。

3. 孔起英．学前儿童美术教育［M］. 南京：南京师范大学出版社，2010.

该书可以帮助读者了解学前儿童美术发展的规律与年龄特征，弄清美术的价值，并在此基础上掌握应该对学前儿童实施什么样的美术教育以及怎样实施。为我们将美术与戏剧融合的尝试提供了非常专业的视角和方法。

4. 邱学青．学前儿童游戏［M］. 南京：江苏教育出版社，2008.

该书系统地阐述了学前儿童游戏的有关原理、结构和实践操作等问题，在介绍学前儿童游戏理论和实践研究的历史和现状的同时，展示了游戏对于儿童发展的重要价值以及学前儿童游戏的基本特征，探讨了游戏在幼儿园教育机构中存在的必然性，提出了适合幼儿园教师的可操作的原理和经验，尤其是教师在游戏中如何更有效地发挥教育作用以及指导游戏的策略和方法为我们开展戏剧活动提供了很多帮助。

第七章

单元主题式学前儿童艺术教育活动设计

内容导航

- 单元主题式学前儿童艺术教育活动设计
  - 单元主题因素式学前儿童艺术教育活动设计
    - 单元主题因素式活动的主题来源
    - 单元主题因素式活动的设计原则
    - 单元主题因素式活动的具体实施
    - 单元主题因素式活动设计案例
  - 单元主题领域式学前儿童艺术教育活动设计
    - 单元主题领域式活动的主题来源
    - 单元主题领域式活动的设计原则
    - 单元主题领域式活动的具体实施
    - 单元主题领域式与单元主题因素式活动设计的区别与联系
    - 单元主题领域式活动设计案例

▶ 学习目标

1. 理解、把握单元主题因素式和单元主题领域式学前儿童艺术教育活动的设计原则、具体实施。
2. 了解学前儿童单元主题式活动设计的两种主要方式之间的区别与联系。
3. 在理解的基础上尝试设计单元主题因素式和单元主题领域式两类活动方案。

▶ 引言

春节后的新学期开始，小朋友们都穿着新衣服，满心欢喜地告诉老师，“这是我过年的新衣服，老师你看，好看吗？”“老师，老师，我也穿了新衣服”“老师，我还有新书包呢”。春节虽然已经过完了，可是在幼儿心中还是有很多值得回忆的东西，为了给幼儿的探究活动创造一个宽松的环境，让每个幼儿都能了解春节，教师和幼儿一起谈论着相关的话题，最后大家决定开展一些活动来分享自己的新年体验。活动主要从“认识新年—迎接新年—庆祝新年 ”三个环节入手，通过组织讨论、观看大人们的庆祝活动、学习歌曲和儿歌来加深幼儿对新年的认识与了解，通过亲手布置活动环境、制作点心以及新年贺卡进一步加深对新年的认识，最后以开联欢会的形式庆祝新年，体验新年到来的喜庆气氛。

类似这种单元主题式活动是幼儿园课程中非常重要的一部分，在主题活动中幼儿的多种能力能够得到综合锻炼。尤其是艺术综合教育，本身就要求幼儿在以“主题”为背景的活动下，开展音乐、美术、戏剧、文学、舞蹈等多方面的活动。单元主题活动主要有两条设计线索：因素式和领域式。因素式是以主题“核心概念”为中心向外拓展，活动可以在一个概念下进一步延伸；领域式是在确定主题之后，各个领域分别思考可以给主题贡献的课程，活动多为一次性，没有延伸。本章主要阐述二者的关系以及活动设计、活动案例。

第一节　单元主题因素式学前儿童艺术教育活动设计

单元主题因素式学前儿童艺术教育活动设计一般是根据某一主题核心，通过类属分类、概念拓展、相关项联想、关键概念列举等方式进行拓展，考虑儿童的认识经验、活动资源的占有，系统地展开一系列活动。按单元主题因素式展开的活动往往内聚力强、注重逻辑，全面整合了可实施性强、适合儿童的各项活动。

一、单元主题因素式活动的主题来源

单元主题来源有四种：学科或领域；社会生活事件以及儿童自身的生活事件；人们专门提炼和概括的过程、原理或变化规律；艺术作品。①单元主题因素式活动因其活动设计展开方式的特点，所以主题活动多来源于一些自然环境、社会环境的客观事物以及人们提炼出的一些过程、原理或变化规律。例如，儿童能够接触到的社会环境中的事物有社区、超市、医院、学校、住宅、公园等，自然环境中的事物如植物、动物、沙、水、土、石等，自然现象如雨、风、雪、天气等，这些都可以作为主题活动的来源，而且容易根据主题本身进行拓展。如以“伞”为主题建立因素式网络，主要一级相关主题有伞的种类、功能、伞的制作、伞的结构、伞的外形、伞的故事等；在“伞的种类”概念下，有开启方式、制作材料、颜色、大小等分类方式可作为二级概念；在“开启方式”这一概念下，又有自动伞、手动伞等三级概念。将每一级主题进行拓展，相互之间形成联系，就构成了主题因素式网络。

另外，还有人们专门提炼和概括的过程、原理或变化规律。单元主题因素式课程设计可以从感性上去把握这些事物的规律。如自然事物变化规律，可以囊括阴晴圆缺变化，动植物生长变化，生活事物的颜色、外形、光影、速度、新旧变化，这些都源于教师和儿童日常的观察和品味生活，一个动植物的生长变化，就可以引发很多的主题。如植物的发芽、开花、结果、凋落，动物的出生、生长、生病、死亡等。

除了上面的几种主题来源外，儿童艺术综合活动主要是提高儿童的审美情趣，使

---

① 虞永平. 论幼儿园课程中的主题. 学前教育研究，2002(6).

儿童在综合活动中发现美、感受美、表达美、创造美。因此，一些蕴含丰富情感的人文主题，如“爱”“情绪”“同情”“关心”“尊重”“礼貌”“互助”“合作”“谦让与分享”“珍惜”等也是主题因素式活动的主题来源。

二、单元主题因素式活动的设计原则

1. 活动具有具体目标导向

活动的目标导向能够直接引导儿童的活动经验向前发展，每次活动的设计都需要考虑本班儿童现有的经验水平和潜在的发展水平之间的差距，尽量满足儿童的最近发展区。这需要教师在活动开展前做大量的准备工作，全面了解本班儿童对于该主题活动的认知程度，从而制定相应的阶梯式活动计划，注意发挥儿童同伴之间相互学习的力量。

2. 活动需要人际互动，形成合作学习共同体

在一系列单元主题因素式活动的实施中，往往会有很多不同类型的活动，如一日生活、集体教育、室内外游戏活动、亲子活动等；根据学习者数量也可分为集体活动、小组活动和个别指导，因此，教师需要发挥团体协作的力量。

3. 活动需要中介因素，通过符号来帮助儿童提升和巩固学习经验

在瑞吉欧方案教学的影响下，我们知道儿童有“一百种”表达自己思想和经验的方式，所以，教师提供多样表征符号，例如语言、图像、身体动作、音乐、泥塑、表演等帮助儿童不断建构和丰富自己的经验，另外，教师需要注意对儿童的活动进行记录，达到对儿童发展水平客观、立体的认识。

4. 活动需要一定的情境，帮助儿童链接经验

在单元因素式主题活动的设计和实施过程中，每一个主题都是一个小小的情境单元，儿童参与活动会获得很多的经验，最后都会整合成为儿童整体的认识，这也是单元主题活动的一大优势。

5. 活动需要预成的计划与生成的空间，为教师和儿童留下良好的发展机会

虽然我们鼓励儿童在主题活动中自主生成活动，实际上幼儿园教师还是要有一定的预成。儿童完全生成的活动不仅教师不好把握，也往往容易偏离主题，所以，教师和儿

童既是设计者，又是实施者，要尽可能协调预成与生成。

朱家雄认为处理好预成与生成的问题主要有以下策略：通过观察，注意儿童的兴趣，形成主题网络；创设活动情境，让儿童自主选择，小组开展活动；给儿童自发生成的机会，为生成创造条件；善于捕捉随机的教育时机，生成引起儿童兴趣的主题。

单元主题因素式活动设计要注意以下方面：

1. 找准主题的核心概念

教师要选择对儿童有意义的主题，并深入分析各学科知识之间的内在联系，从经验层面将多个领域的学习内容进行融合。尤其是概念、原理、规律类的主题，核心概念一定要找准，活动开展让儿童了解的经验应该是线性的，没有矛盾、不会造成儿童的认知混乱，否则会直接影响主题教学的进程和效果。

2. 避免分得过细

主题网络的设置，一般从核心主题出发分出最多两级概念即可，如果分得过细，容易导致主题扩展较长，不仅内容多，而且时间长，影响了各活动之间的内聚力。

3. 灵活安排教学时间

在主题活动时间安排上要注意不能拖较长时间，比如一个四周的主题活动就太长了，儿童的兴趣和注意力会分散，不利于主题目标的实现。因此，需要多设计连续的、大区块的活动时间。

三、单元主题因素式活动的具体实施

主题活动的实施一般依照以下的流程进行，① 见图 7-1。

主题的实施内容包括“一个主题，九个部分”。“一个主题”是指活动的核心话题或主要问题、主要现象和主要活动。“九个部分”指的是主题来源、主题教育目标、主题活动网络、教学活动、日常生活活动、游戏与区域活动、家长工作、环境创设、评价与反思。② 下面就以一个主题活动为例说明单元因素式主题活动的实施过程。

---

① 秦光兰．对幼儿园主题教学的再认识．教育导刊·幼儿教育，2010（8）．

② 陆丽莉．创意美术活动在幼儿园大班主题教学中的设计与实施问题．苏州大学硕士学位论文，2011．

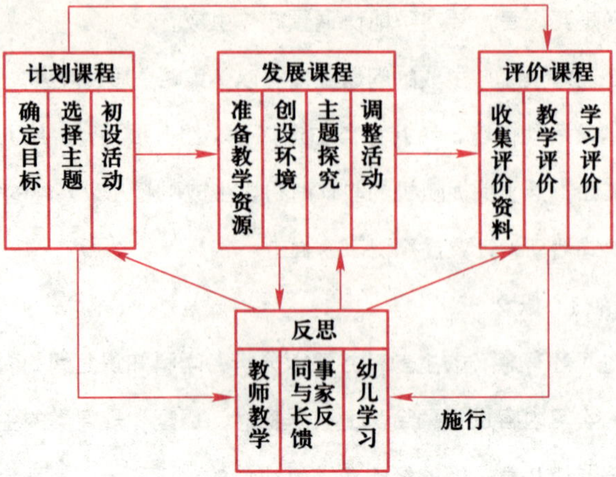

图 7-1　主题教学活动流程图

主题名称：红红的新年（大班）

第一部分：主题来源

春节是中国人最重要的传统节日，幼儿对新年、喜庆总是有着莫名的期待，“红红的新年”这个主题单元，通过认识年兽、画年画、写春联、唱新年歌等使幼儿积累过年的经验，在丰富幼儿动手能力、表达能力的同时，使其体会到年俗的意义。课程安排在大班上学期末展开，更加激发了幼儿对新年的期盼。

第二部分：主题教育目标

1. 初步了解中国过年的习俗。

2. 仔细观察画面并说出自己的理解，能够完整地表述画面内容。

3. 能够有节奏地说出吉祥的话，理解民间童话的故事情节。

4. 感受民间传统童谣的趣味，感受歌词连锁调的语言特点，体验对唱游戏的乐趣。

5. 感知秧歌舞的欢乐和喜庆气氛。

6. 用动作来表演故事中的动物形象。

7. 欣赏木板套印年画的特点。

8. 感受年画所表达的喜庆氛围，欣赏年画的色彩和构图特点。

9. 常使用毛笔学写春联，用各种废旧材料进行创造性地制作。

10. 用绘画方式尝试表现过大年的热闹景象。

第三部分：主题活动网络（图 7-2）

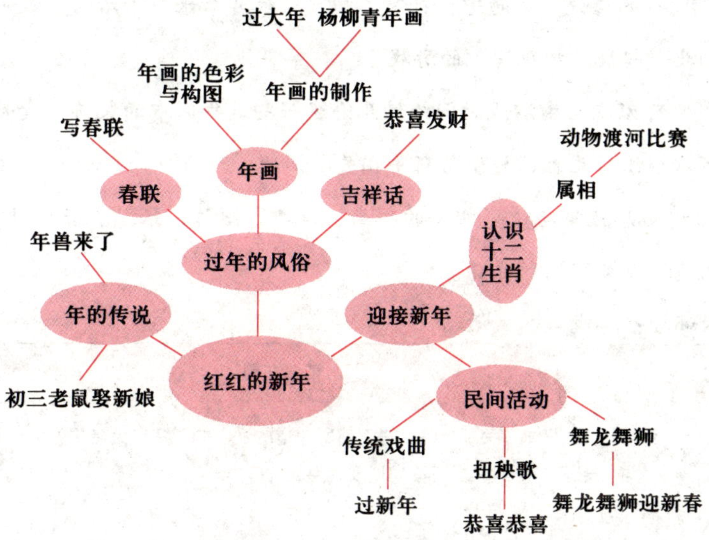

图 7-2　主题活动网络

（注：主题名称是“红红的新年”，一级概念为圆圈加粗，二级概念为圆圈不加粗，三级概念无边框，直接拓展到具体活动。）

第四部分：教学活动

课程重点	年的传说	过年的习俗	欢欢喜喜迎新年
1	年来了	写春联	动物渡河比赛
2	初三老鼠娶新娘	过大年	舞龙舞狮迎新春
3		杨柳青年画	恭喜恭喜
4		恭喜发财	过新年

第五部分：日常生活活动

1. 针对“认识十二生肖”主题，教师利用日常活动搜集幼儿对于十二生肖的疑惑，例如，为什么我属羊，明年长大了一岁，还是属羊？以十二生肖里的动物为题，选择一些幼儿可以在户外进行的主题自由游戏，如“猫捉老鼠”的游戏。

2. 在“年的传说”主题中，针对“初三老鼠娶新娘”等活动，教师可以在户外和幼儿一起玩“抬花轿”的游戏。

3. 教师可以在自由游戏时间给幼儿讲述一些过年家中的装饰、食物、聚会等，也可以组织幼儿自己讨论与新年相关的话题。

4. 组织幼儿搜集与过年相关的年画、挂件、图片，张贴在教室及走廊内，请幼儿欣赏，感知浓浓的年味。

第六部分：游戏与区域活动

区域	情境布置
主题展示区	1. 设置墙面：关于十二生肖、你所知道的过年的习俗等大海报 2. 设置“年画坊”、春联坊以及扎染坊
美工活动区	1. 制作十二生肖头饰的参考图片 2.《初三老鼠娶新娘》的角色形象，纸笔、皮筋，请幼儿自制头饰、故事纸偶 3. 挂图《杨柳青年画》，搜集几幅其他地方有特点的年画 4. 方形或长条形的红纸、毛笔、墨汁等，在教室的各处张贴春联 5. 各种纸盒、纸箱、纸盘、纸巾、皱纹纸、旧挂历、彩带、毛线等
语言活动区	有关十二生肖的图画书、音像制品
角色活动区	1. 关于十二生肖的故事、头饰 2. 投放故事书、《初三老鼠娶新娘》的故事纸偶、十二生肖头饰 3. 搜集中国传统手工艺品，布置成“新年博物馆” 4. 投放音乐《恭喜发财》、吉祥话 5. 将舞龙、舞狮和锣鼓等用具置于教室角落，让幼儿自由扮演。

第七部分：家长工作

1. 请幼儿和家长说说自己对十二生肖的疑惑，并请家长解答。

2. 请家长和幼儿一起搜集一些有关过年的童谣，和幼儿一起念一念、说一说有关过年的习俗。

3. 请家长协助幼儿收集中国传统手工艺品，并向幼儿做简单的介绍。

4. 请家长带幼儿去市场上看一看春联是怎么写出来的，念一念春联上的字，并挑选一幅喜欢的张贴在家里。

5. 建议家长带幼儿去年货市场看一看春节都有哪些物品需要买，另外，建议家长和幼儿一起装饰家里。

第八部分：环境创设

1. 幼儿园室外环境创设，可以组织幼儿在美工区制作新年的挂件、装饰物挂在幼儿园室外，丰富幼儿园室外环境的主题氛围。

2. 幼儿园墙壁、班级环境创设。包括张贴幼儿绘画作品、幼儿搜集到的年画、剪纸艺术品，开辟展示区，展示舞龙舞狮制作的表演道具。

第九部分：评价与反思

1. 主题活动设计的合理性。

2. 主题活动实施中幼儿经验的整体衔接。

3. 主题活动中艺术能力培养。

4. 幼儿在主题活动中的参与度、活动后持续的热情、自主探究程度。

以上九个部分在实施过程中需要注意以下方面：

1. 活动主题来源突出了艺术与生活、艺术与文化的结合，同时注重幼儿艺术能力和艺术感知的培养。

2. 目标设置注重幼儿对年俗的了解以及相应的艺术素养的学习，能够从幼儿的学习方式出发，注重感知和动作表达，同时也采用多种艺术表征方式如绘画、舞蹈、书法充分调动幼儿学习的热情。

3. 该主题网络是以单元主题因素式思路设计的，以“红红的新年”为主题，通过“年的传说”“过年的风俗”“迎接新年”三个一级核心概念展开，将有形与无形、传统与现代结合起来，从概念中生发出符合幼儿经验和兴趣的活动，当然，在该主题下如果有其他生成的活动也可拓展网络。

4. 教学活动的设计由教师和幼儿共同计划。主题开展时间为2~3周，音乐、美术、表演等类型的活动穿插进行，以幼儿的兴趣为中心选择活动，注意各活动之间内容相互融合。

5. 在主题开展期间，幼儿往往会对主题产生浓厚的兴趣，因此，日常生活的组织主要从幼儿感兴趣的活动出发，可以是集体教学活动的延伸，也可以从大的主题出发展开，活动方式可以相对自由。

6. 从区域活动各个区的布置和材料投放来看，都是和每个具体活动相关的，教师可以在活动开展的基础上对材料有所丰富。材料投放的时间可以在活动前，也可在活动后，如果需要铺垫幼儿的前期经验，则在活动前投放，需要活动后产生延伸活动的则在活动后投放，以充分发挥幼儿自主性为前提。材料的来源有家庭、社区、幼儿园资源室，充分利用废旧物品。

7. 请家长和幼儿一起完成的部分往往是幼儿在幼儿园里无法完整地获得的经验，也有幼儿自主生发出来的延伸活动，需要深入了解才能使幼儿充分了解过年的风俗。

8. 环境创设和主题同步进行的，幼儿的作品可以用来装饰环境，注意环境创设的新颖性，能够启发幼儿新的创作思路。

9. 评价反思是在活动后对幼儿活动开展时的参与度、教学活动的学习成果的评价，可以从主题和幼儿两个方面进行评价。

四、单元主题因素式活动设计案例

单元主题：红红的新年①

论题一　年的传说

活动一：年来了

一、活动目标

1. 探究春节风俗的由来。

2. 通过阅读较完整地表述画面的内容。

二、活动准备

1. “社会万花筒”：《年来了》。

2. 自制年兽图片一张。

三、活动过程

（一）引出主题

1. 你们知道古代为什么要开始过年吗？

2. 出示年兽的图片，并询问幼儿：认识它吗？它叫什么？

小结：我们过年时的一些风俗都与年有关。

（二）幼儿自主阅读《年来了》

请幼儿自取图书，带着问题阅读，阅读结束后大家一起讨论。

问题1：年来了，人们都在做什么？

问题2：人们为什么要这样做？

（三）与幼儿共同阅读《年来了》

介绍过年的重要习俗，以及年俗所代表的意义。如春联是为了吓跑年兽，压岁钱是大人希望孩子平安长大。

① 案例来源：周兢，张杏如．幼儿园活动整合课程教学指导用书．大班．上．南京：南京师范大学出版社，2009：224-265.

四、活动评价与反思

以主题因素式思路设计的活动，其活动没有明显的学科界限，整个活动的目标和设计都是围绕该活动内容的展开，当然本次活动可以看出来是阅读活动，通过阅读，幼儿在讨论、自由阅读的过程中基本了解了中国传统年的由来。

活动二：初三老鼠娶新娘

一、活动目标

1. 理解民间童话的故事情节。

2. 感受民间童话故事的幽默。

二、活动准备

1. 故事书《初三老鼠娶新娘》。

2. 游戏童谣

抬花轿

一月一，年初一，一月二，年初二。
年初三，早上床，今夜老鼠娶新娘。
老鼠女儿美叮当，想找女婿比猫强，
太阳最强嫁太阳，太阳不行嫁给云，
云不行，嫁给风，风不行，嫁给墙，
墙不行，想一想，还是嫁给老鼠郎。
大小老鼠来帮忙，抬花轿，搬嫁妆，
喝喜酒，闹洞房，新郎新娘拜堂啦！

3. 喜庆的背景音乐，录音机。

三、活动过程

（一）念唱童谣，激发幼儿阅读故事的兴趣

1. 在喜庆的背景音乐下念唱童谣《抬花轿》：

一月一，年初一，一月二，年初二。年初三，早上床，今夜老鼠娶新娘。

2. 中国民俗中初三是老鼠娶新娘的日子，这样有趣的民间传说，你知道由来吗？

（二）利用故事书讲述故事《初三老鼠娶新娘》

1. 引导幼儿重点讨论一个怕一个的情节：故事听到这里，（墙把风挡住了），你觉得有趣吗？有趣在哪里？

2. 老鼠村长到底会把女儿嫁给谁呢？

3. 老鼠村长不是说老鼠很弱小吗？他为什么现在决定把女儿嫁给老鼠阿郎了？

（三）游戏：抬花轿

1. 说明游戏玩法：一名幼儿扮演新娘头罩纱巾、手拿绣球，两名幼儿扮演轿夫拉手把“新娘”围在中间，其余幼儿扮演送亲的人跟在花轿后面。游戏开始，幼儿一起念童谣，抬着花轿往前走，念完童谣，送亲队伍停止行进，“新娘”将绣球往后抛给送亲的人，谁接住绣球，谁扮演“新郎”。

2. 提醒幼儿按童谣的节奏抬花轿，步调一致才抬得稳，否则“新娘”会从轿子里摔下来。

四、活动评价与反思

该活动主要是通过阅读故事、歌唱童谣、抬花轿游戏展开的，涉及艺术领域中的文学、音乐等领域，幼儿从艺术形式上了解了童谣的押韵、通过对比阅读了解故事内容，在主题内容方面，幼儿了解了抬花轿、抛绣球等民间嫁娶的风俗，也使幼儿通过几种艺术表征方式的结合对活动主题有了深入了解。

论题二　年的习俗

活动：杨柳青年画

一、活动目标

1. 欣赏年画的色彩和构图特点。

2. 感受年画所表达的喜庆氛围。

二、活动准备

1. 先了解年画的小知识，搜集年画作品一幅。

2. 准备图书《杨柳青年画》。

三、活动过程

（一）出示年画作品，引导幼儿欣赏年画

1. 这些画和我们平时看到的有什么不一样？

2. 画中用的最多的是什么颜色？

3. 多数地方都有过新年张贴年画的习俗，因为一年更换一次，所以叫做“年画”。

4. 请幼儿说说看了年画的感受。

（二）了解杨柳青年画的制作过程

1. 教师告诉幼儿：天津杨柳青的年画是很有名气的。接下来我们看一看杨柳青年画的制作过程。

2. 请幼儿自主阅读《杨柳青年画》。

3. 利用挂图与幼儿交流杨柳青年画的制作过程。

（三）引导幼儿理解年画的寓意

过春节为什么要张贴年画？

四、活动评价与反思

本次活动可以看作是一次美术欣赏活动，主要通过欣赏年画、了解年画的制作过程，了解年画对于年俗的意义以及年画的内容、寓意，同时让幼儿在年画中感受到色彩、线条、构图等艺术形式，丰富幼儿的审美经验。

论题三　欢欢喜喜迎新年

活动一：动物渡河比赛

一、活动目标

1. 了解十二生肖并知道自己的属相。

2. 用声音、动作来表演故事中的动物形象。

二、活动准备

1. 故事《动物拔河比赛》。

2. 参考十二生肖图，自制十二生肖图片一套，白板。

三、活动过程

（一）引出话题

教师：说说自己的属相。你知道十二生肖里还有哪些动物吗？

（二）讲述《动物渡河比赛》的故事，请幼儿仔细听，自己验证

（三）讲完故事后，提问

1. 故事中有哪几只动物？（根据幼儿的回答将动物图像依次摆放在白板上，然后为动物排先后）

2. 故事里你最喜欢哪个动物？为什么？

3. 故事里的动物们是怎样过河的呢？它们又是怎么做的呢？

（四）学习动物的动作和声音，进行表演

1. 请幼儿表演动物的样子，让同伴猜猜是什么动物。

2. 请其他幼儿讲述动物的叫声或特征，然后表演者按要求表演。

（五）分角色演故事

1. 分配角色。

2. 教师念旁白，幼儿分角色表演故事《十二生肖的故事》。引导幼儿学说故事中的对话，并模仿动物的动作。

3. 请个别能力较强的幼儿念旁白，其他幼儿分角色表演故事。

活动提示：

1. 在模仿动物叫声时，因为龙是想象中的动物，教师可以鼓励幼儿自由表现龙的动作和叫声。

2. 如果教学资源允许，教师可以拍摄幼儿的表演过程。

四、活动评价与反思

该活动突出了表演的艺术形式，通过对不同动物的语言、动作的模仿以及最后的分角色表演故事情节，幼儿通过实际行动知道了十二生肖的排列，而且能够增强自己的角色扮演能力。同时活动过程中，教师注意让幼儿用一定的方式记忆十二生肖，又在讲故事后让幼儿自己验证，注重幼儿自我监控学习的培养；活动中教师问幼儿"喜欢哪个动物？"这其实就是想通过幼儿的回答揭示故事的寓意，像老鼠那样对好朋友不怀好意的行为是不对的，这也考虑了艺术教育中幼儿情感体验和良好品行的树立。

附故事：

动物拔河比赛

新年快到了，玉皇大帝又为明年是什么年而大伤脑筋。"我们来举行动物渡河比赛，先到的十二只动物，就用它们代表每一年。"土地公提议。玉皇大帝觉得这个办法很好，就决定举行渡河比赛。

猫和老鼠是好朋友，一听到这个消息，老鼠就说："我们个子小，跑得不快又不会游泳，怎么办呢？"猫说："请水牛早一点儿叫醒我们，载我们过河，我们就能跑在前面了。"比赛那天，天还没亮，好心的水牛就把猫和老鼠叫起来，一起渡河。当水牛游到河中间的时候，老鼠假装亲热地靠近猫："猫哥哥，你看那是什么？"猫刚一站起来，老鼠就用力一推，把猫推到河里去了。到了河边，老鼠赶紧从水牛头上跳下来，跑到终点，得了第一名。水牛得到第二名。接着老虎湿淋淋地跑过去，高兴地吼着："我是第一名！"老鼠大笑着："哈哈……你排在我和水牛后面，是第三名。"

这时地上刮起一阵狂风，一条龙从天空飞下来，眼看着就要到终点了，小兔子突然跳到玉皇大帝面前，得到第四名，龙只好排在第五名。过了一会，路上扬起许多灰尘，原来是马、羊、猴子、鸡、狗正努力地往前跑。"咻——"的一声，草丛里钻出一条蛇，"我先，我先！"蛇的叫声吓了大家一跳，蛇得到了第六名，这时马、羊、猴子、鸡、狗才陆陆续续赶到。

“咦，现在只有十一个动物，还差一个。”大家都伸长脖子，想看看谁会是最后一个幸运儿。“是不是有什么好吃的东西啊？”小猪喘着气边跑边问。大家听了哈哈笑，小猪得到了第十二名。

活动二：舞龙舞狮迎新春

一、活动目标

1. 尝试用各种废旧材料创造性地制作道具。

2. 初步了解一些民间传统文化活动。

二、活动准备

1. 各种纸盒、纸箱、纸盘、纱巾、皱纹纸、旧挂历、彩带、毛线等废旧材料以及美工工具。

2. 活动前给幼儿讲关于龙、狮的传说。

3. 舞龙舞狮相关录像带，适宜舞龙舞狮的背景音乐一段。

三、活动过程

（一）请幼儿观看舞龙舞狮录像

提问：

1. 刚才看到的是什么表演？

2. 什么时候有舞龙、舞狮的活动？

3. 过年过节时还有什么庆祝方式？

小结：舞龙、舞狮是民间传统的表演，非常好玩。

（二）引导幼儿观察收集的资料，激发幼儿制作道具的兴趣

1. 提醒幼儿先讨论和商量想和谁合作，4~5人为一组。

2. 每组选做一样道具，自由发挥创意。

（三）幼儿制作舞龙和舞狮的道具，教师参与指导

1. 帮助能力较弱的幼儿解决困难，如由于硬纸盒比较厚，帮助他们掌握龙

和狮子的眼睛的镂空方法；检查幼儿是否将龙角、龙嘴安装牢固等。

2. 提醒幼儿及时将废旧物放进纸篓。

3. 及时肯定幼儿制作的每一个部件。

（四）播放音乐，幼儿用制作好的道具模仿龙、狮子舞动的动作

四、活动评价与反思

该活动以舞龙、舞狮表演为目的，以龙、狮的道具制作为重点，在制作道具的过程中希望幼儿获得对于舞龙、舞狮的形态的认识，知道在节日应该如何做才更能发挥道具的喜庆作用。活动中教师注重幼儿学习品质和人格品质的培养，如让幼儿创造性地表现龙、狮的形态，提醒幼儿将废弃物放进纸篓，幼儿合作制作道具，对幼儿环保意识、合作意识的培养有利。

活动三：恭喜恭喜

一、活动目标

1. 欣赏中国汉族的秧歌舞。

2. 感知秧歌舞的欢乐和喜庆气氛。

3. 学跳秧歌舞的基本舞步。

二、活动准备

1. 秧歌舞视频《恭喜恭喜》。

2. 秧歌舞蹈的碟片、各色皱纹纸剪成绸带状。

三、活动过程

（一）播放秧歌舞蹈的碟片，请幼儿欣赏

提问：

1. 这是什么舞蹈？

2. 你觉得这个舞蹈的音乐听上去感觉如何？

3. 你在哪里还听到过这种音乐或者看到过热闹的秧歌舞？

小结：秧歌是节日庆祝活动中的大型歌舞表演。既可以在街上行进表演，又可以集中在舞台上做正式的歌舞表演。

（二）播放 CD，教师表演秧歌舞《恭喜恭喜》，请幼儿欣赏

1. 提问：老师是怎么跳的？

2. 一起学学秧歌的“十”字步。

（三）幼儿尝试跳秧歌舞

1. 找一个好朋友，面对面跳。

2. 教师可启发幼儿交换舞伴。

3. 加上道具“皱纹绸带”，分组表演秧歌舞。

四、活动评价与反思

本次活动是将流行乐曲中的小段和传统民间秧歌舞结合起来的歌舞表演活动，幼儿在音乐欣赏和秧歌舞步学习过程中，既欣赏到了秧歌舞的表演形式，还感受到了这种舞蹈和热闹的乐曲结合带来的浓厚的年味。所以，由此可以看出，主题因素式活动的设计一般是根据文学、音乐、美术、舞蹈、戏剧等各种艺术形式的表现力来决定，而非单纯地将几种艺术形式组合到一个活动中来。

附音乐和动作：

恭喜恭喜

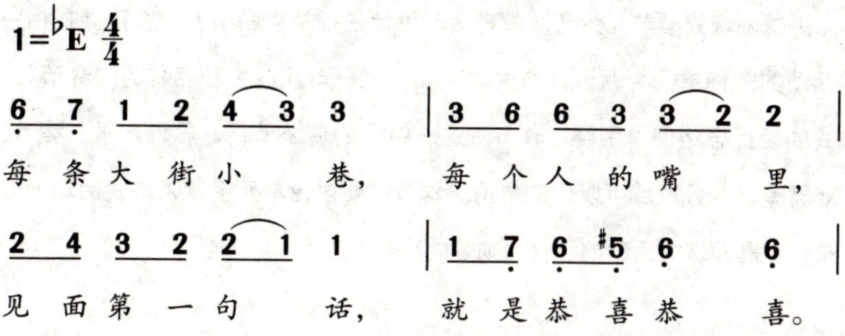

2· 3 1· 3 7̣ 3 6̣ 3 | 2· 3 1· 3 7̣ 3 6̣ :‖

恭 喜恭 喜恭 喜你 呀，恭 喜恭 喜恭 喜 你！

歌曲动作说明：

——每条大街小巷（秧歌“十”字步）

——每个人的嘴里（秧歌“十”字步）

——见面第一句话（秧歌“十”字步）

——就是恭喜恭喜（秧歌“十”字步）

——恭喜恭喜（两脚开立，重心往左，右手在头顶上方甩一下绸带，左手在头顶上方甩一下绸带）

——恭喜你呀恭喜恭喜恭喜你（重复动作）

第二节　单元主题领域式学前儿童艺术教育活动设计

单元主题领域式学前儿童艺术教育活动设计是指从主题出发，直接寻找相应的艺术分领域活动的一种单元主题设计方式。例如，某一单元的主题名称为“春节”，单元主题领域式的设计思路便是围绕“春节”这一中国的传统节日，思考音乐、美术、文学、舞蹈、戏剧等艺术分领域可以做的事情。本节主要讨论单元主题领域式活动设计的主题来源、单元主题领域式活动的设计原则等内容。

一、单元主题领域式活动的主题来源

单元主题领域式活动的主题来源主要有学科或领域、社会生活事件与儿童自身的生

活事件、艺术作品等。

学科或领域的主题是以一定的学科或领域为基础来设定的，是该学科或领域中儿童关注的话题。如“落叶飘飘”“冬天的动物”“新年到”。

在社会生活事件与儿童自身生活事件中，首先，应该以儿童自身的生活事件为主。因为，与儿童相关的才能引发儿童的兴趣。威廉·史密斯早在1935年就指出，真正的课程综合，学习情境必须符合特定的条件:（1）必须考虑与学习者有关的问题;（2）必须关心学习者生活世界的主要层面;（3）必须激发学习者能动的和创造的行为。① 所以，主题绝大部分来自于儿童的生活本身。如“我新养的小狗”“出血了”等，均是儿童生活中的真实事件。其次，作为主题来源的社会生活事件，也是与儿童有关的或儿童感兴趣的事件。如“交通事故发生”“大桥通车”等是社会生活事件，由于儿童生活相关，还可以激发儿童多种情感。

另外，单元主题领域式活动主题还来源于艺术作品，主要有音乐、美术、文学、戏剧等，单就文学本身来说，就包括了故事、童话、语言、诗歌、散文、小说、谜语等不同题材，艺术化地表达了生活的各个方面，这些都可以作为主题的来源，文学作品中人物、事件、物品、场景也可作为主题生成的线索。

二、单元主题领域式活动的设计原则

总的来说，单元主题领域式活动设计的原则有整合性原则、实践性原则、自主性原则、开放性原则。

整合性原则主要包括整合教育目标、活动内容、课程资源。主题综合艺术课程需要充分利用幼儿园已有的资源，包括幼儿园师资的特长，幼儿园环境设施、动植物以及图书，幼儿园文化资源，家庭资源和社区资源。

实践性原则是指主题活动要以儿童自身生活、社会实践、自然世界为基础，让儿童主动参与、亲身实践，始终处于动态的活动中，并强调儿童在活动中的亲身经历。

自主性原则是指在主题活动中儿童要居于主体地位，有自己的目标和追求、选择自

① J.A. 比因. 课程综合. 台北：学富文化事业有限公司，2000：30.

由权、观点和主见，不断实现自身经验的建构和重组。

开放性原则是指课程要辐射到儿童生活和接触到的方方面面，包括身边的人、事、物，乃至整个社会。主题活动的开放性集中体现在教学开放性、活动内容开放性、活动时间开放性以及开放性评价中。

单元主题领域式活动在设计时要注意以下几点：

1. 注意各领域的整合

领域式主题和因素式主题相比，往往从各领域出发分出若干个活动，但这些活动都只有一个扩展链，不再深入扩展，因此，在设计活动时需要考虑避免丧失主题内部固有的联系。

2. 恰当综合多种艺术形式

领域式艺术综合活动一般在形式上综合了打击乐器、歌曲、舞蹈、律动、音乐游戏、绘画、剪纸、泥塑、戏剧、文学等多样艺术。因此，教师恰当地融合这些艺术形式需要注意以下几个方面：教师需要根据自己的经验，确定哪些联系是强制的，哪些联系是自然的；避免“四不像”和“大综合”，注重主题内容和领域知识之间的沟通，不能在一个活动里容纳太多艺术形式，否则容易“蜻蜓点水”；合理将知识、技能融合在人文主题内，强调儿童综合艺术素养的形成；隐藏在综合艺术活动里的知识、技能需要有系统性，例如，以“京剧”为主题开展的领域式活动，了解京剧里的角色、舞台、脸谱、服饰、音乐等要融合在各艺术活动中，其中如角色动作的表演，在音乐、戏剧、舞蹈中都需要相互渗透、迁移、循序渐进地发展。

3. 注重环境创设

单元主题领域式活动不论是通过集体教学还是区域活动来实现，都需要创设和主题相关的环境，激发儿童的兴趣。具体需要注意以下几个方面：主题环境设置总体要轻松、愉悦；将儿童要学习的技能转换为他的需要，激发儿童自主学习；注重每个儿童的自我表达和表现；让儿童通过同伴间的分享、交流相互学习；选择生活化的表现材料，丰富儿童创作表现的途径。

三、单元主题领域式活动的具体实施

单元主题领域式课程的实施也遵循单元主题因素式课程实施的流程，内容包括“一个主题，九个部分”。在主题确定之后一般从音乐、视觉艺术、文学、戏剧、舞蹈等几个方面出发，分别考虑分艺术领域可以开展哪些活动，从而确定教学目标，设计教学活动，设置环境，初步开始主题的实施。下面以一个具体的民俗活动“老鼠的婚礼”为例进行说明。

主题名称：老鼠的婚礼（大班）

第一部分：主题来源

中国民间婚嫁中蕴含着丰富的民俗文化，幼儿在日常生活中总喜欢模仿、创造性地再现婚庆内容，体现了幼儿对于热闹的成人仪式的喜欢与追求。主题活动从《老鼠嫁女》这一熟知的民俗故事入手，通过欣赏、交流、歌唱、表演、制作等方式展开主题活动，既符合大班幼儿的生活经验，又满足幼儿的审美心理需求，提高了幼儿在审美活动中的创造意识和能力。

第二部分：主题教育目标

1. 在美术欣赏、参观、歌唱、制作、表演中感受中国民间婚嫁热闹、喜庆的气氛。

2. 通过美术欣赏、听故事、讲述、配乐等方式了解中国民间婚嫁的一些风俗和蕴含的文化。

3. 了解民间婚嫁的用色特点，尝试用这些色彩来装饰花轿、布置新房等。

4. 能根据自己的经验，选择合适的材料与同伴一起尝试制作花轿。

5. 交流有关“新房”的经验，尝试用一些简单的物品布置“新房”。

6. 初步感受乐曲的旋律，用歌声表现老猫的神气及老鼠的伤心和生气。

7. 知道做客、道喜的基本礼仪，并能够在游戏中加以运用。

8. 在制作和游戏时，遇到困难能积极思考，又会寻求他人的帮助。

第三部分：主题活动网络

音乐	视觉艺术	文学	戏剧	舞蹈
音乐游戏：老鼠嫁女	欣赏：老鼠娶亲版画、剪纸	欣赏故事：老鼠找新郎	表演：八只老鼠抬花轿	为故事配舞
高甲戏“老鼠嫁女”	制作：大花轿、老鼠的新房	改编故事		
	剪纸			
	参观民俗博物馆			

第四部分：教学活动

音乐	视觉艺术	文学	戏剧	舞蹈
《老鼠嫁女》	欣赏版画《老鼠娶亲》，剪纸故事《老鼠嫁女儿》	欣赏故事《老鼠找新郎》	表演《八只老鼠抬花轿》	为故事配舞
高甲戏“老鼠嫁女”	《大花轿》《老鼠的新房》	改编故事《老鼠嫁女》		
	剪纸组画《老鼠嫁女》			
	参观民俗博物馆			

第五部分：日常生活活动

1. 教师可以和幼儿在自由活动时间交流有关老鼠的故事，了解老鼠的生活习性等知识。

2. 师生共同在了解的基础上讲述有关故事情节，制作手指木偶和简单的道具。

3. 观看《老鼠嫁女》动画片，注意倾听音乐。

4. 观看不同地方“老鼠嫁女”的表演视频，如闽南的高甲戏表演。

5. 教师可以向幼儿介绍不同地方的婚嫁习俗，了解民间结婚时有坐轿子、吹唢呐的习俗。

6. 欣赏有关老鼠嫁女的剪纸作品，为后面的创作积累经验。

7. 观察唢呐、花轿的外形，探索并制作唢呐。

8. 欣赏各种剪纸作品和婚庆音乐。

第六部分：游戏与区域活动

区域	情境布置
主题展示区	设置墙面：关于老鼠嫁女的剪纸联画、张贴喜字、制作彩带、布置结婚场景
美工活动区	1. 展示图片资料、美术作品，引导幼儿欣赏 2. 制作抬花轿的头饰和游戏道具 3. 提供材料进行印染活动 4. 尝试制作游戏材料：老鼠头饰、服装、家具、礼品盒等 5. 制作一顶花轿 6. 看图剪“喜”字，剪各种窗花、花边 7. 举办画展，幼儿轮流讲本组创作的内容
语言活动区	有关《老鼠嫁女》的图画书、音像制品
角色活动区	1. 提供木偶、简单道具、录音磁带供幼儿表演 2. 播放动画片《老鼠嫁女》，听音乐模仿画面进行表演 3. 表演《老鼠姑娘找新郎》故事中的对话 4. 进行音乐游戏“八只老鼠抬花轿” 5. 体育表演游戏“抬花轿”

第七部分：家长工作

1. 家长和幼儿一起搜集有关“老鼠嫁女”的资料。

2. 家长和幼儿一起讲述有关老鼠的故事或合作表演故事。

3. 家长和幼儿一起演“抬花轿”。

4. 家长鼓励幼儿用剪刀剪出各种动物形象。

5. 家长可以和幼儿一起搜集有关婚嫁道具的材料，如礼品盒等。

6. 幼儿可以与父母交流有关婚庆方面的经验，丰富游戏的内容。

第八部分：环境创设

1. 幼儿园室外环境创设。可以组织幼儿在美工区制作结婚“喜”字、彩带，用它们装饰室外环境，丰富幼儿园室外环境的主题氛围。

2. 幼儿园墙壁、班级环境创设。张贴幼儿的绘画作品、幼儿搜集到的老鼠形象艺术品；开辟展示区，展示婚庆蜡烛、红头巾、红包、唢呐等自制物品。

第九部分：评价与反思

1. 主题活动设计的合理性。

2. 主题活动实施中幼儿经验的整体衔接。

3. 主题活动中艺术能力的培养。

4. 幼儿在主题活动中的参与度、活动后持续的热情、自主探究程度。

以上九个部分在实施过程中需要注意以下方面：

1. 该主题活动也是民俗活动，和单元主题因素式的活动相比，主题选择范围较广，突出幼儿在各领域中艺术能力的培养。

2. 教育目标较多关注视觉艺术，在了解民俗的基础上，能够通过欣赏、歌唱、表演、手工、讲述、参观等多感官参与感受这种艺术形式中蕴含的色彩、构图、造型、动作等要素。另外在注重感知的基础上，要给幼儿更多的操作机会，注重幼儿基本礼仪、主动求助等良好品质习惯的培养。

3. 该主题网络主要是以不同的艺术形式为维度进行思考，对与“老鼠嫁女”直接相关的活动中视觉艺术类比较多，因此设计的活动相对较多。和单元主题因素式活动最大的不同在于每个领域下的活动都是单层展开，每个活动直接与主题相关。

4. 教学活动虽以领域的方式划分，但各活动之间的融通、整合依旧存在，如音乐和戏剧、舞台表演可以在《八只老鼠抬花轿》中同时体现。教学安排上可以根据各活动所需经验“难度逐层增加”原则安排。

5. 日常生活中渗透主题，主要从老鼠嫁女的故事、音乐、表演，婚嫁习俗，猫和老鼠的故事等方面入手。师幼共同搜集视频、音乐、剪纸、手工材料，教师可以让幼儿自主开展活动，以幼儿的兴趣为导向。

6. 游戏与区域活动也都是根据主题来定的，比如主题展示区就需要展示老鼠嫁女的图画，以及布置传统结婚场景，红蜡烛、红布等；另外美工区的幼儿为某活动进行的准备，如抬花轿的头饰、礼品盒等；教师需要提供丰富的相关材料，启发幼儿的创造力。

7. 在主题活动中，家长不仅仅是配合的角色，也可以作为主要角色，如向幼儿发问、提供材料、带领幼儿观看剪纸作品、了解民俗婚嫁文化等。也可向教师提出活动建议。

8. 环境创设围绕主题展开，环境中的物品可以是一些可操作和互动的物品，如花轿可以让幼儿进去扮演新娘，花衣和唢呐可以让幼儿扮演送亲人。

9. 评价反思是在活动后对幼儿活动开展时的参与度、教学活动的学习成果的评价，可以从主题和幼儿两方面进行评价，注意关注活动结束后幼儿持续进行该活动的热情。

四、单元主题领域式与单元主题因素式活动设计的区别与联系

单元主题因素式和单元主题领域式活动设计二者最大的区别在于设计思路的不同。同样是两个民俗主题活动，因素式主题设计“红红的新年”在主题网络拓展上的设计思路是：确定主题—寻找主题相关概念—一级概念拓展—二级概念拓展……确定适合的活动—搜集活动资源、确定活动计划—正式开展活动；而领域式主题设计“老鼠的婚礼”的设计思路是：确定主题—分领域考虑各自可开展的活动—搜集活动资源、确定活动计划—正式开展活动。在主题网络的拓展上，因素式主题设计的拓展链较长，可多层拓展；领域式主题设计仅为单层拓展。

当然二者在具体教学活动的展开方面区别并不大，不仅强调音乐、视觉艺术、文学、戏剧、舞蹈等艺术领域在活动形式上的融合，还强调不同领域在活动内部的融合，尤其需要注意幼儿经验的整体性和递进发展性。

五、单元主题领域式活动设计案例

单元主题：老鼠的婚礼

活动一：老鼠娶亲（视觉艺术——欣赏）

一、活动目标

1. 在欣赏和交流中感受画面中热闹、喜庆的气氛。

2. 了解中国民间婚嫁的一些风俗及所蕴含的文化。

3. 大胆表述自己观念的同时，注意倾听同伴的意见。

二、活动准备

1. 经验准备：幼儿参加过婚礼或初步了解有关婚庆方面的知识。

2. 物质准备：教师准备视频展示设备、《老鼠娶亲》的版画作品、音乐磁带《百鸟朝凤》、锣鼓等。

三、活动过程

（一）教师和幼儿一起欣赏作品《老鼠娶亲》（出示大的作品画面）

1. 师：看了这幅画你有什么感觉？

2. 师：为什么会有这样的感觉？

（二）教师和幼儿深入欣赏作品（幼儿两人一张小的作品相互交流）

1. 师：画面上有谁？他们在干什么？

2. 师：老鼠在吹奏什么？

3. 师：这是一种什么乐器？你知道它叫什么名字吗？听一听有什么感觉？（播放《百鸟朝凤》音乐）

4. 师：这个老鼠为什么在队伍前面敲锣呢？他会怎么敲呢？

5. 师：谁来敲一敲？声音有什么特别？（鸣锣开道）

6. 师：他们为什么要送鸡和鱼？（年年有余、吉祥如意）

7. 师：你知道这里发生了什么事情吗？他们在干吗？

8. 师：谁是新娘？谁是新郎？你是怎么看出来的？

9. 师：为什么要用红色来装扮新郎、新娘？穿着红色给人什么感觉？

10. 师：迎亲的队伍碰见了谁？猫在干什么？学一学猫的样子。（仔细看眼睛）

11. 师：猜猜看，遇到这样的猫，老鼠将会有什么样的命运呢？

（三）引导幼儿再次整体欣赏并拓展经验

1. 师：你来给这幅画起一个名字吧。

2. 师：这幅画是谁画的？他是怎么画的？用什么画的？

3. 师：画家为什么要画这幅画呢？听一听这个故事。（教师讲述故事）

四、活动评价与反思

该活动是以版画作品欣赏为主的教学，欣赏在前，听故事在后，这样做是为了让幼儿在没有故事经验之前通过整体深入感知版画来了解故事，激起幼儿的好奇心。在欣赏中，先整体感知，让幼儿有一个整体的知觉印象，符合幼儿的审美心理；在深入审美阶段，教师通过版画中的人物、器具逐步引导幼儿看图，从可视的物体入手，逐步感知隐含在版画里的婚嫁习惯，将视觉感知与动作感知结合起来。最后给版画起名字，也是对幼儿整体观感的一个概括。

活动二：老鼠姑娘找新郎（文学——故事）

一、活动目标

1. 在倾听、交流中理解故事，体验作品所表现的快乐和风趣。

2. 通过模仿人物对话，理解“每个人都有自己的长处”这个道理。

二、活动准备

1. 经验准备：幼儿听过有关新郎、新娘的故事。

2. 物质准备：教师提供风、云、墙、老鼠的图片和幼儿表演的头饰。

三、活动过程

（一）教师出示图片：风、云、墙、老鼠的图片，引导幼儿欣赏

1. 师：这些图片上有什么？画了什么？

2. 师：你觉得他们谁的本领大？为什么？

（二）幼儿倾听故事，理解故事内容

1. 师：故事的名字叫什么？故事中有谁？故事里发生了什么事？它们都有哪些本领？

2. 师：它们对老鼠爸爸、老鼠妈妈说了什么？

3. 师：老鼠姑娘的新郎是谁？他们为什么要找老鼠青年做新郎？

（三）引导幼儿边看图片边听故事

师：你最喜欢故事中的谁？为什么？

（四）选择你喜欢的角色（头饰），我们一起来表演

1. 师：你选择的是什么角色？

2. 师：他是怎么说话的？他说了什么？

3. 师：他的表情怎样？你来学一学？

4. 师：和同伴配合表演要注意什么？（对话时看着对方，认真看对方表演等）

（五）引导幼儿讨论自己或别人的长处

师：故事里每个人都有自己的长处和优点，你自己和同伴有什么长处和优点呢？请和同伴说一说。

四、活动评价与反思

该活动将故事阅读和表演相结合，在理解故事的基础上引导幼儿思考自己的长处。活动初出示图片，给幼儿遐想的空间，也激发其参与活动的兴趣；活动过程中教师提问的开放性大，从整体到细节，学习不同人物的语言、表情、动作，再到同伴之间合作表演，难度递增。教师不仅关注到了活动内容本身，也十分关注幼儿与人交往的技巧与品质的培养，如活动中提醒幼儿表演时要看着对方。

活动三：八只老鼠抬花轿（音乐、戏剧——表演）

一、活动目标

1. 初步感受乐曲的旋律，用歌声表现老猫的神气及老鼠的伤心和生气。

2. 利用歌曲旋律的重复规律学会填词并掌握演唱力度。

3. 与同伴合作分角色表演，能控制身体的动作幅度。

二、活动准备

1. 经验准备：幼儿听过《猫和老鼠》的故事或看过有关的动画片。

2. 物质准备：教师提供八只老鼠抬花轿的图片。

三、活动过程

（一）师幼共同复习儿歌《老鼠抬轿》

（二）幼儿学唱歌曲

1. 教师完整范唱，幼儿倾听，感受乐曲旋律。

2. 教师范唱第一到第四句，幼儿做老鼠抬轿动作，用动作感受歌曲旋律。

（1）师：老鼠是怎么抬轿子的？

（2）师：他们抬轿子时心情怎么样？可以用什么样的表情来表现？你来学一学。

3. 幼儿学唱第一到第四句，先整体跟唱，再边唱边做动作。

（1）师：怎么表现老猫神气的样子？（音调上扬）

（2）师：怎么表现小老鼠可怜的样子？（音调降低）

4. 引导幼儿将第五到第八句歌词与旋律匹配。

5. 请幼儿把第一到第八句连起来演唱。

6. 带领幼儿学唱第九到第十二句。

两次“一、二、三”有什么不同？应用什么不同的声音来唱？

（三）幼儿尝试自由结伴，跟着音乐合作表演

老鼠抬轿

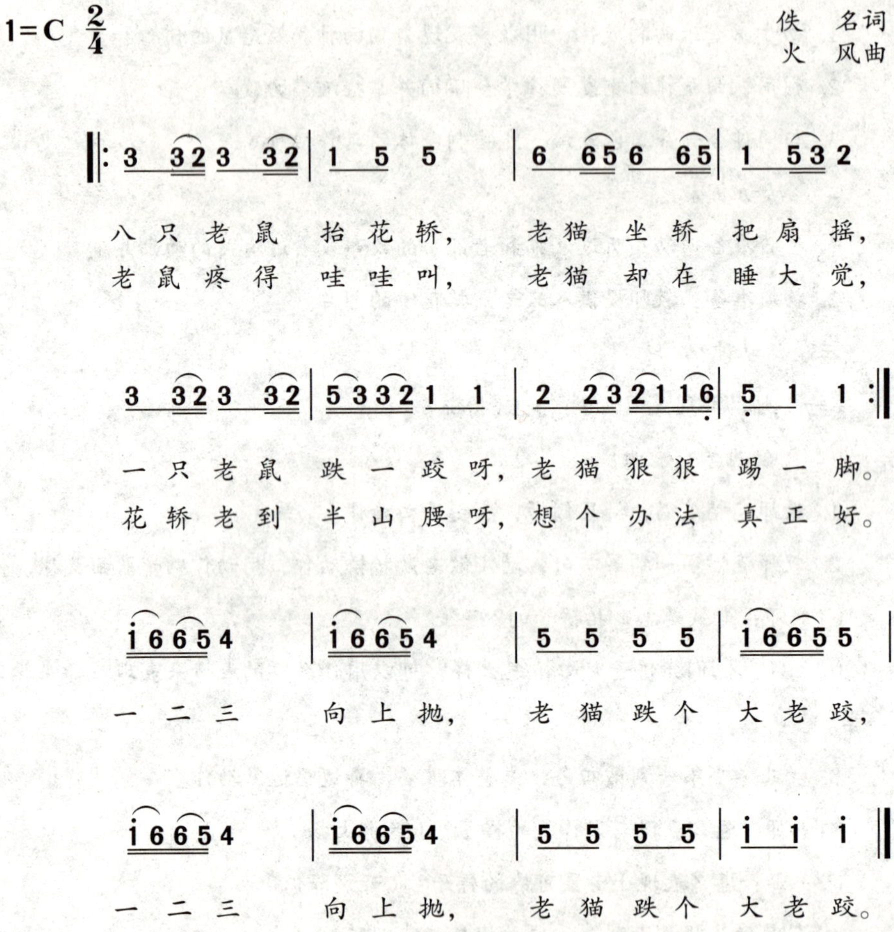

四、活动评价与反思

该活动非常自然地衔接了幼儿歌唱与表演，教师活动设计层次清晰，在幼儿已经掌握的儿歌的基础上学习唱歌，降低了歌词的难度；教师整体范唱，幼儿活动对音乐的整体感知，符合幼儿整体感知事物的思维；在教师范唱基础上，幼儿分段学习，用动作感知音乐，在音乐学习基础上逐步注意人物表情的表演；

请幼儿辨别两句乐句的不同，让幼儿进行反思，最后以合作表演的方式轻松结束。

活动四：老鼠嫁女（美术——剪纸组画）

一、活动目标

1. 会用折叠、开天窗等方法剪出生动、可爱的老鼠形象及迎亲用品。

2. 用漏印的方法给剪纸老鼠染色并能够进行组画，积累构图的经验。

3. 注意倾听同伴的建议，会与同伴协商共同完成任务。

二、活动准备

1. 经验准备：幼儿有剪纸、漏印和组画的经验。

2. 物质准备：教师提供剪纸动画片《老鼠嫁女》，为幼儿提供剪刀、油画颜料、彩色纸、海绵球、大底纸等操作材料。

三、活动过程

（一）组织幼儿看剪纸动画片《老鼠嫁女》的迎亲场面

1. 师：动画片里的老鼠是什么样的？他们有什么不同？

2. 师：老鼠们做了些什么？他们是怎么做的？

3. 师：你喜欢什么样的老鼠？他的动作是什么样子的？有什么特点？怎么设计？

（二）引导幼儿探索老鼠的剪法

1. 师：老鼠可以怎么剪？先干什么？再干什么？（先画出外轮廓再剪。）

除了老鼠新郎、新娘还有谁？各用什么剪法可以表现这些老鼠的不同？

2. 师：除了剪老鼠还要剪什么？

（三）幼儿讨论分工合作的方法

1. 师：我们要合作制作一幅老鼠迎亲的画。

2. 师：谁剪老鼠新郎、新娘？谁剪吹喇叭的老鼠？谁剪抬轿子的老鼠？谁剪敲锣的老鼠？谁剪轿子？谁剪马？

（四）幼儿自由结伴分组操作

师：剪的时候注意表现老鼠的动态和神情。

（五）引导幼儿用漏印的方法给老鼠染色，提醒幼儿注意选用喜庆的颜色

（六）集体组画

1. 师：我们在这张大底纸上先贴什么？再贴什么？

2. 师：谁在前，谁在后？如果这些画放不下怎么办？（重新调整）

（七）幼儿欣赏组画

1. 师：这幅大画里有什么？哪些是你剪的？

2. 师：你最喜欢画的哪一部分？为什么？

四、活动评价与反思

该活动是以剪纸的方式表现"老鼠嫁女"的一系列场景，教师先让幼儿观看动画片，产生剪纸的意向，并有了初步的构思；接着引导幼儿探索剪一只老鼠的方法，又用分工合作的方法剪出一组迎亲老鼠。幼儿在感受老鼠嫁女的基础上，运用漏印、组画等艺术技巧来完成一幅大的剪纸作品。当然，活动里也包含解决问题、自我评价等环节，注重对幼儿学习品质的培养。

活动五：参观民俗博物馆（视觉艺术——参观）

一、活动目标

1. 进一步了解中国传统的婚庆习俗及所蕴含的文化，激发对民俗文化的喜爱之情。

2. 回忆参观的经验，讲述花轿造型和色彩以及洞房布置的特点，积累感性经验。

二、活动准备

1. 经验准备：谈话前幼儿集体参观民俗博物馆。

2. 经验准备：教师录制参观过程的录像资料。

三、活动过程

（一）教师播放参观的录像，引导幼儿回忆参观民俗博物馆的过程

1. 师：这是我们到什么地方参观的录像？

2. 师：参观时我们都看到了什么？

（二）出示参观花轿的录像片段，引导幼儿观察、讲述

1. 师：这是什么？花轿有什么用？是什么样的？

2. 师：花轿上面有什么？为什么要有这些东西？

3. 师：花轿是什么颜色的？

4. 师：花轿上什么颜色用得最多？人们为什么喜欢用这些颜色？

5. 师：你还看过什么样的花轿？

（三）出示参观洞房的录像片段，引导幼儿观察、讲述

1. 师：我们在参观什么地方？洞房是给谁用的？

2. 师：洞房里有什么？是什么样的？是什么颜色的？还有什么？

3. 师：墙上还贴了什么？为什么要贴这些东西？

4. 师：洞房里为什么有这么多红色的东西？

四、活动评价与反思

该活动是参观博物馆后的谈话活动，幼儿已经有了参观经验，教师通过播放录像和幼儿一起观察、回忆、交流，重点观看了幼儿参观花轿和洞房的录像，为下面的活动开展奠定基础。在参观花轿录像片段中，教师分别抓住花轿的用途、外形、构造、颜色等引导幼儿分别回忆，并激起幼儿的已有经验，帮助幼儿回忆自己在其他地方见过的花轿。参观洞房的录像片段也是采取同样的方法。

活动六：制作大花轿（视觉艺术——制作）

一、活动目标

1. 能根据自己的经验，选择合适的材料与同伴一起尝试制作花轿。

2. 知道选择红色、黄色等喜庆的、具有民族特色的色彩对花轿进行装饰。

3. 学习分工合作的方法，积累一些解决问题的策略。

二、活动准备

1. 经验准备：幼儿对花轿的造型有基本的认识。

2. 物质准备：教师为幼儿提供各种花轿的图片或参观的录像，同时为幼儿提供制作花轿的材料，如纸盒、彩色纸、竹竿、双面胶等。

三、活动过程

（一）引导幼儿回忆自己所见过的花轿

1. 师：你们看过的花轿是什么样的？

2. 师：它由几个部分组成？每个部分又是什么样的？

3. 师：花轿是什么颜色的？有什么样的花纹？

（二）组织幼儿讨论制作方法和制作材料

1. 师：制作花轿需要什么呢？（展示搜集来的材料）

2. 师：这些材料可以用来做什么？怎么做？

3. 师：怎样装饰更像新娘坐的花轿？

（三）根据幼儿的意愿和能力分组进行制作活动

1. 分组：分成制作并装饰轿顶组、装饰竹竿组、装饰轿帘组、装饰挂件组、制作并装饰轿身组、组装花轿组。

2. 指导：教师重点关注制作轿顶和组装花轿的环节。

（四）引导幼儿进行讨论并简单分工

1. 师：你们先商量好用什么材料制作花轿既简单方便又好看？

2. 师：你想完成什么任务？遇到困难怎么办？可以请谁帮忙？

四、活动评价与反思

该次活动是建立在前面所有活动的基础上的，体现了幼儿关于花轿经验逐步积累的过程。上次活动教师让幼儿了解了花轿的外形、构造、用途、颜色等部分，在本次制作活动开始前，教师同样引导幼儿回忆已有经验，唤起幼儿的制作意图，然后根据材料将想法转化为实物，教师同样先组织讨论，后让幼儿分组完成。期间教师给予幼儿帮助、指导。整个活动充分调动了幼儿的自主性，教师起到唤起、指引、组织、帮助的作用。

▶ 小结

本章阐述了单元主题式学前儿童艺术教育活动设计策略，具体讨论了以下两个问题：

（1）单元主题因素式学前儿童艺术教育活动设计，包括单元主题因素式活动的主题来源、设计原则与具体实施方式。

（2）单元主题领域式学前儿童艺术教育活动设计，包括单元主题领域式活动的主题来源、设计原则与具体实施方式。

▶ 思考与实践

1. 思考单元主题因素式活动的主题来源。
2. 思考单元主题因素式活动的设计原则、具体实施。
3. 思考单元主题领域式活动的主题来源。
4. 思考单元主题领域式活动的设计原则、具体实施。
5. 尝试确定一个主题，分别设计单元主题因素式和单元主题领域式活动方案。

▶ 延伸阅读

1．虞永平．论幼儿园课程中的主题［J］．学前教育研究，2002（6）．

该文主要从幼儿园主题开展的含义、功能、来源、结构等几方面出发论述了幼儿园主题活动的基本问题，给教师开展主题活动提供了一些方向性的引导。

2. 孔起英，王绪兰．幼儿园主题式美术教育活动［M］．南京：南京师范大学出版社，2006.

该书精心收集了 24 个美术主题活动，涵盖了小班、中班、大班三个年龄段。

每个活动由设计思路、核心目标、网络图谱、活动列表、案例设计、主题反思与体会六部分组成。另外，该书还收录了以师生对话为主要形式的活动实录，并附上了对活动的简要分析，从中可以较清晰地看出活动的思路和方法。

3．周兢，张杏如．幼儿园活动整合课程教学指导用书［M］．南京：南京师范大学出版社，2009.

该书涵盖了幼儿全面发展的五大领域，从一个主题出发，包含了该单元主题的说明、可开展的教学活动、单元网络及具体活动等方面，是单元主题开展的百科全书式的教材。

4．王恩侠，武红华．艺术教育促进幼儿快乐发展的实践探索［M］．北京：北京师范大学出版社，2009.

该书立足于艺术教育促进幼儿快乐发展的实践研究。艺术对人的影响经久不会磨灭，丰富多彩的艺术教育活动的开展会促进幼儿的全面发展。艺术是情感的表现，是内心直接体验的一种宣泄。幼儿在利用某种艺术形式表现时，是通过感知、体验、想象再由实践操作表现出来的。该书主要从音乐、美术、文学三方面深入探讨了艺术整合教育的可能性。

第八章

学前儿童艺术教育评价

>> 内容导航

- 学前儿童艺术教育评价
  - 学前儿童艺术教育评价概述
    - 学前儿童艺术教育评价的含义
    - 学前儿童艺术教育评价的作用
  - 学前儿童艺术教育评价的内容与标准
    - 学前儿童艺术共性感知、理解与表达能力的评价
    - 学前儿童艺术教育活动过程的评价
  - 学前儿童艺术教育评价的方法
    - 观察法
    - 测试法
    - 等级评定法

学习目标

1. 理解学前儿童艺术教育评价的含义和作用。
2. 理解学前儿童艺术共性感知、理解与表达能力评价的内容与标准。
3. 理解学前儿童艺术教育活动过程评价的内容。
4. 理解并学会应用学前儿童艺术教育常用的三种评价方法。

引言

在一个幼儿园大班的音乐欣赏活动中，有六位学前教育专业的研究生正在随堂测评幼儿的学习品质状况。看了他们使用的学习品质观察表，带班老师很不理解地问：你们做的不是音乐教学的课题吗，怎么不测幼儿的音乐能力而是评幼儿的学习品质?

任何一个系统的有效运作都需要一个发挥自我监督与调控功能的监控部分，学前儿童艺术教育中的评价便承担此项工作。学前儿童艺术教育的评价对象主要集中于学前儿童艺术共性能力发展与教育活动过程两个方面，评价方法则集中于最常用的观察法、测试法与等级评定法三种方法。

第一节　学前儿童艺术教育评价概述

一、学前儿童艺术教育评价的含义

学前儿童艺术教育评价一方面是针对学前儿童艺术教育的特点和各个组成要素，通过收集和分析学前儿童艺术教育活动各方面的信息，判断艺术教育价值和效益的过程；另一方面是对艺术教育目标、活动方案、教育内容、材料、效果以及教学活动过程的实际状况等做出判断和评定的过程。它是一种整体评价，不仅包括对学前儿童艺术学习结果和发展状况的测量和评价，还包括对艺术教育本身价值及艺术教育活动中教师的观念态度、活动组织形式、教学目标适宜程度、师幼互动的质量等的评估。

二、学前儿童艺术教育评价的作用①

（一）反馈作用

学前儿童艺术教育评价的反馈作用表现为通过对学前儿童艺术教育的评价，可以及时而敏锐地发现艺术教育过程中的新问题、新情况，判断艺术教育整体结构中每一个环节是否有效，验证制定的艺术教育目标、选择的艺术教育内容、方法、环境等是否与学前儿童的年龄特点、认知特点以及经验水平相适应等。只有对学前儿童艺术教育过程进行全面而科学的测评和评估，才能确保改进教育工作、提高教育质量。所以，学前儿童艺术教育的评价作为一种反馈和矫正系统，不仅应被使用于艺术教育的每一个环节，而且应该由此激发教师进一步改进和调整教育活动的行为，强化和推广成功的经验，弥补和修正失败的经验，真正使艺术教育课程的发展成为一种不断完善和逐步扩大适应面的过程。

（二）诊断作用

学前儿童艺术教育评价的诊断作用表现为通过对学前儿童艺术教育的评价，不仅可以指出学前儿童艺术教育的现状以及儿童之间发展的差异性，而且还能指出造成现状与差异性的原因、影响因素，从而给艺术教育活动带来真正的改进。例如，以学前儿童在

① 参见黄瑾．学前儿童音乐教育．上海：华东师范大学出版社．2006：187．

艺术教育活动中的学习品质表现来诊断艺术教育的目标与内容；以学前儿童的艺术表现结果来诊断学前儿童的音乐发展情况等。总的来说，通过艺术教育评价能够及时地诊断出艺术教育目标、内容、方法、过程与学前儿童艺术能力发展水平之间的适切性，从而更好地考虑到艺术活动中学前儿童的差异性、教材的适应性、方法的可行性，不断推动和促进学前儿童艺术教育的改革和发展。

（三）促进作用

学前儿童艺术教育评价的促进作用表现为以下三个方面：第一，教育管理层、教育研究者、教师能把学前儿童艺术教育评价作为一种自觉行为，能在对不同的艺术教育类型的评价、比较中探讨不同教育模式的价值与优势，以促进学前儿童艺术教育的发展。第二，教师能在艺术教育活动的每次实践中，对自身、学前儿童、环境和材料等方面作出评价与反思，并以此为基础进行下一次艺术教育活动的设计与实施，就可以极大地促进学前儿童艺术教育活动的有效性。第三，如果能经常性地展开前面两个方面的评价，那么评价就能作为一种积累，为幼儿园与学前教育同仁间的交流提供丰富而实用的参考信息，从而促进学前儿童艺术教育课程的发展、应用与推广。

第二节　学前儿童艺术教育评价的内容与标准

学前儿童艺术教育评价的内容是指评价的具体范围；评价的标准是指对评价要求的具体规定，即评价的尺度。评价内容和评价标准构成了学前儿童艺术教育评价的指标体系。对学前儿童艺术教育的评价，主要介绍以下两个方面：

一、学前儿童艺术共性感知、理解与表达能力的评价

儿童的艺术能力发展与逻辑能力发展情况有所不同。儿童的逻辑思维发展与生理成熟具有比较明确的对应性，儿童的艺术发展与生理成熟具有一定的对应性但不具有绝对性，如一个三岁孩子的音乐能力可以超过一个八岁的孩子。所以，儿童艺术能力评价中的低中高指标，无法绝对地与儿童年龄挂钩。就儿童教育机构中的班级而言，儿童艺术

能力反映在不同班级中的差异也很大，不是小班一定是低指标、大班一定是高指标，即低中高指标不完全对应小中大班。总而言之，儿童艺术能力发展不绝对地与年龄发展相对应，艺术能力发展的个体差异相当大，这些都是我们在进行艺术发展评价前需要了解的。

（一）观察学习活动中艺术共性感知、理解能力评价①

1. 对不同艺术符号类型中的艺术形象的沟通能力

（1）对不同艺术符号类型的艺术形象产生兴趣与给予关注的时间

低：短暂。

中：较长时间。

高：持续。

（2）对不同艺术符号类型的艺术形象的感知能力

低：能从图片和动作中选择部分形象或者能用语言描述作品的部分形象。

中：能从图片和动作中选择部分形象或者能用语言描述作品的整体形象。

高：能从图片和动作中选择部分形象或者能用语言描述作品的整体形象与细节。

（3）对不同艺术符号类型的情感类别及其变化的识别能力

低：能识别少量的常见的情感类型，如高兴、不高兴、生气、害怕等。

中：能识别较多的常见的情感类型，如关心、同情、伤心、难受等。

高：能识别更多的常见的情感类型，如热情、热爱、冷漠、傲慢、妒忌等，能认识人物情感的冲突和变化。

（4）对不同艺术符号类型的艺术作品进行情感匹配

低：能从单一的艺术作品中将一至两种情感类型进行归类与匹配，如把图画中高兴的、悲伤的人物脸谱找出来，或是在一则故事中选出善良的、可爱的两个角色。

中：能从不同艺术作品中将人物的几种情感进行归类和匹配，如哪段音乐听起来很伤心，哪个故事哪幅图画中的人物也是这种心情。

高：对不同艺术作品的情感基调能进行匹配，如哪幅画像哪一首曲子或哪一个故事。

（5）对不同艺术符号类型艺术形象的社会意义作出选择和评价

① 参考楼必生，屠美如．学前儿童艺术综合教育研究．北京：北京师范大学出版社，1997：268-273.

低：能进行选择性评价，如喜欢谁（什么）？不喜欢谁（什么）？

中：能进行描述性评价，如喜欢什么（怎样）？不喜欢什么（怎样）？

高：能进行因果性评价，为什么喜欢？为什么不喜欢？

2. 对不同艺术符号类型的艺术作品中共享形式元素的沟通能力

（1）色彩的沟通能力

低：能感知与理解一种艺术作品的色彩的情意象征性，如美术作品中暖色表示兴奋、热烈，冷色表示宁静。

中：能感知与理解两种以上艺术作品的色彩的情意象征性，如美术作品中灰暗的色彩与文学作品中沮丧、不快乐的情感相联系。

高：能感知、理解和想象所有分领域艺术作品中的多种色彩的情意象征性。

（2）节奏的沟通能力

低：能感知与理解一种艺术作品中的节奏表现性，如辨别音乐中单一均齐的节奏，并能用动作表现；辨别美术中单个物体重复排列所形成的节奏。

中：能感知与理解两种艺术作品之间的节奏沟通性，如快速密集节奏型与慢速舒缓节奏型交替的音乐与文学作品高潮、低潮之间的沟通性。

高：能感知、理解和想象所有分领域艺术作品中节奏表现性之间的沟通。

（3）力度、方向的沟通能力

低：能感知与理解音乐中的力度。

中：能感知与理解美术中的力度与方向。

高：能感知与理解所有分领域艺术作品中力度、方向表现性之间的沟通。

（4）结构的选择与匹配

低：能感知与理解一种艺术作品的基本结构，如音乐作品的 ABA 三段结构、美术作品的重复与变化结构、文学作品的分情节结构。

中：能对两种艺术作品的结构进行匹配，如音乐作品 ABA 三段结构与文学作品中的三段结构。

高：能感知与理解所有分领域艺术作品之间结构要素的相似性，并进行选择与匹配。

3. 对不同艺术符号类型的艺术作品中共通美学原则的沟通能力

（1）对称和均衡

低：能感知与理解一种艺术作品中某些成分的对称，如美术中单轴的对称，音乐中声音强弱、抑扬顿挫的对称。

中：能感知与理解两种艺术作品中的某些对称结构，并加以匹配。如把对称结构的图画与对称结构的乐段进行匹配。

高：能感知与理解艺术作品整体结构的对称、均衡关系，如文学作品中的句子对称与段落对称结构，音乐中的曲式对称结构，美术中画面的对称与均衡等；能感知与理解所有分领域艺术作品之间对称结构的相似性，并进行选择与匹配。

（2）重复与变化

低：能感知与理解一种艺术作品中重复与变化的创作手法，如美术作品中比较单一工整的重复与变化结构，音乐作品中句子与段落之间的重复与变化。

中：能感知与理解两种艺术作品中比较工整的重复与变化。

高：能对所有分领域艺术作品之间比较工整的重复与变化手法进行沟通，能感知与理解艺术作品中不太工整的重复与变化。

（3）整齐一律与多样统一

低：能分辨美术作品中整齐一律（无背景）与多样统一（有简单的主题和背景）两类作品的差别。

中：能感知与理解音乐与美术作品中的结构相似性，如音乐中的单乐段作品与美术中的单一画面作品之间的结构相似性；音乐中的多乐段作品与美术中的复杂画面的结构相似性；

高：能对所有分领域艺术作品之间的结构相似性进行沟通，如选择与匹配单乐段音乐、单一画面美术和简短儿歌；选择与匹配多乐段音乐、复杂画面与情节复杂故事。

（二）创作活动中艺术共性表达能力的评价

1. 喜欢参与艺术作品的创作和再创作活动

低：喜欢参与，能获得创作过程的愉悦感；

中：喜欢参与，能对创作过程和结果产生兴趣；

高：非常喜欢参与，参专注于创作过程，能对结果产生自我欣赏的行为。

2. 对不同类型艺术品的形象进行符号转换

低：能用身体动作表现音乐和文学作品中的形象，表达的形象含有直接或隐喻的情感。

中：能用绘画表现音乐和文学作品中的形象，表达的形象含有较多直接或隐喻的情感。

高：能用语言描述音乐和绘画作品中的形象，并能将音乐与绘画作品中的形象编成故事、儿歌或戏剧，表达的形象有较稳定的直接或隐喻的情感。

3. 对不同类型艺术作品中的共通美学特征进行转换

低：能用绘画表现简单物品的对称结构。

中：能用绘画与身体动作表现音乐与儿歌中的对称结构，能在绘画中体现平衡感，能在音乐活动中体现次序感。

高：能用绘画表现故事和音乐中的对称与重复，能在绘画与文学创作中体现整体结构的均衡和完满。

4. 对主客体的情感共鸣与融合进行即兴的符号表现

低：能用肢体动作、脸部表情、语言等流露与表达情感。

中：能用身体动作、脸部表情、语言、歌唱表现同一情感。

高：能借用不同艺术符号有控制地表现同一情感。

5. 对大自然和生活中获得的印象能反映在艺术创作中

低：能运用某一种艺术符号跳跃式地反映某些散在的感受。

中：能运用两种艺术符号反映观察到的印象。

高：能较有目的地运用多种艺术符号组织并表现自己的感受与经验。

二、学前儿童艺术教育活动过程的评价

对学前儿童艺术教育活动过程的评价包括对教师、学前儿童及其他方面的评价。下面我们着重阐述学前儿童艺术教育活动过程中有关教师与学前儿童课堂行为的评价内容，评价标准略。

（一）教师课堂行为评价

1. 关于艺术学科的知识

（1）教师对个项艺术符号的示范与表达是准确的

- 对音乐符号的示范与表达准确
- 对视觉符号的示范与表达准确
- 对语言符号的示范与表达准确

（2）教师在个项艺术之间的符号转换是准确的

- 音乐符号准确地转换成视觉与运动觉符号
- 视觉符号准确地转换成运动觉与音乐符号
- 语言符号准确地转换成音乐与运动觉符号

（3）教师对艺术美学共通原则的例举是准确的

- 美学共通原则下的音乐作品例举准确
- 美学共通原则下的美术作品例举准确
- 美学共通原则下的文学作品例举准确

（4）艺术活动展开的进度适合活动目的

- 活动内容都是围绕艺术共通性展开与深入

2. 关于幼儿的知识

（1）教师向幼儿展示的内容适合当下幼儿的发展水平

- 教师抛出的教学任务与幼儿艺术与学习能力相一致
- 教师教学任务抛出的顺序与幼儿艺术与学习能力相一致

（2）艺术活动展开的进度符合幼儿发展水平与需要

- 活动展开的进度符合幼儿发展水平
- 活动展开的进度符合幼儿需要

3. 教学组织、方法与互动

（1）教师以唤起幼儿艺术共性学习兴趣与启动幼儿艺术共性思维的方式开始教学

- 教师以唤起幼儿艺术共性学习兴趣的方式开始教学
- 教师以唤起幼儿艺术共性思维的方式开始教学

（2）教师积极投入活动的时间比值

- 教师积极投入活动的时间比值

（3）教师的管理策略提高了艺术活动的质量

● 教师在活动之前对课堂所用材料已准备充分

● 教师有效组织幼儿进入艺术综合教学的每个环节

● 教师精心安排了互动，有效维持了幼儿的参与热情

（4）就幼儿发展水平、需要以及活动目标而言，教师使用合适的教学方法

● 教学方法与教学目标相匹配

● 教学方法维持了幼儿身体与思维的双参与

● 向幼儿提供了必要、合理的支架

（5）教师帮助和支持了回答者或表现者的思维或行动

● 提醒幼儿相似的艺术特征或表现特征

● 提供背景知识

4. 期望

（1）教师认可幼儿的努力、坚持和专注

● 教师使用的语言认可行为

● 教师使用的非语言认可行为

（2）教师对幼儿有较高的学习期望，且期望合适

● 教师要求所有幼儿在艺术综合活动中不仅身体参与而且思维参与，鼓励幼儿回答问题、主动探索

5. 引导幼儿思维参与

（1）教师要求幼儿分享、澄清、调整对某一问题的想法

● 教师使用一系列提问发展和挑战幼儿的思维

● 教师鼓励幼儿解释他们自己的想法

● 教师使用“为什么？”“你是如何…?”“你可以…?”等引导性问话

（2）教师促进幼儿的回应

● 教师为一个问题引出很多解决方法

● 鼓励幼儿再次丰富自己的回答

● 教师很耐心地倾听幼儿的回答

- 对幼儿的回应作出反馈，并恰当地成为全班学习的机会

（3）教师鼓励幼儿聆听同伴的想法并对同伴的想法进行评价

- 教师积极引导幼儿之间的交流
- 教师加强幼儿聆听他人想法与建议的意识

6. 支持幼儿的艺术理解与表现

（1）教师支持和帮助了听者或看者的理解

- 要求不同的幼儿解释同伴的方法或表现
- 鼓励幼儿用他们自己的语言进行解释，或者提供另一种表现

（2）教师给予了“刚刚足够”的帮助

- 教师给幼儿提供不多不少的帮助或者信息

7. 扩展幼儿的艺术理解与表现

（1）教师归纳并详细说明幼儿对艺术共性的理解与表现

- 教师复述了幼儿的说法，再现或提炼了幼儿的表现手法

（2）教师鼓励艺术共性的回忆和思考

- 在活动的过程中或者结尾总结出艺术综合活动的关键经验
- 帮助幼儿把艺术共性学习和其他活动联系在一起，或者和幼儿现实生活中的经验联系在一起

8. 教学评估与调整

（1）教师对幼儿进行观察和聆听，并因为幼儿的需要而调整教学任务

- 教师基于课堂教学现场需要作出教学任务的调整

（2）教师考虑到不同幼儿之间的能力差异和发展水平上的差异，从而调整任务和讨论

- 在互动情境下，教师针对个别幼儿作出任务调整

（二）幼儿课堂行为评价

在艺术教育活动中幼儿课堂行为体现在艺术能力与学习品质两个方面，对艺术共性的感知、理解与表达能力，我们在本节“能力评价”中已经单独阐述，这里不再赘述。在此，幼儿课堂行为评价单指课堂教学过程中幼儿表现出来的学习品质。

1. 幼儿的好奇心与兴趣

（1）活动中，幼儿是否会提出问题

（2）面对教师提问的反应

（3）回答教师提问的情况

（4）是否愿意跟随或按照教师的要求去做

（5）幼儿对导入活动的反应

2. 幼儿的主动性

（1）能否主动回答教师的提问

（2）面对教师的提问或要求时能否做到独立思考

（3）面对较难问题和困难任务时的表现

3. 幼儿的坚持与专注

（1）活动开始时幼儿的投入程度

（2）幼儿对整个活动的专注程度

（3）幼儿能否坚持完成整个活动任务

（4）在完成任务的过程中，若遇到不顺利，幼儿会有怎样的表现

4. 幼儿的想象与创造

（1）活动中幼儿如何表达自己的想法

（2）能否观察模仿教师的示范

（3）活动中的艺术表达能力

5. 幼儿的合作

（1）活动中，幼儿同伴之间是否有肢体和眼神的交流

（2）幼儿能倾听他人的谈话或关注他人的行为

（3）幼儿能否对同伴进行积极评价

第三节 学前儿童艺术教育评价的方法

学前儿童艺术教育评价方法是多种多样的，最常用的方法有观察法、测试法与等级

评定法。

一、观察法

观察法是指有目的、有计划地对艺术活动中的幼儿进行即时观测，并对观测结果作出一定评估的方法。通过观察，教师可以获取来自幼儿的多方面反馈信息，这不仅能使教师真实地了解每个幼儿的艺术发展水平和能力，而且能帮助教师从观察结果中更好地反思教育活动进程与幼儿的适宜度，从而及时、有根据地调整和改进活动内容、方法与组织形式。

使用观察法进行评价，一般从以下两个途径展开:（1）自然观察。指教师在幼儿的日常生活中、在幼儿真实自然的自发艺术活动中进行幼儿行为、表现的观察评价。教师的任务是在观察前明确所要观察的内容，并在观察中作好相应的记录。自然观察的优势在于不受条件限制，可以随时、随地、随机地进行，具有比较明显的灵活性；但也正是这种环境、时间、空间的不受控制性，往往会影响到观察记录的效果。（2）人为创设环境的观察。对于在日常活动中难以观察到的行为与表现，教师需要根据评价指标体系的要求，特别设置一个活动、游戏或场景，以促使幼儿自然地表现其艺术发展方面的状况。这种观察来自一个具体创设的环境，其效果会比自然观察好。

本章第二节“学前儿童艺术共性感知、理解与表达能力的评价”中的大部分内容可以通过观察法完成并获得评价结果，有的可以通过自然观察完成，有的需要创设活动情境进行观察并获得观察结果。观察法是各类评价方法的基础部分，下面介绍的测试法与等级评定法都是基于观察法。

二、测试法

测试法是通过标准化的测量工具或自行设计、编制的艺术能力测验，对幼儿的艺术能力发展作出科学评价的一种方法。一般而言，测试法多引用权威机构或专家编制的标准化测验项目，能比较真实而客观地反映出测试对象的原始情况，但由于幼儿年龄小，文字化的测验项目不适合他们，所以多用表现性的测验项目。测试法的优势在于科学性较强，特别适用于不同年龄幼儿或个别幼儿个项艺术能力发展水平、特点、趋势和差异的评估。下面，我们以“幼儿节奏表现力”（表 8-1）的测试为例，说明如何通过表现性的艺术活动测试幼儿的个项艺术发展状况。

表 8-1　幼儿节奏表现力评价指标

幼儿姓名＿＿＿＿＿　性别＿＿＿＿＿　年龄＿＿＿＿＿　观察日期＿＿＿＿＿　观察时间＿＿＿＿＿

项目	特征类别	标准（指标）	等级		
			差	中	好
音乐特征	拍子	1. 上肢合拍			
		2. 脚步合拍			
		3. 动作松弛			
	节奏型	1. 有自己的动作节奏型			
		2. 表达有特点的音乐节奏型			
	句子	1. 动作具有清晰的句型，有意识地进行句子的起落			
		2.音乐句子重复，动作重复			
		3. 对比句的动作能有对比性			
	段落	1. 段落转换自如			
		2. 用不同风格动作表达不同音乐风格的段落			
	引子、尾声	1. 能完成引子等待			
		2. 尾声有结束性的动作			
动作特征	空间	1. 能利用自我空间			
		2. 能利用集体空间			
	层次	能用低、中、高三个层次			
	类型	1. 移动、非移动动作结合			
		2. 身体、四肢结合			
	意义	1. 动作具有再现性			
		2. 动作具有表现性			
	合作性	1. 具有合作性动作			
		2. 具有目光交流意识			

注：差：做不到。中：有时做到有时做不到。好：自始至终做到。

表 8-1 是幼儿节奏表现力的测试工具，教师在测试前需要完成的任务：(1) 理解与熟悉此工具所有指标内容的含义与打分标准；(2) 找到一首适合幼儿即兴表演的乐曲，可以是包含音乐风格对比强烈的 AB 两段体乐曲，也可以是 ABA 三段体乐曲。幼儿可以四人为一组进行动作即兴表演活动，教师通过观察幼儿的即兴表演为每一个幼儿打分。

“大班幼儿艺术教育的教学实验研究”是使用测试法的一个研究案例。

此研究结合文献资料和预实验的研究结果，设计旨在提升儿童艺术表现力的十二个艺术综合教育活动课例，对某幼儿园某大班 5—6 岁幼儿进行幼儿园艺术综合教育活动的教学实践研究，其中一半幼儿为实验组，采用专门设计的十二个艺术综合教育活动课例；另一半幼儿为对照组，按照常规艺术教学方式展开教学活动。通过测试课程实施前后幼儿节奏乐表现力以及活动中幼儿学习过程的表现，分析讨论艺术综合教育活动课例对幼儿节奏表现力、美术认知、情感表现发展的影响。

在这里我们只分析此研究中使用“幼儿节奏表现力”工具，对幼儿进行前测、后测的过程与前测、后测的统计结果。①

（一）前测、后测的过程描述

1. 前测

音乐材料：前测选择的乐曲为《瑶族舞曲》，此曲为 ABA 三段体，其中 AB 两段音乐风格迥异，比较适合幼儿进行身体动作的表现。

测试过程：

(1) 共七位研究者进场，一位研究者与幼儿互动、放音乐、指导幼儿进行表演，六位研究者对幼儿进行观察打分，同时请原任教师拍录像。

(2) 为幼儿随机编号，并让幼儿挂上号牌。幼儿四人一组进场，跟随音乐进行表演。

2. 后测

音乐材料：后测选择的乐曲为《喜洋洋》，此曲为 ABA 三段体，其中 AB 两段音乐风格迥异，比较适合幼儿进行身体动作的表现。

测试过程：

① 此研究数据收集与统计者为浙江师范大学杭州幼儿师范学院 2009 级硕士朱君莉。

（1）研究者的情况与前测相同。

（2）幼儿的测试场景与前测相同，需要注意的是后测时幼儿的编号与前测相同。

（二）前测、后测的统计结果与分析

1. 前测统计结果与分析

（1）音乐特征前测

在前测中主要采用“幼儿节奏表现力评价表”对幼儿进行节奏表现特征的测量。把班级幼儿按照单双号随机分组测量，采用独立样本 t 检验，对比两组幼儿在前测中节奏表现力中音乐特征的平均分。结果为差异不显著（$t=-1.390$，$p=0.179 > 0.05$），因此，可以认为在实验教学干预前，实验组和对照组的幼儿在节奏表现力中的音乐特征的发展上是同质的，可进行教学实验。

（2）动作特征前测

测量、检验方法与“音乐特征”前测相同，结果为差异不显著（$t=0.279$，$p=0.7822 > 0.05$），因此，可以认为在实验教学干预前，实验组和对照组的幼儿在动作特征的发展上是同质的，可进行教学实验。

2. 前后测统计结果与分析

（1）实验组

① 音乐特征前后测

比较实验组前后测音乐特征测量的平均分，分析实验组前测和后测的音乐特征水平是否存在显著差异，采用相关样本 t 检验。音乐特征的测量结果呈现出极其显著性差异（$t=-6.908$，$p=0.000 < 0.001$）。实验组幼儿音乐特征后测得分明显高于前测。通过对数据进行详细分析后发现，在教学实验前后，实验组幼儿在拍子、节奏型、句子、段落以及引子和尾声等方面的得分均存在显著性差异，且后测得分高于前测。

② 动作特征前后测

比较实验组前后测动作特征测量的平均分，分析实验组前测和后测的动作特征水平是否存在显著差异，采用相关样本 t 检验。动作特征的测量结果呈现出极其显著性差异（$t=-7.384$，$p=0.000 < 0.001$）。实验组幼儿动作特征后测得分明显高于前测。通过对数据进行详细分析后发现，在教学实验前后，实验组幼儿在空间、层次、类型、意义等方

面的得分均存在显著性差异，且后测得分高于前测。

从以上结果可以看出艺术综合教育活动十二个课例的实施，对实验组幼儿节奏表现力发展产生了促进作用。

（2）对照组

① 音乐特征前后测

比较对照组前后测音乐特征测量的平均分，分析对照组前后测的音乐特征水平是否存在显著差异，采用相关样本 t 检验。在教学实验前后，对照组幼儿音乐特征的测量结果同样存在显著性差异（$t=1.786$，$p=0.049<0.05$）。通过进一步数据分析发现，其中拍子、节奏型、引子与尾声维度差异显著，且后测得分高于前测。句子、段落维度上差异不显著，然而通过比较均分发现，后测得分高于前测，可以认为在这两个维度上有提高的趋势。因此，这一结果表明常规艺术教学活动对幼儿的拍子、节奏型以及引子与尾声方面有很好的促进作用，对句子与段落的促进作用不明显。

② 动作特征前后测

比较对照组前后测动作特征测量的平均分，分析对照组前后测的动作特征水平是否存在显著差异，采用相关样本 t 检验。在教学实验前后，对照组幼儿动作特征的测量结果没有呈现出显著性差异（$t=2.304$，$p=0.051>0.05$）。通过进一步数据分析发现，其中只有“意义”维度差异显著，且后测得分高于前测。其他几个维度均没有呈现出显著性差异，然而通过比较均分发现，后测得分高于前测，可以认为在这四个维度上有提高的趋势。因此，这一结果表明常规艺术教学活动对幼儿动作能力发展上效果不显著。

3. 后测统计结果与分析

（1）音乐特征后测比较

在实施不同课程的教学后，对实验组和对照组幼儿的音乐特征进行测量，采用单因素方差分析，结果呈现显著性差异 $F(1, 25)=25.266$，$p<0.05$。通过进一步多元方差分析的事后检验发现：实验组与对照组存在显著性差异，这说明两种课程的实施，在幼儿音乐特征方面起到的作用是有差别的，接下来的事后检验发现，两组幼儿在节奏型、句子、段落这三个维度上呈现出显著性差异并且从均分上来看，实验组要高于对照组，因此我们在某种程度上可以认为，艺术综合教育活动课例在促进幼儿节奏感、句子和段

落方面的发展要好于常规艺术教学活动。而在拍子、引子与尾声这两个维度上二者并没有呈现显著性差异，但实验组的均分略高于对照组，因此可以认为艺术综合教育活动课例在促进幼儿拍子、引子与尾声发展上有比较好的趋势，但效果并不明显。

（2）动作特征后测比较

在实施不同的教学后，对实验组和对照组幼儿的动作特征进行测量，采用单因素方差分析，结果呈现显著性差异 $F(1, 25)=36.299$，$p<0.001$。通过进一步多元方差分析的事后检验发现：实验组与对照组存在显著性差异，这说明两种课程实施在幼儿动作特征方面起到的作用是有差别的，接下来的事后检验发现，两组幼儿在空间、层次、类型三个维度上呈现出显著性差异并且从均分上来看，实验组要高于对照组，因此，我们在某种程度上可以认为，艺术综合教育活动课例在促进幼儿空间、层次、类型方面的发展要好于常规艺术教学活动。而在“意义”这个维度上二者并没有呈现显著性差异，二者的均分几乎一致，因此，可以认为艺术综合教育活动课例与常规艺术教学活动在促进“意义”这个维度的发展上，二者效果相当。

三、等级评定法

等级评定法是指用数字或等级的形式评定幼儿在艺术活动中的行为与表现，它为进一步的描述性、分析性评价打下基础。等级表是评价的一种工具，只要使用等级表工具而展开的评价都属于等级评定法。鉴于此，观察法、测试法与等级评定法是用不同标准划分的评价方法类型，故具有交叉性。很多时候观察法与测试法所使用的工具就是等级表，这时观察法与测试法都同时是等级评定法；反之，等级评定法是离不开观察法或测试法的，等级评定法是通过观察或测试完成的。等级评定法的优势有以下几点：（1）能使教师对个别幼儿或全班幼儿艺术发展水平的判断具体化。等级评定不会给教师提供有关幼儿发展水平的新的信息，但给教师提供幼儿发展水平的具体细节。（2）能够快速而方便地被使用。采用表格的方式，把幼儿艺术或学习品质发展的各个方面全部列出来，教师只要通过观察或测试的方式打钩或打分数就行了，操作极其方便。等级评定法的局限性有以下几点：（1）只适合于测定艺术知识与技能范畴的东西，意识范畴或高级心理层面的东西，很难用等级表测定。（2）当教师误解、误用等级表时，会导致教师对幼儿个性的压抑。等级评定表面看像是一种达标，当教师真的把评价目的全部指向幼儿是否达标时，评价目的就异化了，它的目的走向了促进幼儿艺术或个性发展的反方向。下面，我们以艺术教育活动过程中幼儿学习品质评定为例，呈现评定幼儿学习品质的一个比较简易的等级表。见表 8-2。

表 8-2　幼儿艺术集体活动学习品质领域观察记录表

姓名编号：　　　　　　性别：□男 □女　　　　　　评分者姓名：

特征类别	观察标准	水平				
		0	1	2	3	4
好奇心与兴趣	1. 活动中，幼儿是否会提出问题					
	2. 面对教师提问的反应					
	3. 回答教师提问的情况					
	4. 是否愿意跟随或按照教师的要求去做					
	5. 幼儿对导入活动的反应					
主动性	1. 能否主动回答教师的提问					
	2. 面对教师的提问或要求时能否做到独立思考					
	3. 面对较难问题和困难任务时的表现					
坚持与专注	1. 活动开始时幼儿的投入程度					
	2. 幼儿对整个活动的专注程度					
	3. 幼儿能否坚持完成整个活动任务					
	4. 在完成任务的过程中，若遇到不顺利，幼儿会有怎样的表现					
想象与创造	1. 活动中幼儿如何表达自己的想法					
	2. 能否观察模仿教师的示范					
	3. 活动中艺术表达水平					
合作性	1. 活动中，幼儿同伴之间是否有肢体和眼神的交流					
	2. 幼儿能倾听他人的谈话或关注他人的行为					
	3. 幼儿能否对同伴进行积极评价					

表 8-2 是艺术集体活动中幼儿学习品质的观察评价工具，教师在评价前需要完成的任务:（1）理解与熟悉此工具所有指标内容的含义与打分标准;（2）为幼儿编号并准备全程录像。

下面是使用等级评定法的研究案例:

我们还是以“大班幼儿艺术教育的教学实验研究”为例。此研究中关于幼儿学习品质的评定是分别对实验组与对照组活动过程中幼儿表现的观察评定，采用的观察工具为“幼儿艺术集体活动学习品质领域观察记录表”。研究者对实验组与对照组幼儿在每一次教学实验中的表现进行评定，对其结果进行分析总结，考察两种课程下幼儿学习品质五维度的发展趋势。①

（一）幼儿学习品质的总体特点

学习品质是儿童在具体的学习活动中表现出来的，影响其学习效果的一种综合的心理倾向和特征。本研究将学习品质定义为：指能反映儿童自己以多种方式进行学习的倾向、态度、习惯、风格等。具体包括：好奇与兴趣、主动性、坚持与专注、想象与创造、合作性五个方面。

采用单因素方差分析发现，无论是实验组还是对照组幼儿学习品质的发展方面都呈现出了一致的趋势，通过数据分析显示，实验组幼儿在学习品质五维度上的发展存在显著性差异，$F(4, 65)=48.50$，$P < 0.001$。对照组幼儿在学习品质五维度上的发展存在显著性差异，$F(4, 60)=19.12$，$P < 0.001$，说明常规艺术教学活动与幼儿学习品质之间存在交互作用。这说明艺术综合教育活动课例和常规艺术教学活动与幼儿学习品质之间均存在交互作用。具体来看，实验组与对照组幼儿在学习品质五维度中，好奇与兴趣得分最高，其次是坚持与专注，合作性得分最低，主动性和想象与创造得分处于中等水平。进一步多重比较显示，好奇与兴趣和坚持与专注以及主动性三者之间不存在显著性差异，且得分从高到低依次为好奇与兴趣、坚持与专注、主动性。这三个维度和想象与创造、合作性之间存在显著性差异，且得分明显高于二者。合作性和想象与创造之间存在显著性差异，想象与创造得分高于合作性得分。具体结果为实验组幼儿学习品质的特

① 此研究数据收集与统计者为浙江师范大学杭州幼儿师范学院 2009 级硕士朱君莉。

点是好奇与兴趣得分最高，然后依次是坚持与专注、主动性、想象与创造、合作性。其中，好奇与兴趣、坚持与专注、主动性之间没有显著性差异，其他维度间均存在显著性差异。对照组幼儿学习品质的特点是坚持与专注得分最高，然后依次是好奇与兴趣、主动性、想象与创造，合作性。其中，好奇与兴趣、坚持与专注、主动性之间没有显著性差异，其他维度间均存在显著性差异。

（二）两种课程下幼儿学习品质的比较

采用重复测量方差分析结果表明，两种课程下，幼儿在学习品质上的得分存在显著差异，$F(3,6)=15.66$，$p<0.01$。说明课程内容和方法与幼儿学习品质之间存在交互作用，采用不同课程的幼儿学习品质的表现也有很大不同。具体结果为采用艺术综合教育课程的幼儿在学习品质上的表现要好于采用常规艺术课程的幼儿。

1. 好奇与兴趣

采用不同课程的幼儿在“好奇与兴趣”得分上存在显著性差异，$F(1, 25)=28.01$，$P<0.005$。好奇与兴趣平均分为实验组大于对照组。实验组与对照组幼儿之间差异显著。换言之，采用艺术综合教育课程的实验组幼儿在好奇与兴趣上的表现好于采用常规艺术课程的幼儿。通过对数据的进一步分析，发现除“活动中幼儿是否提出问题”这个因素差异不显著外，其他因素实验组与对照组之间都呈现出显著性差异，且实验组幼儿得分均高于对照组幼儿。

2. 坚持与专注

采用不同课程的幼儿在“坚持与专注”得分上存在显著差异，$F(1, 25)=53.23$，$p<0.001$。坚持与专注平均分为实验组大于对照组。实验组与对照组幼儿之间差异显著。换言之，采用艺术综合教育课程的幼儿在坚持与专注上的表现要好于采用常规艺术课程的幼儿。进一步的数据统计分析显示，实验组与对照组幼儿在该维度上的三个指标上均存在显著性差异，且实验组均分大于对照组均分。

3. 主动性

采用不同课程的幼儿在“主动性”得分上存在显著差异，$F(1, 25)=13.07$，$p<0.01$。主动性平均分为实验组大于对照组。实验组与对照组幼儿之间差异显著。换言之，采用艺术综合教育课程的实验组幼儿的主动性要好于采用常规艺术课程的幼儿。进一步的数

据统计分析显示，实验组与对照组幼儿在该维度上的两个指标上均存在显著性差异，且实验组均分大于对照组均分。

4. 想象与创造

采用不同课程的幼儿在“想象与创造”得分上不存在显著差异，$F(1, 25)=45.64$，$p>0.05$。想象与创造平均分为实验组小于对照组。实验组与对照组幼儿之间差异不显著。换言之，两种课程在发展幼儿“想象与创造”品质上没有显著的差异。通过对数据的进一步统计分析，发现实验组与对照组在该维度上两个指标之间均没有显著性差异，平均分上也无太大差异，所以可以认为这两种课程在促进幼儿“想象与创造”维度上没有明显差异。

5. 合作性

采用不同课程的幼儿在“合作性”得分上不存在显著性差异，$F(1, 25)=45.42$，$P>0.05$。合作性平均分为实验组大于对照组。实验组与对照组幼儿之间差异不显著。换言之，两种课程在发展幼儿“合作性”品质上没有显著差异。通过具体的数据分析，发现实验组与对照组幼儿在“合作性”维度上的三个指标均不存在显著性差异，即两种课程对于促进幼儿“合作性”方面的发展是同质的。

小结

本章主要讨论了以下三个问题：

（1）学前儿童艺术教育评价的含义与作用。

（2）学前儿童艺术教育评价内容与标准，具体从学前儿童艺术共性能力发展与艺术教育活动过程两个维度展开评价并制定标准。

（3）学前儿童艺术教育评价方法，包括观察法、测试法与等级评定法。

思考与实践

1. 在观察学习活动中学前儿童艺术共性感知、理解能力评价的内容有哪些？
2. 在创作活动中学前儿童艺术共性表达能力评价的内容有哪些？

3. 学前儿童艺术教育活动过程中教师课堂行为评价的内容有哪些?

4. 学前儿童艺术教育活动过程中幼儿学习品质评价的内容有哪些?

5. 应用测试法测查某班幼儿的某项艺术能力。

6. 应用等级评定法评价某班幼儿的艺术能力与学习品质状况。

► 延伸阅读

1. 霍力岩．学前教育评价．北京：北京师范大学出版社，2000.

该书介绍了学前教育评价的历史沿革、类型，探究了评价方案编制的具体步骤与方式，阐述了评价实施的阶段与技术处理，为学前教育范围内展开评价提供了方法与思路。

2. 陶保平．学前教育科研方法．上海：华东师范大学出版社，1999.

该书探讨了学前教育科研过程中如何运用观察、调查、实验、历史等方法进行研究的基本思路，在量的研究方法上做了比较全面、细致的指导，为艺术教育评价中的量化研究部分提供了参考与引导。

3. 刘晶波．学前教育科研方法．北京：人民教育出版社，2006.

该书除了阐述学前教育科研中量的研究方法外，还用了很大的篇幅阐述学前教育科研中的质性研究方法。这些质性研究方法的介绍，为艺术教育评价中的质性研究部分提供参考与引导。

主要参考文献

[1] 滕守尧．艺术与创生［M］．西安：陕西师范大学出版社，2002.

[2] 楼必生，屠美如．学前儿童综合教育研究［M］．北京：北京师范大学出版社，1997.

[3] 边霞．生态式艺术教育活动设计与案例精选［M］．长春：北方妇女儿童出版社，2004.

[4] 河竹登志夫．戏剧概论［M］．北京：中国戏剧出版社，1983.

[5] 张金梅．幼儿园戏剧综合课程研究［M］．南京：江苏教育出版社，2005.

[6] 边霞．儿童的艺术与艺术教育［M］．南京：江苏教育出版社，2006.

[7] 赫伯·里德．通过艺术的教育［M］．吕廷合，译．长沙：湖南美术出版社，2002.

[8] 北京大学哲学系美学教研室．中国美学史资料选编［M］．北京：中华书局，1981.

[9] 邱学青．学前儿童游戏［M］．南京：江苏教育出版社，2008.

[10] 许卓娅．学前儿童艺术教育［M］．上海：华东师范大学出版社，2008.

[11] 许卓娅．学前儿童音乐教育［M］．北京：人民教育出版社，2010.

[12] 孔起英．学前儿童美术教育［M］．南京：南京师范大学出版社，2010.

[13] 滕守尧，边霞．儿童艺术教育的理论与实践研究［M］．南京：南京师范大学出版社，2008.

[14] 甘第尼，福尔曼，爱德华兹．儿童的一百种语言［M］．罗雅芬，等，译．南京：南京师范大学出版社，2008.

[15] 王秀萍．学前儿童经验音乐教育［M］．合肥：安徽文艺出版社，2009.

[16] 王秀萍．一种经验的学前儿童音乐教育［M］．合肥：安徽文艺出版社，2011.

[17] 郑荔．教育视野中的幼儿文学［M］．南京：江苏教育出版社，2005.

[18] 约瑟夫·科尔曼．作为戏剧的歌剧［M］．上海：上海音乐学院出版社，2008.

[19] 贝内特·雷默．音乐教育的哲学［M］．熊蕾，译．北京：人民音乐出版社，2003.

[20] H．加登纳．艺术与人的发展［M］．兰金仁，译．北京：光明日报出版社，1988.

[21] 居其宏．从百老汇到全世界：音乐剧，我为你疯狂［M］．上海：上海教育出版社，

2001.

[22] 张奇. 儿童审美心理发展与教育 [M]. 北京：北京师范大学出版社，2000.

[23] 穆塞尔. 中小学音乐教学法 [M]. 章枚，译. 成都：四川人民出版社，1983.

[24] H. G. 布洛克. 现代艺术哲学 [M]. 滕守尧，译. 成都：四川人民出版社，1998.

[25] 季云飞. 幼儿建构性戏剧活动研究 [D]. 南京师范大学硕士学位论文，2006.

[26] 管蕾. 5—6 岁幼儿戏剧活动研究 [D]. 南京师范大学硕士学位论文，2007.

[27] J. A. 比因. 课程综合 [M]. 台北：学富文化事业有限公司，2000.

[28] 陆丽莉. 创意美术活动在幼儿园大班主题教学中的设计与实施问题 [D]. 苏州大学硕士学位论文，2011.

[29] 刘焱，朱丽梅，李霞. 主体性表演游戏的探索研究 [J]. 学前教育研究,2003 (5).

[30] 王泉根. 论儿童文学的基本美学特征 [J]. 北京师范大学学报 (社会科学版)，2006 (2).

[31] 马潇骁. 浅谈音乐与戏剧的关系 [J]. 黑龙江科技信息，2009 (28).

[32] 邵爱菊. 大班区域式戏剧教育活动的实践思考 [J]. 幼儿教育，2011.

[33] 虞永平. 论幼儿园课程中的主题 [J]. 学前教育研究，2002 (6).

[34] 秦光兰. 对幼儿园主题教学的再认识 [J]. 教育导刊 · 幼儿教育，2010 (8).

[35] 张金梅. 戏剧能给儿童教育带来什么：透视西方儿童戏剧教育 [J]. 理论建设，2004 (7-8).

[36] 邵爱菊. 运用戏剧手段开展幼儿园美术教育活动 [J]. 幼儿教育，2011 (1-2).

[37] Goldberg, M. (2001). *Arts and learning: An integrated approach to teaching and learning in multicultural and multilingual settings* (2nd ed.). New York: Longman/Addison Wesley.

[38] Jalongo, M. R., and L. N. Stamp (1997). *The arts in children's lives: Aesthetic education in early childhood*.Boston: allyn & Bacon.

[39] Drake, S. M. (1993). *Planning the integrated curriculum: The call to adventure*.Va: Association for Supervision and Curriculum Development.

[40] Jacobs, H. H. (1989a). *Interdisciplinary curriculum: Design and implementa-*

tion. Alexandria, VA: Association for Supervision and Curriculum Development.

[41] Jacobs, H.H. (1989b). *Interdisciplinar option: A case for multiple configurations*. Educationa Horzons, 68 (1), 25-27.

[42] Hendrick, J., ed. (1997). *First steps toward teaching the Reggio way*. Upper Saddle River, NJ: Prentice Hall.

[43] Lucy G. (2008). *Music, informal learning and the school: a new classroom pedagogy*, Ashgate publishing Limited Gower House, Croft Road, Aldershot, Hampshire GU113HR, England.

[44] Dniel J.L. (2007). *This is your brain on music: the science of a human obsession*, Plume, a member of Penguin Group (USA) Inc.

[45] Patricia S.C., and Carol S.K. (2006). *Music in Childhood*, Schirmer, Cengage Learning.

[46] Jane B., etc.Teacher's Edition (2002). *Silver Burdett Making Music (Grade K)*. Pearson Education, Inc.

[47] Wayne B. (2005). The Limit and Grounds of Musical Praxialism. In David. Elliott, ed, *Praxial Music Education: Reflections and Dialogues*, 52~78. New York: Oxford University Press.

[48] Thomas R. (Spring 2000). *Accounting for All Praxis: An Essay Critique of David Elliott's Music Matters*.Bulletin of the Council for Research in Music Education.

[49] Helane S. Rosenberg (1987). *Creative Drama and Ima gination——Transformation Ideas into Action*. New York: CBS College Publishing.

[50] Nellie McCaslin (1996). *Creative Drama in the Classroom and Beyond* (6th ed.). England: Longman Publishers.